W0095315

Rüdiger Neukäter

Unterwegs in Sri Lanka

Menschen, Orte, Erlebnisse

Fotos von Ildiko Hajnal

Wiesenburg Verlag

Bibliographische Information der Deutschen Nationalbibliothek:

Die Deutsche Nationalbibliothek verzeichnet diese Publikation
in der Deutschen Nationalbibliographie;
detaillierte bibliographische Daten sind im Internet
über http://dnb.ddb.de abrufbar.

2. Auflage 2010
Wiesenburg Verlag
Postfach 4410 · 97412 Schweinfurt
www.wiesenburgverlag.de

Alle Rechte beim Verlag

Umschlaggestaltung + Layout:
Media-Print-Service Luff · 97456 Dittelbrunn

ISBN 978-3-939518-35-8

INHALT

IV. Erlebnisse

Vorwort

Sri Lanka, früher Ceylon, Inselstaat im Indischen Ozean vor der südöstlichen Küste Indiens, Mitgliedsstaat des Commonwealth. Die Palkstraße und der Golf von Mannar trennen Sri Lanka von Indien. Zwischen den beiden Staaten liegt eine Kette winziger Inseln, die so genannte Adamsbrücke. Die größte Entfernung von Norden nach Süden liegt etwa bei 440 Kilometern. An ihrer breitesten Stelle misst die Insel ungefähr 220 Kilometer, und ihre Gesamtfläche beträgt 65.610 Quadratkilometer. Der Regierungssitz ist Sri Jayawardenepura, Hauptstadt und zugleich größte Stadt ist Colombo.

Sri Lankas Küste, vor allem im Westen, Süden und Südosten, ist von Palmen gesäumt. Die nördliche Küstenlinie wird von Lagunen geprägt, im Osten findet man zahlreiche Strandseen, den Westen charakterisieren Nehrungen und Sanddünen. An der stärker zerklüfteten nordöstlichen Küste liegt der Hafen von Trincomalee, der als einer der besten natürlichen Häfen der Erde gilt. An der Südwestküste befinden sich u. a. der weitgehend künstlich angelegte Hafen von Colombo und der Hafen von Galle. Die Gesamtlänge der Küste Sri Lankas beträgt 1.340 Kilometer.
(Microsoft ® Encarta ® Enzyklopädie 2005 © 1993-2004 Microsoft Corporation.)

Ein Buch über Sri Lanka schreiben? Der Gedanke hat mich seit einigen Jahren beschäftigt und mehrmals habe ich solch ein Projekt verworfen. Zum einen aus Überlegungen, die nicht unbedingt die des Autors, sondern eher des Verlegers sein sollten: Wer kauft ein Reisebuch über ein Land, das auf Grund der nimmer endenden politischen Wirren, des Krieges zwischen Singhalesen und den Tamil Tigers, auf der touristischen Weltkarte immer mehr in die Bedeutungslosigkeit abzugleiten droht. Zum anderen war ich mir auch nicht sicher, ob ich genug wusste über diesen Inselstaat an der Südspitze Indiens.

Letztendlich habe ich dann beide Überlegungen hintangestellt: Ich schreibe mein ganz persönliches Buch über die demokratische sozialistische Republik Sri Lanka, über die viele Menschen so wenig wissen, dass sie gerade mal den Namen der größten Stadt, Colombo, kennen und diese fälschlicherweise für den Regierungssitz des Staates halten. Dass Geografie und Politik dieses tropischen Inselstaates bei einem solchen Buchprojekt nicht außen vor bleiben können, ist klar, doch vorrangig wird es mir um die Schilderung der Erlebnisse in diesem Land gehen, um die Begegnungen mit Menschen, um Freundschaften, die sich im Laufe der Jahre entwickelt haben, um die Darstellung des Fremden und Außergewöhnlichen, um religiöse Vielfalt, Geisterglauben und seltsame Bräuche.

Im Jahr 1998 betraten meine Frau Ildiko und ich Sri Lanka zum ersten Mal und danach folgen in den nächsten Jahren zwölf weitere Besuche. Manchmal waren wir zweimal im Jahr zu Gast auf der Insel. Fix- und Ausgangspunkt aller Unternehmungen war immer Bentota an der westlichen Ferienküste, zwischen den beiden größeren Städten Kalutera und Galle. In Bentota haben wir den Tsunami überlebt, der Sri Lanka auf schreckliche Weise für kurze Zeit ins Zentrum des Interesses und Mitleids der Weltöffentlichkeit brachte, in Bentota haben wir Freunde gefunden und von dort aus haben wir Land und Leute erkundet. Bentota ist uns zu einer zweiten Heimat geworden. Wer einmal diesen Geruch tropischer Luft mit all ihrer Schwere und Feuchte geschnuppert hat, wer diese Mischung aus Lärm, Gestank und chaotischem Durcheinander als echtes, pulsierendes Leben wahrzunehmen bereit ist, der wird verstehen, dass es uns immer wieder in dieses Paradies zieht, das sich bei genauerem Hinsehen als eines mit vielen Schönheitsfehlern und Unzulänglichkeiten erweist. Bisweilen konnten wir uns des Eindrucks nur schwer erwehren, dass Paradies und Hölle sehr nahe beieinander liegen.

Im Winter 2006 und auch im Frühjahr 2007 waren wir im Hotel Lihiniya Surf beinahe die einzigen Gäste. Selten stieg die Zahl der Touristen über dreißig. Sri Lanka, lange Jahre Ziel sonnenhungriger Deutscher, war out. Die Schlagzeilen in den Medien waren zu negativ und als dann auf der Internetseite der Deutschen Botschaft auch noch vor Reisen nach Sri Lanka gewarnt wurde, blieben verständlicherweise die Touristen fern. Selbst viele Wiederkehrer und langjährige Sri Lanka-Liebhaber wurden durch die Schlagzeilen abgeschreckt: Selbstmordanschlag der Tamil Tigers in Galle, Attentate auf Busse an der Touristenküste mit zahlreichen Toten, Ausweitung des Krieges von Norden und Osten der Insel in die übrigen Teile, Anschläge der LTTE mit Kleinflugzeugen auf den Flughafen Colombos und auf Gas- und Treibstofflager in der Hauptstadt. Dazu kamen im Mai 2007 auch noch Meldungen von verheerenden Überschwemmungen. Wer mochte schon die ‚schönsten Wochen des Jahres' in einem von Krisen geschüttelten Land verbringen? Wir fuhren trotzdem, einerseits, weil wir den Horrormeldungen nur halb trauten, andererseits, weil wir aus einer naiven Unbedarftheit heraus glaubten, uns werde schon nichts geschehen und zum Dritten, weil wir das Land und seine Menschen lieb gewonnen und das Gefühl hatten, man dürfe sie in der Not nicht im Stich lassen.

Wir haben vieles auf der Insel gesehen, manche unserer Wege waren die üblichen Touristenpfade, manche aber führten uns zu Orten und Begegnungen, die uns ohne unsere einheimischen Freunde unzugänglich geblieben wären. Davon will ich berichten und auch von den Erlebnissen, die gar nicht in das Bild tropischer Inselidylle passen und dem

Klischee asiatischer Freundlichkeit durchaus widersprechen.

Natürlich soll mein Buch seine Leser dazu verführen, Sri Lanka, eines der schönsten Länder dieser an Schönheiten reichen Erde, zu besuchen, es soll denen, die dort waren, das ‚Déja vue-Erlebnis' vermitteln und es soll ein wenigstens halbwegs realistisches Bild dieses Landes, das für sich mit dem Slogan „A land like no other" wirbt, wiedergeben.

Ich weiß, was ich erreichen möchte, ist viel, aber den Versuch ist es allemal wert.

Rüdiger Neukäter
September 2008

Der Krieg im Nordosten

„In deinem Buch wirst du ja wohl auch auf die derzeitige Situation in Sri Lanka eingehen!" Das stand in einer E-Mail von Freunden, mit denen wir im Dezember 2007 eine gemeinsame Woche im Hotel Lihiniya Surf verbracht hatten. Das Ausrufezeichen am Ende des Satzes machte ihn gewissermaßen zu einer Aufforderung. Eigentlich wollte ich das leidige Thema Krieg aussparen oder es mit einigen Sätzen im Vorwort abhaken. Dass das nicht ging, wurde mir im Verlauf meiner Arbeit an diesem Buch immer deutlicher. Die Folgen des Tsunami sind vergessen, verdrängt, mehr oder weniger bewältigt. Die Folgen des Fernbleibens der Touristen aber sind gegenwärtig, immer und überall greifbar und erfahrbar. Zu viele Menschen lebten und leben vom Tourismus und dass er stagniert, ist dem Krieg anzulasten. Dem Krieg ist auch zuzuschreiben, dass die Preise im Lande rasant steigen, die Arbeitslosigkeit zunimmt und dass Infrastruktur, Straßenzustand, öffentlicher Verkehr, allgemeine Sicherheit immer katastrophaler werden. Sri Lanka ist ein armes Land und Militär, Waffenimporte, Gefechte fressen einen Großteil der Staatseinnahmen auf.

Nicht nur in deutschen Reisebüros wird ganz offen von Reisen nach Sri Lanka abgeraten und wer sich im Internet bei den Sicherheitshinweisen des Auswärtigen Amtes informieren will, findet dort folgende Sätze: *„Das Auswärtige Amt rät von nicht unbedingt notwendigen Reisen nach Sri Lanka ab. Seit Beginn des Jahres 2008 hat die Zahl terroristischer Anschläge landesweit deutlich zugenommen, auch in Gegenden, die bislang als unproblematisch galten."* Welcher Urlauber mag sich unter solchen Voraussetzungen auf eine Reise zur „Perle im Indischen Ozean" begeben! Wir taten es trotzdem, nicht zuletzt, weil die politische Lage seit unserem ersten Besuch eigentlich immer mehr oder weniger angespannt war und wir uns in und um Bentota herum auch immer sicher fühlten. Der Krieg fand anderswo, im Norden und Osten, statt, und wenn er doch einmal näher kam, in Form eines Attentats im nahen Galle oder eines Sprengstoffanschlags auf einen Bus bei Hikkaduwa, ließ sich das in der beschützten Sicherheit der Hotels durchaus verdrängen. Abgesehen davon, dass solche schlimmen Nachrichten zu den Touristen immer nur spärlich durchdrangen: Die singhalesische Presse berichtete wenig darüber, war auch wegen der ‚Brezelschrift' für Europäer nicht lesbar und Einheimische, Bekannte, Hotelpersonal hielten sich zurück. Dennoch: Der Krieg war da! Wie oft habe ich Freunde zornig gefragt: „Warum beendet ihr diesen verdammten Krieg, der die Existenz des ganzen Landes bedroht, nicht? Warum tretet ihr nicht in Verhandlungen ein? Warum hat der Waffenstillstand von 2002 nicht gehalten?" Immer erhielt ich ausweichende Antworten, ratloses Schulterzucken, bestätigendes Nicken. „Die Regierung ist schlecht!" „Die Tamil Tigers wollen ein Drittel des Landes!" „Viele Leute verdienen an diesem Krieg!" „Wir werden den Krieg bald beenden!" „Es wird noch Jahre lang so weitergehen!" Ich konnte mir aus den Antworten die passende aussuchen. Ich habe mich immer bemüht, mich als Gast in einem fremden Land bei Gesprächen über Politik zurückzuhalten. Ich wollte mich informieren, doch stand es mir nicht zu, den Einheimischen meine Meinung aufzudrängen. Nach so vielen Aufenthalten und einem echten Interesse an dem Land und seinen Menschen konnte es aber nicht ausbleiben, dass ich mir eine gewisse Kenntnis der Geschichte und der politischen Gegebenheiten Sri Lankas erwarb. Auch zu Hause suchte ich mehrmals in der Woche unter Google-News nach Nachrichten aus Sri Lanka und jedes Mal waren die Ergebnisse deprimierend. Einige wenige Meldungen mögen beispielhaft belegen, warum auch uns als treuen Sri Lanka-

Besuchern zunehmend Zweifel kommen, ob man in dem Land noch Urlaub machen darf.

4. Juni 2008
Sri Lanka: 24 Verletzte bei Bombenanschlag auf Pendlerzug

Colombo. dpa/baz. Bei einem Bombenanschlag auf einen voll besetzten Pendlerzug sind in einem Vorort von Sri Lankas Hauptstadt Colombo mindestens 24 Zivilisten verletzt worden. Wie ein Polizeisprecher am Mittwoch mitteilte, war der im Gleisbett versteckte Sprengsatz ferngezündet worden. Die Polizei machte die Befreiungstiger von Tamil Eelam (LTTE) für den Anschlag verantwortlich.

5. Juni 2008
23 Tote bei Bombenanschlägen auf Busse in Sri Lanka
Viele Schwerverletzte - Regierung macht tamilische Rebellen verantwortlich

In einem Vorort der Hauptstadt Colombo starben am Freitag im morgendlichen Berufsverkehr mindestens 21 Menschen in einem Linienbus, als ein am Straßenrand versteckter Sprengsatz explodierte. Nach Polizeiangaben wurden etwa 60 weitere Menschen zum Teil schwer verletzt. Die Mine sei ferngezündet worden.

Bombe im Überlandbus

Bei einem zweiten Anschlag in der rund 120 Kilometer nordöstlich von Colombo gelegenen Stadt Kandy kamen wenige Stunden später zwei Menschen ums Leben. Wie das Verteidigungsministerium mitteilte, war die Bombe in einem Überlandbus detoniert. Mehr als 20 Reisende seien verletzt worden.

15. Juni 2008
Sri Lanka: Selbstmordattentat fordert mindestens 13 Menschenleben

In Sri Lanka hat ein Selbstmordattentäter am Montag mindestens zwölf Polizisten mit in den Tod gerissen. 40 weitere Menschen, unter ihnen Schulkinder, wurden nach Polizeiangaben bei dem Bombenanschlag in Vavuniya im Norden des Landes verletzt. Der Täter fuhr demnach mit seinem Motorrad an einem Polizeiposten vorbei und zündete einen Sprengsatz. Vavuniya liegt an der Grenze zu dem von der Rebellengruppe Befreiungstiger von Tamil Eelam (LTTE) kontrollierten Gebiet im nördlichen Teil des Inselstaats. .... (AFP)

29. Juni 2008
Dutzende Tote bei Kämpfen in Sri Lanka Colombo. ap/baz.
Die srilankischen Regierungstruppen haben ihre Offensive gegen die tamilischen Rebellen im Norden des Landes nach eigenen Angaben unvermindert fortgesetzt. Bei heftigen Gefechten an drei Frontabschnitten seien 41 Aufständische und zwei Soldaten getötet worden, erklärte ein Militärsprecher. In den vergangenen neun Tagen seien rund 260 Kämpfer der Befreiungstiger von Tamil Eelam (LTTE) getötet worden.

Ich versuche im Folgenden, die Geschichte des Konflikts zwischen Singhalesen und Tamilen, die Entstehung und den Werdegang der kriegerischen Auseinandersetzungen zu skizzieren. (Bei den historischen Fakten stütze ich mich im Wesentlichen auf die Internet-Enzyklopädie Wikipedia). Ich denke, jeder Sri Lanka-Urlauber, der sich notgedrungen mit Straßensperren, Polizeikontrollen, schwer bewaffneten Soldaten konfrontiert sieht, sollte wenigstens ansatzweise über die Ursachen des Konfliktes Bescheid wissen, der zu den andauernden Kampfhandlungen in Teilen dieses ansonsten so friedfertigen Landes führte.

Sri Lanka ist ein Land der religiösen Vielfalt. Neben der Bevölkerungsmehrheit, die sich zum Theravada-Buddhismus bekennt, gibt es Muslims, Christen und mit etwa 18 Prozent der Bevölkerung die Tamilen, die dem Hinduismus anhängen. Trotz der unterschiedlichen Religionszugehörigkeit hat es sich bei dem Konflikt zwischen Singhalesen und Tamilen nie um einen Religionskrieg gehandelt.

Seit über 2000 Jahren leben Tamilen auf Sri Lanka, die in ‚indische Tamilen' und ‚einheimische Tamilen' eingeteilt werden. Die indischen Tamilen wurden erst im 19. Jahrhundert während der englischen Kolonialzeit aus Südindien als Plantagenarbeiter nach Sri Lanka gebracht. Sie sind in den zentralen Gebirgen Sri Lankas angesiedelt, während die einheimischen Tamilen in den nordöstlichen Küstengebieten leben. Der heutige Bürgerkrieg wird ausschließlich mit den einheimischen Tamilen ausgetragen.

Das hauptsächliche Konfliktpotential zwischen Singhalesen und Tamilen stammt aus der Kolonialzeit. Damals wurden die Tamilen als mehrheitlich schriftkundige Bevölkerungsgruppe bevorzugt als Verwaltungsbeamte herangezogen und deshalb von den Singhalesen mit der Kolonialmacht identifiziert. Mit der Unabhängigkeit wollten nationalistische Singhalesen diesen Machtvorsprung der Tamilen beseitigen. Die tamilische Sprache sollte ebenso wie Englisch aus den Amtsstuben und dem öffentlichen Leben verbannt werden; Singhalesisch sollte die allgemeine Sprache sein. Für die Mehrheit der Tamilen war das weder praktikabel noch akzeptabel. Es kam im Tamilengebiet zu bewaffneten Protesten und zur Bildung politischer Bewegungen mit unterschiedlichen Zielen wie föderalen Gebietslösungen, Separationsbestrebungen und Anschlussbestrebungen an Indien.

Im Juni 1947 wurde Ceylon britisches Dominion, am 4. Februar 1948 schließlich unabhängig innerhalb des Briti-

17

schen Commonwealth. Kurz vor der Unabhängigkeit hatten die Tamilen einen verfassungsmäßigen Minderheitenschutz mit der Garantie für die Erhaltung ihrer Menschenrechte verlangt. Tamilische Führer hatten von der für den Ablauf des Unabhängigkeitsprozesses Sri Lankas verantwortlichen britischen Kommission ein Gleich-Wahlrecht für die Tamilen gefordert. Diese Forderung blieb jedoch erfolglos und die Briten verließen die Insel.

Nach ihrem Wahlsieg 1956 betrieb die *Sri Lanka Freedom Party* (SLFP) eine einseitig pro-singhalesische Politik. Die Bevorzugung der tamilischen Bevölkerungsminderheit während der Kolonialzeit wurde von der singhalesischen Mehrheit als soziale Ungerechtigkeit angesehen. Ziel der Regierung war es, die überproportionale Vertretung tamilischer Minderheiten in Verwaltungs-, Bildungs- und Wirtschaftsbereichen zu reduzieren. Dies führte zur Bevorzugung der singhalesischen Sprache und des Buddhismus und zu einer Quotenregelung für die Universitätszulassungen. Diese Entwicklung wurde von der tamilischen Minderheit als Bedrohung betrachtet.

1970 schlossen sich mehrere tamilische Parteien zur *Tamil United Liberation Front* (TULF) zusammen, die einen eigenen Tamilenstaat, Tamil Eelam, im Nordosten der Insel forderte.

Am 22. Mai 1972 wurde Ceylon eine Republik mit dem Namen „Sri Lanka".

1977 wurde den tamilischen Abgeordneten ihre quotenmäßig garantierten Parlamentssitze unter dem Vorwurf des Separatismus verweigert und sie wurden sämtlich zu Staatsfeinden erklärt.

Ab 1983 eskalierte der Konflikt zwischen Tamilen und Singhalesen. Die radikalen ‚Liberation Tigers of Tamil Eelam' (LTTE), die einen unabhängigen Tamilenstaat forderten, erhielten starken Zulauf. 1986 eroberten die Milizen der LTTE die fast ausschließlich von Tamilen bewohnte Jaffna-Halbinsel und weite Teile der Nordzentral- und der Ostprovinzen, die hauptsächlichen Siedlungsgebiete der Tamilen. Die Entsendung indischer Friedenstruppen unter Zustimmung der Regierung Sri Lankas im Juni 1987 stieß auf Ablehnung der LTTE, wodurch die Kämpfe sich ausweiteten. Durch häufiges Fehlverhalten machten sich die indischen Truppen zudem bei beiden Konfliktparteien unbeliebt, so dass es sogar zur Zusammenarbeit zwischen der srilankischen Regierung und den Rebellen kam, um die Friedenstruppe zu vertreiben. Nach zwei Jahren zogen sich die indischen Truppen zurück, ohne dass der Konflikt gelöst worden war.

Im Februar 2002 wurde ein Waffenstillstand zwischen der srilankischen Regierung und den tamilischen Rebellen geschlossen. Dem folgten Friedensverhandlungen zwischen Singhalesen und Tamilen in Genf, die aber im Februar 2006 scheiterten. Durch ihr brutales Vorgehen, z.B. den Einsatz von Selbstmordkommandos (Black Tigers), verspielte sich die LTTE viele ausländische Sympathien. Mittlerweile wird sie von der EU und den USA als terroristische Vereinigung angesehen.

Am 7. Februar 2004 löste Präsidentin Chandrika Bandaranaike Kumaratunga das Parlament auf und ordnete Neuwahlen für den 2. April an, aus denen sie als Siegerin hervorging. Erstmals kandidierten einige buddhistische ‚Bhikkhu' (buddhistische Mönche) bei den Parlamentswahlen und gewannen neun Sitze für ihre Partei. Mit ihrer Verfassungsklage verhinderten sie eine längere Amtszeit der Präsidentin.

Am Ende der Regierungszeit unter Sirimavo Bandaranaike war der Konflikt vorübergehend beruhigt. Trotz verschiedener Annäherungen gab es weiterhin Konflikte zwischen beiden Ethnien. Radikale tamilische Gruppierungen bestanden noch immer auf eine Separation. Wieder war es besonders die LTTE, die nicht einmal davor zurückschreckte, moderate Tamilen, die anderen Konfliktlösungen gegenüber offen waren, ermorden zu lassen. Auch ethnische Säuberungen in Jaffna und Massenmord an singhalesischen Farmern werden der LTTE vorgeworfen.

Am 17. November 2005 wurde Mahinda Rajapaksa von der Sri Lanka Freedom Party (SLFP) mit 50,33% der Stimmen zum Präsidenten gewählt. Die Wahlbeteiligung in den tamilischen Gebieten betrug laut Schätzungen nur 1%.

Im Juli 2006 erklärte ein Anführer der Tamilen-Rebellen den Waffenstillstand für nichtig. Nach Schätzungen des Roten Kreuzes flüchteten Anfang August 20.000 bis 30.000 Menschen aus der überwiegend von Moslems bewohnten Stadt Mutur, wo der Bürgerkrieg wieder aufflammte. Im August verschärften sich die Gefechte massiv. Alleine am 12. August wurden weit über 200 Menschen getötet, darunter ein ranghoher Vermittler im Friedensprozess. Im März 2007 stand Sri Lanka kurz vor einem Kriegsausbruch, nachdem die Armee im Januar eine Großoffensive gestartet hatte. Etwa 150.000 Menschen flüchteten. Am 2. November 2007 kam der Chef des politischen Flügels und Verhandlungsführer der LTTE bei einem Luftschlag der srilankischen Luftwaffe ums Leben, was einen weiteren Rückschlag für die Friedensverhandlungen bedeutete.

Am 2. Januar 2008 wurde der Waffenstillstand von der Regierung annulliert.

Seit 25 Jahren schwelt der Konflikt zwischen den unterschiedlichen singhalesischen Regierungen und den tamilischen Rebellen. 80.000 Todesopfer hat er bisher gekostet und die Tendenz ist steigend.

Am Ende unseres letzten Aufenthaltes in Bentota insistiere ich gegenüber unseren Freunden wieder einmal mit meinen Fragen und erfahre, dass die Kämpfe im Norden verstärkt worden seien, dass die LTTE vom Militär in die Enge getrieben werde und dass die Regierung angekündigt habe, die Tamil Tigers bis Ende 2008 zu besiegen. Ich bezweifle, dass das realistisch ist. Eher denke ich, dass es ohne Verhandlungen und eine politische Lösung keinen dauerhaften Frieden geben wird.

Zum Schluss zitiere ich noch einmal das Auswärtige Amt vom 02.07.2008: „*Nachdem die Kampfhandlungen im Osten weitgehend zum Erliegen gekommen sind, hat dort die Armee die Kontrolle übernommen. Aber nach wie vor gibt es ein hohes Maß an Unsicherheit wegen der Anwesenheit paramilitärischer Gruppen und dem Wiedereinsickern von LTTE-Kämpfern. Der Krieg verlagert sich mittlerweile in den Norden, so dass auch die Gebiete südlich der Demarkationslinie bei Anuradhapura nicht mehr besucht werden sollten.*"

Ob solche Hinweise Anlass zu Optimismus sind, mag jeder selbst entscheiden.

Großplakat im Zentrum von Aluthgama

21

I. Bentota und so weiter ...

Ankunft in Colombo

3. Mai 2007. Im frühen Morgengrauen überfliegt die Maschine Kerala, die Südspitze Indiens und ist auch schon im Anflug auf Colombo. Die Sicherheitsgurte sind geschlossen, die Board-Crew sitzt, „ready for landing", und dann setzt der Airbus auf dem Bandaranaike-Airport von Colombo auf. Meine Frau Ildiko und ich sind mit der Sri Lankan Air geflogen, die nach dem Anschlag auf den Flughafen Colombos im Jahre 2001 und der Zerstörung einiger Maschinen mehrheitlich den Emirates, also den Golfstaaten-Arabern gehört. Die Besatzungen sind singhalesisch geblieben. Die liebenswürdigen Stewardessen sind in lindgrün-geblümte Sarongs gehüllt, die oberhalb der Hüfte ein reizvolles Stück Bauch frei lassen und die Oberkörper zieren züchtige Mieder. Service und Speisen sind vom feinsten.

Es ist 5.40 Uhr, wieder einmal liegen drei Wochen Sri Lanka vor uns. Trotz Morgenfrühe und Bewölkung ist es schon heiß. Bei der ersten Gelegenheit entledige ich mich einiger viel zu warmer Kleidungsstücke.

Im Laufe der letzten Jahre ist aus dem provinziellen Airport ein internationaler geworden, mit klimatisierten Gängen, Laufbändern und einer geräumigen Ankunftshalle, in der die Einreiseformalitäten zügig erledigt werden. Es gibt kein langes Warten und jetzt schon gar nicht, da mit unserer Maschine nur wenige Touristen eingereist sind. Der Flughafen von Colombo ist einer der wenigen, auf denen man sich auch nach der Einreise noch zollfrei mit Alkohol und Zigaretten eindecken kann. „Nimm drei Flaschen Whisky und zahle zwei!" Alkohol ist Medizin in den Tropen und schon die Engländer haben angeblich erfolgreich die Malaria mit Whisky und Gin-Tonic bekämpft.

Außer uns beiden steigt nur noch ein weiteres Paar in den Minibus unseres Reiseveranstalters. Für uns vier gibt es keine Reisebegleitung, die uns fragt, ob wir zum ersten Mal hier seien und die uns im dichter werdenden Verkehr erzählt, dass es in Sri Lanka keine Autobahn gibt. Ein Chauffeur genügt. Er nennt seinen Namen, sagt auf Ildikos Nachfrage, dass er in Bentota wohne und erklärt, dass die zahllosen Fahnen in den Farben blau, gelb, rot, weiß und orange anlässlich Buddhas Geburtstag am 2. Mai, einem der höchsten buddhistischen Feiertage, die Straßen schmücken. Danach konzentriert er sich auf den trotz der frühen Stunde immer dichter werdenden Verkehr.

Für Europäer bedeutet Verkehr ein mehr oder weniger geregeltes Miteinander unterschiedlichster Teilnehmer. Allgemein akzeptierte Zeichen sorgen dafür, dass, wer im Recht ist, selbiges auch bekommt. Wer Vorfahrt hat, darf darauf bestehen. Der singhalesische Verkehrsteilnehmer lässt sich weder durch Ge- oder Verbote, noch durch Regeln oder Schilder, die es sowieso kaum gibt, beeindrucken. Er fährt erstens nach dem Prinzip des Überlebens und zweitens dem des Leben-Lassens. Er lässt den Stärkeren, den LKWs oder Bussen den Vortritt und den Schwächeren, den Tuktuks, Radfahrern, Fußgängern, Hunden und Rindviechern, sofern sie ihm nicht im Weg sind, ein wenig Platz zum Ausweichen und Flucht-Ergreifen. Unser Fahrer gehört zur Kategorie der Halbstarken und so gelingt ihm ein ganz gutes Durchkommen, zumal sein Fahrzeug, im Gegensatz zu vielen anderen Minibussen, Kleinlastern und anderen fahrbaren Untersätzen noch relativ wenig von Alter, Rost und Zerrüttung gezeichnet ist. Die Bremsen scheinen zu funktionieren, die Kupplung findet die richtigen Gänge und die Hupe hat einen grellen, durchdringenden Ton. So lässt sich der Verkehr um und in Colombo einigermaßen bewältigen. Nach zwölf Stunden Flug sind wir vier Insassen auch so müde, dass wir nur noch bei ganz eklatanten Beinahe-Zusammenstößen aus dem Halbschlaf gerissen werden. Unser Fahrer manövriert sich durch Colombos Vororte, nennt das staatliche Gefängnis, an dem wir vorüber fahren, „Sri Lanka Hotel", weist auf die Hafenanlagen mit den vielen Kränen hin, umschifft das Zentrum, und schon bald sind wir in Moratuwa auf der Galle-Road, die sich, einer Lebensader gleich, von Colombo bis zur Stadt Galle an der Küste entlang zieht. Moratuwa ist nur wenige Kilometer von der Hauptstadt entfernt und ein Zentrum der Möbel- und Gummiwarenindustrie. Hier erblickt der Ankömmling zum ersten Mal den Indischen Ozean. Bevor am zweiten Weihnachtstag 2004 die Tsunamiwelle hier wie eine Bombe einschlug und Trümmer und Leichen hinterließ, befanden sich zwischen Küste und Straße viele kleine Handwerksbetriebe, die aus Holz alle möglichen Gegenstände herstellten. Trotz des nach dem Tsunami erlassenen Regierungsverbotes, näher als hundert Meter vom Ufer zu siedeln, schießen schon wieder Hütten aus dem Boden und es wird sicher nicht mehr lange dauern, bis sich entlang der Straße die gleichen slumähnlichen Siedlungen erstrecken wie vor dem Tsunami. Dass Moratuwa auch Universitätsstadt ist, sieht man ihr nicht an und kaum ein Tourist käme auf den Gedanken, hier seinen Urlaub zu verbringen.

Der Verkehr fließt auch außerhalb Colombos so wie in deutschen Städten zur Rushhour. Straßeneinmündungen bringen immer neue Schübe von Fahrzeugen, Tuktuks drängeln sich überall dazwischen, ramponierte und viel zu schnell fahrende, mit Menschenfracht überladene Busse hupen den Individualverkehr zur Seite. Kaum erkennbar, wo eine Ortschaft zu Ende ist und die nächste beginnt. Übergangslos fügen sich Häuser, Hütten und Läden zu einer einzigen Kette von Siedlungen. Moratuwa hat fast 200.000 Einwohner. Mount Lavinia, Wadduwa, die nächsten Orte auf der Fahrt nach Süden sind kleiner, doch genauso hektisch und unübersichtlich. In Mount Lavinia gibt es das gleichnamige Fünf-Sterne-Hotel, ganz im Kolonialstil im 19. Jahrhundert von den Engländern erbaut und heute immer noch eine erste Adresse. Vor Jahren haben wir ihm einen Besuch abgestattet, sind am Portal von weiß livrierten Ordonanzen abgefangen und nach unseren Wünschen befragt worden. Wir durften passieren und sind durch die mit dunklem Edelholz getäfelten Gänge geschlendert, haben den Flair vergangener Zeit geschnuppert und als wir zwei alte Ladies mit prachtvollen, unzeitgemäßen Hutgebinden zur Teatime am Pool erblickten, fühlten wir uns zurückversetzt in jene Zeit, als die Insel noch Ceylon hieß und die englischen Business-Gentlemen sich hier am Meer nahe der Hauptstadt von den Geschäften erholten.

Einige Male kamen wir am Vormittag in Sri Lanka an. Da dauerte es gut zwei Stunden, bis wir durch das brodelnde Colombo hindurch waren und zwei weitere, bis wir Kalutera erreichten. Heute geht es schneller: der Vorteil der frühen Morgenstunde. Die Straße überquert den Kalutera Ganga, den Schwarzen Fluss, der ins Meer mündet und von weitem sieht man schon hoch aufragend die halbkugelige Kuppel der großen Dagoba, der einzigen Sri Lankas, die begehbar ist. Alle Chauffeure halten am Ende der Brücke vor der großen Tempelanlage mit der Buddhastatue, steigen aus und werfen ihren Münzobolus in das unersättliche Gefäß, das zu Ehren des Erleuchteten Kleingeld einheimst. Nur wer sein Scherflein entrichtet, dem ist eine gute Weiterfahrt sicher. Kalutera hat eine Reihe von Touristenhotels, doch wenn man zwischen Menschen und Fahrzeugmassen die Stadt auf der vierspurigen Straße durchquert, die Kaufhöhlen, Marktstände, Kleinhändler zu beiden Seiten erblickt, von Lärm, Farben- und Formenwirrwarr fast schwindlig wird, fragt man sich, was denn Touristen in dieser vor Unrat und Unrast

25

strotzenden Stadt tun. Kalutera hat uns in all den Jahren ein einziges Mal zu einem Besuch animiert und auch dieser erwies sich als überflüssig.

Zwischen Kalutera und Beruwala, dem nächsten Touristenort reihen sich kaum unterscheidbare Ortschaften aneinander, und spätestens jetzt, nach mehr als drei Fahrstunden fragt sich der Neuankömmling, ob er sich nicht das falsche Land für die kostbarsten Wochen des Jahres ausgesucht hat. Der Kulturschock hat ihn voll im Griff. Er, der Erholung und Ruhe sucht, findet sich auf einmal inmitten eines beängstigenden Tohuwabohus. Zwar gibt es Palmen zwischen den unansehnlichen Behausungen längs der Straße und Grün wuchert überall, doch wo findet sich eine friedliche, Nerven beruhigende Natur? Darüber hinaus schwitzt der Erholungsuchende auch noch entsetzlich, trotz der, der Hitze nicht gewachsenen Klimaanlage im Fahrzeug, und das ununterbrochene Gehupe sowie die waghalsigen Überholmanöver erschöpfen ihn zunehmend. Außerdem fragt er sich, inzwischen durchaus verärgert, wo denn das Meer sei. Doch das zumindest gibt es: Bei Payagalla kommt die Straße ganz nah heran. Beeindruckend sieht der Indische Ozean schon aus, doch beileibe nicht einladend. Mächtige Wellen fallen grollend über das Ufer her und der Fremde kann sich kaum vorstellen, wie er ihnen standhalten soll. Manchmal sieht man kurz vor Beruwala die Fischer ihre großen Netze einholen und Händler bieten prächtige Thunfischhälften, von Fliegen umsurrt, nahe der Straße feil. Das ist dann wenigstes ein Stück Folklore. Zur rechten Zeit weist der Fahrer auch darauf hin, dass im Hafen von Beruwala, welches ein Muslimdorf sei, jeden Morgen ein großer Fischmarkt stattfindet. Um den zu erleben, müsse man allerdings um spätestens halb sieben dort sein. Was für eine unmögliche, dem Urlaub abträgliche Zeit!

An dem 3. Mai, von dem hier die Rede ist, hat es bereits

vor Kalutera zu regnen begonnen und wie um uns so richtig aufzumuntern, sagt der freundliche Fahrer auch noch, dass es das von nun an jeden Tag tun werde, es habe nämlich bereits die Monsunzeit begonnen. Schöne Aussichten. „Nach meiner Kenntnis", widerspreche ich, „beginnt der Monsun erst in Juni." Basta! Doch der Fahrer behält Recht: Die nächsten beiden Tage regnet es fast ununterbrochen und ganze Regionen Sri Lankas versinken im Wasser.

Von Beruwala bis Aluthgama ist es nur noch eine kurze Strecke. Bei Moregalle überqueren wir eine kleine Brücke, hinter der eine Seitenstraße zum größten sitzenden Buddha und dem Kande Vihare-Tempel führt. Doch davon wird an anderer Stelle die Rede sein. Aluthgama ist das Städtchen, in dem wir fast schon am Ziel sind, nur eine fünfminütige Tuktuk-Fahrt von Bentota entfernt. Der Touristenort Bentota besteht eigentlich nur aus fünf Hotels, einem Stück Galle-Road und einigen, von jungen Einheimischen betriebenen Lokalen, die so lustige Namen haben wie Wunderbar, Café Wunderschön oder Der nackte Wahnsinn. Man kann gut Prawns in ihnen essen oder Arrak trinken. Manchmal gibt es Life-Musik mit viel Getrommel und Reggae vom Band. Die bedienenden Boys tragen häufig Rastalocken und Bob Marley ist ihnen ihr Gott.

Am Ortsende von Aluthgama überquert die Brücke den Bentota-Fluss und danach verlassen wir die Galle-Road, biegen rechts ab und sind nach ein paar hundert Metern am Lihiniya Surf Hotel.

Dreieinhalb Stunden hat unser Fahrer gebraucht. Eine gute Zeit für die 120 Kilometer. Er hat sich ein ordentliches Trinkgeld verdient.

Verfrühter Monsun

Wäre nicht der kriegerische Konflikt im Nordosten der Insel, Sri Lanka könnte ein ganzjähriges Urlauberparadies sein. Die Insel liegt im Einflussbereich zweier Monsune, dem Südwest- und dem Nordost-Monsun. Von Juni bis etwa September überschwemmen Regenfälle den Westen und Süden der Insel und heftige Winde schieben Wellenberge küstenwärts. Zur gleichen Zeit ist es im Norden und Osten heiß und trocken. Umgekehrt ist es dann fünf bis sechs Monate später.

Wir kamen Anfang Mai im Regen an und die Niederschläge hörten bis auf kurze Unterbrechungen tagelang nicht auf. Am dritten Tag nach unserer Ankunft erhielt ich folgende E-Mail von meiner besorgten Schwester:

„... soeben wurde in den Nachrichten gebracht, dass in und um Colombo wahre Sturzbäche heruntergingen und es gewaltige Überschwemmungen gab. Folge: Hunderte sind obdachlos. Hat sich der Monsunregen doch wieder so stark entwickelt? Mensch, was macht ihr bloß dann, wenn's gar nicht aufhört? Ich bin ja nicht nur voller Sorge, sondern auch voller Mitleid. Wenn ihr das tatsächlich durchsteht, dann seid ihr um eine Erfahrung reicher: Keine Reise mehr im Mai. ...“

Nun, so schlimm sind wir bei weitem nicht dran. Zwar stimmt es, dass die Regenfälle zu Überschwemmungen geführt haben, doch die Menschen in den betroffenen Dörfern wissen mit den alljährlich wiederkehrenden Regenfällen umzugehen. Ich mache wieder einmal die Erfahrung, wie sehr im Zeitalter weltweiter Kommunikation häufig Ereignisse zu Katastrophen aufgebauscht werden. Die SARS-Seuche, inzwischen fast schon vergessen, die Vogelgrippe in Asien und jetzt wieder die Überschwemmungen in Sri Lanka sind Beleg dafür. Dennoch sind die Unannehmlichkeiten unübersehbar. Das Wasser steht knöchelhoch in den Straßen, Dörfer in Flussnähe sind tagelang kaum erreichbar und für viele Kinder fällt die Schule aus. Unseren Freund Kamal zu besuchen, ist nicht möglich, der Weg zu seiner Hütte ist ein Fluss geworden. Noch Tage später, nachdem endlich der Regen aufgehört hat, ist der Boden um seine Behausung herum ein stinkender Morast. Ich erfahre Zusammenhänge, die ich bisher nie bedacht habe: Auch die Tiere fliehen die Wassermassen und so kommt es, dass Spinnen, Käfer, alle Arten von Insekten und selbst Schlangen in den Hütten Zuflucht suchen. An trockene Kleidung ist gar nicht zu denken. Alles ist feucht und klamm, kurz gesagt: eine einzige Schweinerei. Waren wir bisher meist zu trockenen Jahreszeiten in Sri Lanka, so erleben wir dieses Mal die andere Seite der Klimamedaille. Mit den Regenwolken sind auch starke Winde über den Indischen Ozean gekommen und schieben gewaltige Wellen vor sich her, die große Teile der Strände wegfressen. Wie oft hatten wir unseren Freunden Uwe und Christine von den herrlichen Stränden Bentotas vorgeschwärmt und nicht verstanden, dass die beiden uns verständnislos angeschaut hatten. Sie waren einmal im Juli und August in Bentota gewesen und erzählten, sie hätten kein einziges Mal im Meer baden können. Die Brandung wäre gefährlich hoch gewesen und es hätte überhaupt keinen Strand gegeben. In den Hotels wären Sicht- und Windschutzwände gegen das Meer hin aufgebaut. Wir konnten uns das alles nicht vorstellen und hielten es zumindest für sehr übertrieben. In diesem Mai beginnen wir zu verstehen, was sich in der Monsunzeit abspielt. Tagtäglich erleben wir, wie der breite Strand schmaler wird und wie die Wellen bei Flut sogar vom Hotelgarten Besitz ergreifen. Eines Morgens ist die Mauer, die das Hotelgelände vor dem Meer schützt, eingebrochen. Die Wellen haben sich stärker als der Beton erwiesen. Normal sei das ganz und gar nicht, sagen uns die

Hotelbediensteten. Seit Jahren hätten sie einen solch mächtigen Wellengang zu dieser Jahreszeit nicht erlebt. „Doch", beruhigt uns der Hotelmanager, „spätestens im Oktober ist der Strand wieder da und das Meer hat den Sand zurückgegeben." Einerseits ist das tröstlich, doch andererseits bereitet es Sorge, dass auch hier eine weltweite Klimaveränderung Wirkung zeigt und zur falschen Jahreszeit einen Monsun mit allen schlimmen Folgen verursacht.

Nach dem Regen. Wo ist der Strand?

Lihiniya Surf

Die Eisenbahnstrecke von Colombo über Galle und weiter bis Matare im Südosten führt, bis auf kurze Streckenabschnitte, zwischen den Stränden und der Hauptstraße entlang. Die Schienen und wahrscheinlich auch die Lokomotiven und Waggons stammen noch aus englischen Kolonialzeiten. Man kann viel Negatives über die Zeit sagen, als die Briten im damaligen Ceylon das Sagen hatten und es sich im Tropenparadies gut sein ließen, doch die Eisenbahntrassen, die Brücken über die zahlreichen Flüsse und auch die Lokomotiven waren solide, tropenresistente und Zeiten überdauernde Wertarbeit. Möglicherweise waren die Loks anfangs dampfbetrieben und wurden irgendwann im zwanzigsten Jahrhundert durch Dieselloks ersetzt, doch damals wie heute rattern und donnern sie stoßend, pfeifend und ächzend mit bis zu zwanzig Waggons im Schlepp im Vierzig-Stundenkilometer-Tempo die Küste entlang. Zwar gibt es Erste-, Zweite- und Dritte-Klasse-Wagen, doch unterscheiden sie sich, abgesehen von den mehr oder weniger abgewetzten Sitzbänken und der Zahl der Mitreisenden eigentlich nur im Fahrpreis. Und der ist in jedem Falle unerheblich. In der dritten Klasse fährt man mehr oder weniger umsonst, jedenfalls dann, wenn man zu den Touristen gehört und sein Geld nicht in Rupien verdient. Für die Einheimischen sind die einhundert Rupien Fahrpreis von Bentota nach Galle, weniger als ein Euro, durchaus erwähnenswert. Die Waggons der singhalesischen Staatsbahn wecken in mir immer so unschöne Assoziationen an Judentransporte der Nazis. Sie sind schmutzig braun, Fenster und Türen sind rostig und von allzu häufiger Benutzung verschlissen und die Menschen hängen bisweilen wie Trauben in den offenen Türen. Natürlich weiß ich, dass sie sich von dem Fahrtwind Linderung vor der Hitze versprechen und der stehenden Luft

31

in den häufig übervollen Abteilen entfliehen wollen, ein unschönes Bild sind diese Zugpassagen dennoch. Für Urlauber ist eine solche Bahnfahrt nach Colombo oder Galle aber ein gewissermaßen koloniales, nostalgisches Erlebnis. Zu unserer Schande muss ich gestehen, dass wir in all den Jahren kein einziges Mal mit dem Zug gefahren sind. Jedes Mal war eine Tuktuk- oder Minibusfahrt einfacher und bequemer. Ganz besonders landschaftlich beeindruckend ist die Zugfahrt von Colombo nach Kandy und weiter bis Badulla. Sie zählt zu den schönsten Bahnstrecken überhaupt. Unser Freund Kamal hat uns oft davon vorgeschwärmt, doch die sechzehn Stunden von Bentota bis Badulla schienen uns immer des Guten zuviel.

Zwischen Aluthgama und Bentota überquert die Bahn den Bentota-Fluss auf einer dieser unverwüstlichen kolonialen Nachlassbrücken und hält kurz darauf, sofern es sich um einen Bummelzug handelt, am Bahnhof von Bentota. Züge, die den beschönigenden Beinamen ‚Express' tragen, stampfen hier erbarmungslos durch. Diesseits der Brücke rattert der Zug über einen erhöhten Bahndamm, sodass der Reisende einen erhabenen Blick auf die am Meer gelegene Hotelkette von Bentota genießen kann. Er passiert das einem Fort ähnelnde Bentota Beach Hotel, wirft einen hastigen Blick auf das beliebte Hotel Serendib, erfasst auch noch im Vorüberfahren die lehmbraunen Mauern des Lihiniya Surf Hotels und gleitet schließlich, schon wieder Fahrt gewinnend am prachtvollen Fünf-Sterne Hotel Taj Exotica vorüber. Danach aber ist der Reisende auch schon jenseits der Bentota-Grenzen im benachbarten Induruwa.

Wir bleiben in Bentota und zwar im Hotel Lihiniya Surf. Lihiniya heißt Möwe. Möwen sind meist weiß, schweben über den Wellen oder gleiten den Traumschiffen nach, die fernwehkranke Reisende zu den Inseln der Seligen bringen. Das Lihiniya hat absolut nichts von solch einem Meeresvogel. Es ist landwärts von hässlich-braunen Mauern umgeben und wird zudem noch an einer Seite von einem turmähnlichen Bau überragt, der aussieht wie der Wachtturm eines Gefangenenlagers. Das Lihiniya war das erste Hotel an dieser Ferienküste und bevor es das wurde, war es eine Kaserne. Dem Vernehmen nach soll in ihr auch Idi Amin, der nachmalige monströse Diktator Ugandas von den Engländern seine soldatische Ausbildung erhalten haben. Doch zum Glück hat der schwarze Mann keine Schatten hinterlassen und an die Kaserne erinnert außer den langen Gängen auch kaum noch etwas. Vielleicht war das Lihiniya der Prototyp der Sri Lankischen Hotels, die sehr häufig langgestreckte, zweistöckige Bauten sind, deren Zimmer alle meerwärts schauen und von einem offenen Korridor her zu betreten sind. Als wir 1998 zum ersten Mal in Sri Lanka ankamen, nachdem wir uns im Katalog des Reiseveranstalters das Lihiniya ausgesucht hatten, war ich zunächst entsetzt über die schmucklosen Gänge, die spartanisch einfachen Zimmer, die schäbigen Treppenaufgänge. Es gab weder Fernseher im Zimmer noch Minibar. Das Restaurant war dunkel, groß und ziemlich leer. Es war die Zeit der verstärkten politischen Konflikte und der bevorstehenden Wahlen und so hatten sich auch damals nur wenige Fremde nach Sri Lanka gewagt. Wie sollten wir es drei Wochen hier aushalten? Wir hielten es drei Wochen aus, ohne Schwierigkeiten und begannen uns von Tag zu Tag wohler zu fühlen. Das Personal war liebenswürdig und nett, das Essen hervorragend und man bemühte sich rührend um die wenigen Gäste. Dennoch stiegen wir bei den nächsten drei Aufenthalten im Nachbarhotel Serendib ab, das größer und weltläufiger ist und einen schöneren Garten hat. 2004 gaben wir dem Lihiniya noch einmal eine Chance und bis zum zweiten Weihnachtstag genossen wir die Zeit. Die Zimmer erschienen uns nun heller und freundlicher als beim ersten Mal, das Personal war noch liebenswürdiger und das Management hatte einiges getan, um das äußere Erscheinungsbild der ‚Möwe' zu verbessern. Das Lihiniya war auf dem besten Wege, ein ordentliches Drei-Sterne-Hotel zu werden. 2004 war eine gute Saison, das Lihiniya war wie fast alle Hotels Sri Lankas fast voll und der Weihnachtsabend war bei einem herrlichen Buffet, bei Tanzmusik und der späten Ankunft von Santa Claus auf einem knatternden Motorrad ein voller Erfolg. Doch dann kam der 26. Dezember und mit ihm der Tsunami. Sri Lankas Apokalypse und damit auch der Niedergang des Tourismus hatte begonnen. Von da an hielten wir „unserem Hotel" die Treue. Es gab keine Alternative mehr, denn wir waren ihm und es war uns verbunden.

Über meinem Schreibtisch hängt der Schlüssel zu Zimmer 212 des Lihiniya. Am 26. Dezember 2004 hatte ich ihn nicht an der Rezeption abgegeben und als wir am 27. Dezember die Insel mit dem LTU-Flieger verließen, hatte ich den Schlüssel noch in der Tasche. Er wird als Erinnerung an diese schlimmen Tage über meinem Schreibtisch hängen bleiben und so lange er dort ist, wird das Lihiniya für uns das schönste und liebenswürdigste Hotel in Bentota auf Sri Lanka bleiben. Den schönsten Strandabschnitt der Westküste hat es sowieso.

Hotel und Strand

34

Der ‚kleine Schneider'
und andere Geschäftsleute

Jedes Mal, wenn wir im Lihiniya angekommen sind, den Begrüßungscocktail geschlürft und unser Zimmer bezogen haben, vergewissern wir uns auf dem Balkon, dass das Meer noch da ist. Auch die vertrauten Streifenhörnchen huschen wie gewohnt über das Geländer und begrüßen uns freudig fiepend. Erleichtert stellen wir fest, dass alles ist wie immer und dass wir wieder einmal ‚zu Hause' sind.

Nach dem schnellen Auspacken der Koffer führt mich der erste Weg aus dem Hotel heraus. Der freundliche Wachmann öffnet das Tor und dann stehe ich auf der schmalen, schlaglöchrigen Hotel Road, die unweit vom Lihiniya am großen Fünf-Sterne-Hotel Taj Exotica endet. Vier Tuktuks stehen am Straßenrand, ihre Fahrer warten dösend und gelangweilt auf Fahrgäste, die wieder einmal rar sind. Vor dem Taj lauern weitere zehn dieser dreirädrigen Minitaxis. Auch im Taj gibt es nur wenige Gäste. Die Arbeitslosigkeit grassiert an Sri Lankas Touristenküste und die Anzahl der Fahrzeuge steht in einem sehr ungesunden Verhältnis zu der der möglichen Passagiere.

Ich begrüße die Tuktuk-Fahrer, vor allem Wilson, in dessen Hütte uns Kamal wieder massieren wird und überquere dann die Bahngleise, um in den kleinen Lädchen auf der anderen Seite Bescheid zu sagen, dass wir wieder da sind. Irgendwann einmal war dieses seltsame Ladenstraßengebilde viel größer konzipiert, zweistöckig möglicherweise, denn einige Stahlträger ragen immer noch großspurig aus den Betondecken. Übrig geblieben von der einstigen Planung sind sechs kleine Geschäfte, die alle im Wesentlichen dasselbe verkaufen wollen, deren Besitzer sich mühsam über Wasser halten und sich damit trösten, dass die nächste Saison bestimmt besser wird. Irgendwie gehören

35

diese kleinen Läden zum Lihiniya dazu.

Bei der Schneiderin im ‚New Modern Shop' mit der bunten Werbung über dem Eingang, die ein unförmiges Model in unmoderner Bekleidung zeigt, habe ich mir vor Jahren einen eleganten Anzug maßschneidern lassen und ein Jahr darauf einen locker-sportlichen. Beide habe ich in Deutschland nur sehr selten getragen, doch lag das nicht daran, dass die Schneiderin und ihr Mann keine gute Arbeit geleistet hatten. Mit der Hose, die ich in Auftrag gegeben hatte, hatten sie allerdings Schwierigkeiten. Das gute Stück passte auch nach der dritten Anprobe nicht. Wohl oder übel mussten sich unsere New-Modern-Schneider damit abfinden, dass Herrenhosen nicht ihre Stärke waren. Dafür schafften sie es jedes Mal, Ildiko selbst bei ausgefallenen Sonderwünschen voll zufrieden zu stellen. Ein Teil von Ildikos Sommermode könnte gut und gerne das Label ‚New Modern' tragen.

Direkt neben der Schneiderei befindet sich der Laden des alten Charles. Dort gibt es aus Holz geschnitzte Buddhas, Shivas, Krishnas mit und ohne Flöte und diverse Göttinnen, zahlreiche Elefanten in allen Größen und Holzarten, Stelzenfischer, Warane, geflügeltes Viehzeug und natürlich auch Masken. Masken sind überhaupt eines der liebsten Mitbringsel aus Sri Lanka: Es gibt Masken, die gut sind gegen alle Arten von Krankheiten, Masken, die den Teufel vertreiben und solche, die verhindern, dass sich Kobras ins Haus schleichen. Seit wir eine solche Kobramaske im Wohnzimmer hängen haben, sind wir schlangenfrei. Auf Anfrage besorgt Charles auch alle gewünschten Waren, vom besonders edlen Tee bis zum extrascharfen Currypulver. Charles ist unser liebster Liebling und mein großes Vorbild. Er ist 86 Jahre alt und so schlank, dass man ihn auch mager nennen könnte. Das dunkle Gesicht ist schmal und Nase, Backenknochen und Kinn stoßen wie gemeißelt daraus hervor. Die scharfen Augen liegen in Höhlen unter buschigen Brauen und die

36

ganze Physiognomie ist so asketisch, dass die Falten auf der Stirn und um den Mund herum ganz zeitlos wirken. Charles ist nie anders als in strahlendes Weiß gekleidet. Leinenhose und Hemd geben ihm das distinguierte Aussehen des Butlers eines englischen Kolonialherren. Fast ein Jahrhundert singhalesischer Geschichte haben Charles' Leben geprägt: die Jahre der britischen Herrschaft, die ihm im Nachhinein als die schönsten erschienen, der Weg in die Unabhängigkeit seines Landes und die Wirren der Bandaranaike-Jahre, die Geburtswehen der Republik mit der neuen Namensgebung und nicht zuletzt Bürgerkrieg, Tamilenkonflikt, Tsunami-Katastrophe. Charles hat all das überlebt und ist sich treu geblieben. Was immer man ihn fragt, er weiß eine Antwort und in gutem Englisch erfahren wir von ihm mehr über Hintergründe und Probleme des Landes als im besten Reiseführer. Ich frage ihn, warum er jeden Tag in seinen Laden kommt und dort den lieben langen Tag darauf wartet, dass jemand sein Geschäft findet und vielleicht sogar etwas kauft. Charles Antwort ist so überzeugend wie weise. „Wenn ich in meinem kleinen Zimmer bleibe", sagt er, „bin ich alt und beginne zu sterben. So aber muss ich jeden Morgen aufstehen, mich rasieren und zurechtmachen und wenn ich im Laden bin, sehe ich Menschen, spreche mit ihnen und wir tauschen Erfahrungen aus." Es gehe ihm nicht ums Geldverdienen, sagt Charles und wir glauben ihm, denn seine Preise sind unschlagbar niedrig. In einer Kladde hat er mit gestochener Schrift den Preis jeder Ware festgehalten, für den er sie gekauft hat. Wenn wir uns entschieden haben, etwas aus seinem Bestand zu erwerben, schaut er in dieses Buch und wir bekommen das schöne Stück zu einem Preis, der ihm nur noch einen ganz geringen Gewinn lässt. Oft gibt es dann sogar noch ein kleines Geschenk dazu. Nein, ein gewiefter Geschäftsmann ist der alte Charles wirklich nicht. Allerdings, das sei nicht verheimlicht, weiß er sehr gut, dass

37

der Charme seines Alters durchaus dem Geschäft förderlich ist und manche Ware findet einen Käufer, weil dieser weiß gekleidete, alte Mann so viel Achtung gebietet. Wäre Charles eines Tages nicht mehr da, würde etwas ganz entsetzlich fehlen in unserem Bentota. Wen gibt es noch in der kleinen Ladenstraße? Janith, den Schmuck- und Lederwarenhändler. Der war einige Jahre in Japan, hat dort die Sprache gelernt und es so weit gebracht, dass er sich zurück in Sri Lanka einen Nissan-Minibus kaufen und einen Laden eröffnen konnte. Da sein Englisch ausgezeichnet ist, verdiente er in den guten Tourismusjahren viel Geld damit, vor allem den englischen Taj Exotika-Touristen in Mehr-Tages-Touren die Sehenswürdigkeiten der Insel zu zeigen. Inzwischen besitzt er ein ansehnliches Haus an der Galle-Road mit Appartements, die er preiswert vermietet. Janith ist einer der zum Glück nicht so seltenen Singhalesen, die es mit Fleiß und Wagemut geschafft haben, etwas aus ihrem Leben zu machen.

Ganz anders der ‚Kleine Schneider', der am Ende des Ladenpfades neben den Bahngleisen sein Geschäft betreibt. Ihm war das Glück nie besonders hold. Eigentlich ist er gar nicht klein, nur sehr schmächtig und ein wenig rachitisch. Es gibt Menschen, die kommen einem klein vor, weil sie so bescheiden, selbstgenügsam, unauffällig sind, dass sie Gefahr laufen, übersehen zu werden. So einer ist der ‚Kleine Schneider'. Es ist bezeichnend, dass wir lange Zeit nicht einmal seinen Namen wussten. Seine Geschäftsräume sind im Vergleich zu denen der anderen relativ groß, doch da er nur wenige Aufträge hat, verdient er auch wenig Geld und deshalb ist die Auswahl seiner Stoffe gering. In der Mitte des Raumes stehen zwei Stühle und ein Tisch, auf dem die üblichen Quelle- und Otto-Kataloge liegen. Einmal haben wir ihm auch drei dieser dicken Wälzer mitgebracht. Die Nähmaschine, eine in die Jahre gekommene Singer, Bügeleisen

38

und andere Schneiderutensilien stehen im Nebenraum. Als die Zeiten besser waren, war hier auch ein Computer installiert und draußen wies ein Schild auf „E-Mails and International phone calls" hin. Doch da das Stromnetz in Bentota häufig zusammenzubrechen pflegt – die Hotels haben eigene Stromgeneratoren – wurde aus diesem Geschäft auch nichts. Der ‚Kleine Schneider' versteht sein Handwerk. Meine Hosen waren perfekt und Ildikos Fantasie verstand er immer in kleidsame Roben umzusetzen. Doch leider ist er unzuverlässig, und das liegt daran, dass ihn oft, manchmal in sehr kurzen Abständen, Nierenkoliken überfallen. Dann kommt er nicht zur Arbeit, das versprochene Gewand wird nicht fertig und die Kunden sind sauer. Der ‚Kleine Schneider' weiß zwar, dass man sich der Nierensteine operativ entledigen kann, doch erstens kann er für eine solche Operation das Geld nicht aufbringen und zweitens würde er dann wochenlang gar nichts verdienen. Wir erkundigten uns in Deutschland bei einem Nierenfacharzt, ob es keine Medikamente gäbe, die Heilung versprächen, doch bei seinen Steinen handelt es sich um solche, die nur operativ entfernt werden können. Der ‚Kleine Schneider' muss also weiter leiden oder auf ein Wunder hoffen.

Als ich beim letzten Mal zwei Hosen von ihm anfertigen ließ, war er zur vereinbarten Anprobe nicht da. Der Laden blieb den ganzen Tag über geschlossen. Auch am nächsten und übernächsten Tag ließ der Schneider sich nicht sehen. Am dritten Tag fand ich ihn, in sich versunken, am Tisch sitzend. „Was ist los?", fragte ich mitfühlend. Er sei wieder krank gewesen, habe wegen der Schmerzen nicht arbeiten können und meine Hosen seien auch noch nicht fertig. Vielleicht morgen. Ich setzte mich auf den zweiten Stuhl und hatte das Gefühl, ich müsste etwas Tröstliches sagen. Doch mir fiel partout nichts ein. Wir schwiegen eine Weile. Und dann auf einmal berichtete er mir in seinem vorsichtigen,

39

nach den richtigen Worten suchenden Deutsch, dass er am Morgen auf der Bank gewesen sei. „Ich weiß nicht mehr weiter!", sagte er. „Kein Geld, um Miete zu zahlen. Drei Monate nicht gezahlt Miete. Keine Arbeit, kein Geld, keine Miete." Was er denn auf der Bank gewollt habe? „Kleiner Kredit!" Und dann sprudelte es aus ihm heraus, dass so viele Leute, die reich seien, so viel Geld von der Bank bekommen, wie sie wollen. „Ich nur wenig Geld und Bank sagt nein! Weiß nicht, was weiter!" Ich fragte ihn nach der Höhe des gewünschten Betrages. „8.000 Rupien!" Ich rechnete nach; es handelte sich um etwa sechzig Euro, an denen seine Existenz hing.

Zwei Tage später holte ich meine beiden Hosen ab. Sie passten wie angegossen. Ich zahlte ihm dafür die vereinbarten zwanzig Euro. Und dann überreichte ich ihm mit beiden Händen, wie das in Sri Lanka üblich ist, sechzig Euro.

Seitdem ist ein Jahr vergangen und wir waren zweimal in Bentota. Jedes Mal, wenn ich zur Begrüßung unsere Geschäftsleute besuche, den ‚Kleinen Schneider' als letzten, küsst er mir die Hände und das empfinde ich als unangenehm. Aber ich kann nichts dagegen machen.

Auch im Jahr 2007 muss ich den Handkuss lächelnd ertragen. „Wie geht es dir?", frage ich und weiß natürlich, wie banal diese Frage ist. „Gut.", erwidert er und das Schweigen, das dieses ‚Gut' begleitet, lässt ahnen, dass die Wirklichkeit ganz anders aussieht. Dammike, den Namen des ‚Kleinen Schneiders' kenne ich inzwischen, leidet furchtbar unter dem Touristenschwund. Ich setze mich und wir machen ein bisschen Smalltalk. Er berichtet mir, dass er überlege, nach Kanada zu gehen, um dort zu arbeiten. „Aber meine Familie, meine Frau und die beiden Kinder, die kann ich doch nicht allein lassen." „Nein! Geh nicht fort aus Sri Lanka.", sage ich ihm. Ich kann leicht Ratschläge geben. Er muss in den nächsten Tagen die Miete für den Laden bezahlen und weiß nicht, wie er das Geld auftreiben soll.

Einen Tag später lädt Dammike uns ein, ihn in seinem Haus zu besuchen. Am späten Nachmittag holt er uns in einem geliehenen Tuktuk ab. Sein Haus steht in einer kleinen von buddhistischen Singhalesen bewohnten Ansiedlung am Rande von Dharga Town, der Kleinstadt, in der ansonsten ausschließlich Moslems leben. Es ist zweistöckig, umgeben von einem kleinen Garten und die Zimmer sind erstaunlich groß. Als Dammike mit dem Bau begann, florierte der Tourismus und mit ihm auch sein Geschäft. Jetzt ist nach Jahren der Flaute alles halbfertig, fast noch im Rohbau. Allerdings sind wenigstens Fenster, Türen und Dach so weit vollendet, dass die Familie einigermaßen sicher darin wohnen kann. Nur der Fußboden im größten Zimmer, in dem außer einem kleinen, runden Tisch nur drei Stühle stehen, ist perfekt gefliest. Dammike stellt uns seine Frau und seine beiden Mädchen im Alter von sieben und elf Jahren vor. Alle drei sind westlich und sehr schön gekleidet. Dammike ist schließlich Schneider und natürlich hat er die Kleider selbst gefertigt.

Wir bewundern alles gebührlich, bestaunen besonders die wunderschönen, tiefschwarzen Haare der jungen Frau, die ihr über den Rücken fallen und fast bis zu den Knöcheln fließen.

Nach einer Tasse Tee, Bananen und ein paar Keksen bedeuten wir dem Gastgeber, dass es an der Zeit sei, zurück zu fahren. Er ist nicht traurig darüber, denn auf ihn wartet noch Arbeit in seinem Atelier und auf uns das Dinner im Lihiniya.

41

Zum Beispiel Aluthgama

Orte wie Aluthgama gibt es zu Tausenden auf Sri Lanka: Im Zentrum, meist um einen Busbahnhof herum, gibt es kleine Läden und verwahrloste Häuserfassaden, ein Durcheinander von Mensch und Tier, knatternde Tuktuks, zerbeulte, von Alter und Abnutzung gezeichnete Busveteranen, denen sich anzuvertrauen Mut oder Verzweiflung erfordert, Lärm, Musikfetzen und über allem eine schweißtreibende, feuchte Hitze. Wenn es regnet, was häufig geschieht, versinken singhalesische Ortschaften in Dreck und Schlamm. Aluthgama ist nicht anders als Beruwala, Kogalla oder Horana, nicht einmal der Name ist klangvoller. Doch da wir unserem Urlaubsdomizil Bentota treu bleiben, liegt uns dieses Kaff nahe. Aluthgama ist mit Bentota durch zwei Brücken verbunden, eine Auto- und eine Eisenbahnbrücke und auf der Bentotaseite beginnt die Southern Province. Die Brücke über den Bentota River wurde von den Engländern erbaut und war seinerzeit sicher ein Prachtstück. Heute ist sie dem Verkehrsstrom zwischen Colombo und Galle bei weitem nicht mehr gewachsen. Jedes Mal, wenn einer der musealen Züge sein Nahen mit lautem Klingeln ankündigt und sich unter Pfeifen und Rattern der Brücke nähert, schließen sich die Schranken und der Verkehr staut sich zu beiden Seiten. Das ist dann die Chance für die Radfahrer und Tuktuks, sich an die Spitze der Warteschlange vorzumogeln. Ist der Zug vorbeigedonnert, geht das Gerangel auf der Brücke los. Begegnen sich zwei Busse oder ein Bus und ein LKW, ist zwischen ihnen kaum ein Fingerbreit Platz. Zentimeterweise rangieren dann die Kolosse aneinander vorbei. Die Luft ist geschwängert von Auspuffgasen und als Fußgänger bleibt einem eigentlich nur, wagemutig den Fluss über die Eisenbahnbrücke zu überqueren, die parallel zur Straßenbrücke verläuft. Ein schmaler Fußsteig führt neben den Gleisen her.

Ich habe das, auf Gott oder meinen Schutzengel vertrauend, oft getan. Zwischen den Bohlen des Steges klafft jeweils ein Spalt und sechs Meter darunter wirbelt der Fluss. Manche der Bohlen haben schon Jahrzehnte Wind und Wetter überdauert. Für die Einheimischen ist diese Brückenpassage nichts Besonderes, den Touristen aber fordert sie viel Mut ab. Es gibt kein Geländer und wenn einem jemand entgegenkommt, wird es beängstigend eng. Auf einer Seite das rostige Stahlgestänge der Brücke, auf der anderen der Gleiskörper und darunter der Abgrund. Wenn tatsächlich mal ein Zug kommt, gibt es nur die Flucht nach vorne oder man nimmt allen Mut zusammen und springt in den Fluss. Zwar gibt es darin Krokodile, doch die sind eher klein. Meist aber schafft man es, unversehrt die andere Seite zu erreichen. Dann stellt sich der Stolz auf die Selbstüberwindung ein und man sagt sich im Stillen: „No risk, no fun!"

Aluthgama ist ein richtiges Städtchen mit Geschäften, Banken, einer stark frequentierten Busstation und einem Montagsmarkt. Kommt man von Bentota, teilt sich die Straße nach ein paar hundert Metern. Rechts geht es in einem scharfen Knick Richtung Markt, und geradeaus, entlang der Galle-Road, die von Colombo bis Galle über gut einhundert Kilometer so heißt, erstrecken sich zu beiden Seiten Geschäfte. Am Schnittpunkt der beiden Straßen steht eine Buddhastatue auf einem überdachten Podest und sowohl am frühen Morgen als auch am Abend werden von dort weithin über krächzende Lautsprecher die Lehren des Erleuchteten verbreitet. Meist zupfen auf der kleinen Rasenfläche davor einige Ziegen die spärlichen Grashalme und oft macht ihnen auch eine Kuh das mickrige Futter streitig. Neuerdings hat man weithin sichtbar an diesem zentralen Punkt des Ortes ein martialisches Großplakat aufgestellt: Es zeigt den in weißes Gewand gekleideten, wohlbeleibten Staatspräsidenten, um den Hals locker einen roten Schal geschlungen, inmitten von Soldaten. Welch ein Kontrast! Der joviale, freundliche Herr mit Schnurrbart und Goldring am Finger und die wilde Soldateska: Grimmig blickende junge Männer in Kampfanzügen mit schwarzen Tüchern um die Köpfe. In den schwarz behandschuhten Händen halten sie die Maschinengewehre und um den Hals hängen wie Girlanden die Patronengurte.

Was mag wohl die Botschaft sein? Ich will nicht darüber grübeln. Im Norden und Nordosten des Landes findet der Krieg der Guerilla der Tamil Tigers gegen die singhalesische Armee statt. Es ist ein schmutziger Krieg, über den am liebsten keiner spricht. In Bentota und Aluthgama aber herrscht Frieden und ich schlendere durch das brodelnde Städtchen, in dem das Leben seinen normalen Gang geht.

Ich gehe zum Money Changer, über dessen Eingangstür großspurig das Schild ‚Royal Pharmacie' prangt, besuche meinen Freund Asmaas in seinem bis an die Decke mit Freizeitbekleidung vollgepackten Laden, in dem sich Kunden und Verkäufer gegenseitig auf die Füße treten. Im Vorübergehen werfe ich einen Blick in die Station Road, die zum Bahnhof führende Straße, in der sich regenbogenfarbene Plakate und Ladenschilder mit den Stromleitungen um den freien Platz am Himmel raufen und schlendere an den Vitrinen der moslemischen Gold- und Juwelenhändler vorüber. Neben vielem anderen gibt es auch noch Obstverkäufer, vergitterte Liquor-Shops, um die sich die Arraktrinker scharen, Bata-Schuhgeschäfte, einen Friseur, Lotterieverkäufer und einen nimmer endenden Verkehrsstrom. Fast schon am Ende der Hauptstraße lockt dann noch ‚Cargills Food city', der Supermarkt, in dem es alles zu kaufen gibt, was Leib und Magen erfreut, die Käufer ins klimatisierte Innere. Vor dem Markt haben einige Bettler ihren Stammplatz. Zwischen den parkenden Tuktuks und Minibussen finden sie immer einen spendenwilligen Menschen. Im Zentrum des Städtchens aber, und dort ist das Kommen und Gehen am stärksten, ist der Bus-Bahnhof. Die knallroten, gelben oder dreckig-weißen, fast immer überfüllten Busse drücken ihre geballte Masse rücksichtslos in die Straßenmitte, hupen sich den Weg frei oder schütten ankommend Menschentrauben in die sowieso schon aus den Nähten platzende Stadt.

An jedem Montag ist Markt und Aluthgama ist noch lauter, aufgeregter, hektischer und chaotischer als an den übrigen Tagen. In allen Reiseführern ist der Montagsmarkt beschrieben und so kommen zu den Einheimischen auch noch die zahlreichen Fremden, die auf der Suche nach bleibenden Eindrücken in die Fallen der Schlepper tapsen. Tuktuk-Fahrer drängen sich auf und hilfsbereite junge Männer, die vorgeben zu wissen, wo es die besten und billigsten Edelsteine, Batiken und Masken gibt, bieten ihre Dienste an. In gutem Englisch oder gebrochenem Deutsch wollen sie den Weg zum Basar, Gewürzhändler, Supermarkt, Kräutergarten zeigen oder ganz und gar uneigennützig den unkundigen Fremden einfach einen Waran, einen kleinen Elefanten oder ein Krokodil zeigen. Wer sich ihnen anvertraut, zahlt seinen Preis, denn, egal, wo man letztlich landet oder etwas kauft, der Schlepper bekommt seine Provision.

Auf dem Weg zum Markt geht es vorüber an Ständen mit billigen Plastikartikeln, Kleidung, Wäsche, Haushaltsgeräten. Töpfe und Tiegel sind auf dem Boden ausgebreitet und der Mangohändler verkauft seine fleckigen Früchte von der Pritsche seines Lieferwagens. Bunt und exotisch ist die Vielfalt der Obst- und Gemüsestände: Mango und Papaya kennt jeder, Durian und Jackfruit der eine oder andere, wie aber Passionsfrüchte, Mangostine oder Holzäpfel aussehen und schmecken, wissen nicht viele. Ich mag dieses Gemenge von Farben, Düften und Geräuschen, das quirlige Menschengewusel, das Durcheinander von Hautfarben und Altersgruppen, das gellende Geschrei der Marktverkäufer, das nicht endende Gehupe der Tuktuks, das Bellen streunender, halb verhungerter Hunde, die Musikfetzen, die durch die schwüle, abgasgeschwängerte Luft flattern. Es gibt nur weniges, was sich zu kaufen lohnt, doch es gibt unendlich viel zu entdecken. Da ist der Betelnussverkäufer, der im Halbdunkel seines Holzverschlages hockt und dessen knallroter, fast zahnloser Mund für die Qualität seiner Ware spricht. Neben ihm versucht ein Fischer die letzten Stücke eines ehemals stolzen Thunfisches an den Mann zu bringen. Es wird Zeit, denn Fliegen und Hitze setzen den Resten schon arg zu. Wir gehen den Gerüchen nach. Die von getrocknetem Fisch überwiegen. Für die Einheimischen mag es ein lieblicher Geruch sein, für unsere empfindsamen Nasen ist es Gestank. Auf dem großen Gelände nahe am Fluss steht ein Marktstand neben dem anderen. Auf niedrigen Holztischen, auf Plastikplanen oder blankem Boden sind haufenweise armlange Schlangengurken aufgehäufelt, Berge knallroter Tomaten, Kohlköpfe, faustgroße, gezackte, grüne Gemüseknollen, wie ich sie noch nie gesehen habe. Im Schneidersitz hocken die Verkäufer inmitten ihrer Waren. Eingerissene Planen decken das schiefe Gestänge vieler Stände gegen die grelle Sonne ab. An anderen Stellen bieten Wellblechdächer Schutz. Unter ihnen staut sich die Hitze. Schweiß rinnt mir in die Augen und mein Hemd ist nass. Für dieses Tropenklima bin ich nicht geboren. Wie eine schwere Decke liegt die Luftfeuchtigkeit auf uns. Am Tag zuvor hat es heftig geregnet und das Wasser steht noch in großen Pfützen. Bretter sind darüber gelegt und da, wo keine sind, muss man von einer trockenen Insel zur nächsten springen. Große Palmwedel beschönigen die Schweinerei und Pappen über dem Matsch haben sich vollgesogen. Wie komisch müssen wir den Einheimischen vorkommen, wenn wir, vorsichtig unsere Schritte setzend, versuchen, sauberen Fußes den Markt zu erkunden. Die, die hier zu Hause sind, gehen alle barfuss, und der Schlamm, der zwischen ihren Zehen hervorquillt, kann die Füße auch nicht schmutziger machen, als sie schon sind. Es ist ein strahlender Sonnentag, kein Wölkchen trübt den Himmel. Die meisten Frauen und Mädchen haben einen Regenschirm aufgespannt. Ildiko hat ihre Mütze vergessen und leidet unter der sengenden Sonne. Man sollte niemals ohne Regenschirm in die Tropen reisen. Zwischen den Buden und Ständen ist das Gedränge noch dichter, die Fremden zahlreicher und demzufolge natürlich auch die Schlepper, die auch hier dem geneigten Touristen das beste Fotomotiv zeigen wollen. Sie sind wie Kletten. Hat man ihnen auch nur einen Blick gegönnt, sitzen sie einem wie die Laus im Pelz. Es stinkt auf diesem Markt, nach Gewürzen, fauligem Obst und Trockenfisch. Fliegen schwirren umher und setzen sich auf alles, was ihnen als Brutstätte geeignet erscheint. Ästhetisch und hygienisch geht es auf dem Markt von Aluthgama wahrhaftig nicht zu.

Wo die Reihen der Stände enden, leckt eine Müllhalde in den Bentota-Fluss. Obst- und Gemüsereste, Autoreifen, tote Fische, Coladosen, Plastikflaschen, Speisereste, Schrott und Abfall jeglicher Art verbinden sich dort in schöner Eintracht. Keinen Einheimischen kümmert dieser Unrat. Wir aber stehen fassungslos davor: „Wie man nur ...!" Gerade wollen wir uns abwenden, als uns ein junger Mann heranwinkt: „Waran"! Wir zögern, doch er lockt weiter: „Come, look! They don't bite!". Wir sind neugierig geworden und wagen uns ein Stück näher. Tatsächlich, zwei Warane, zwei dieser Panzerechsen sind da in voller Aktion. Sie winden ihre im Wasser so wendigen Körper schwerfällig über die Halde, züngeln in Dosen und Behälter, finden dies und das und fühlen sich inmitten des Mülls ,waranwohl'. Einer der beiden ist mitsamt seinem langen Schwanz beinahe zwei Meter lang. Wasserwarane sind Allesfresser und von dem, was am Rande des Marktes verkommt, gedeihen sie prächtig.

Nach einem solchen Bummel durch Aluthgama und über den Montagsmarkt kommen wir verschwitzt, müde, aber voller Eindrücke zurück ins Hotel. Wir eilen in unser klimatisiertes Zimmer. Die Temperatur ist auf 23 Grad eingestellt. Das ist, als ob man ein Kühlhaus betritt: Man fröstelt und fühlt sich nach der Hitze draußen dennoch unglaublich wohl.

Auf dem Balkongeländer vor dem Zimmer machen zwei Streifenhörnchen Jagd aufeinander, eine Krähe hält nach Fressbarem Ausschau und gleichmäßig rollen die Wellen des Ozeans ans Ufer. Es ist an der Zeit, ins Meer zu gehen.

Montagsmarkt in Aluthgama

Schlepper, Gauner und der kleine Betrug

„Alle Buddhisten sind gute Menschen", sagte der kleine Gauner, als er uns bei unserem ersten Besuch den klitzekleinen, niedlichen Elefanten zeigen wollte. Damals fielen wir Naivlinge darauf rein und zahlten Lehrgeld. „Alle Buddhisten sind gute Menschen", aber sind alle Sri Lanker auch gute Buddhisten? Zumindest Zweifel sind angebracht, denn nicht jedes Lächeln ist zugleich auch Indiz für Ehrlichkeit, Freundlichkeit, Güte. Die Umgangsformen der Singhalesen miteinander sind zum Teil von einer für unser Empfinden rauen Härte. Es gibt kein soziales Netz und ein Hotelangestellter kann von Heute auf Morgen gefeuert werden. Wer reich ist, ist reich und wer arm ist, ist eben arm. Mögen doch die dummen Europäer helfen! Kamal arbeitet sich zwei Stunden lang an einer Massage ab, kassiert dafür fünfzehn Euro und muss die Hälfte davon abgeben, dafür, dass er einen schäbigen Raum und eine Liege benutzen darf. Doch der Hüttenbesitzer ist ein guter Mensch und ein guter Buddhist. Toni ist stolz auf seine Körperkraft und wenn ihm jemand nicht passt, schlägt er zu. Die Kämpfe der verfeindeten Beachboys und Schlepper von Beruwala und Bentota gehen nie unblutig ab.

Wenn ich einen schlechten Tag habe, denke ich bisweilen, dass ich zu Besuch in einer wölfischen Gesellschaft bin. Doch dann ist da aber wieder die herzliche Liebenswürdigkeit der Menschen, die alles Negative vergessen lässt.

Ich frage mich, wie wir, die weißhäutigen Fremden, die für ein paar Wochen zur angenehmen Jahreszeit über die Strände herfallen, auf die Einheimischen wirken? Dass wir reich sind, ist offensichtlich. Wären wir sonst so dick? Die Körperfülle zeugt aber auch von allerlei Krankheiten, warum sonst sind wir alle so erpicht auf die teuren Ayurveda-Anwendungen? Am schwierigsten ist es, uns einzuordnen: Weder Hauttönung noch Verhalten lassen Schlüsse darüber zu, welcher Kaste wir angehören. Ob einer im fernen Deutschland begütert ist oder bettelarm, lässt sich ebenso wenig erkennen. Mancher ist knauserig mit dem Trinkgeld, zeigt aber stolz Fotos seiner Prachtvilla, ein anderer benimmt sich wie ein Krösus, ist aber daheim vielleicht ein armer Hund. Von unseren Sitten und Gebräuchen ganz zu schweigen: Viele von uns laufen, obwohl wir genug Geld für ordentliche Kleidung haben, mit kurzen Hosen und Trägerhemdchen herum, und das Benehmen der Frauen ist von beängstigender Freizügigkeit. Es ist schwer, das zu verkraften und noch schwerer, uns einzuschätzen.

Wäre ich Singhalese und lebte mehr oder weniger vom Tourismus, ich würde lächelnd und freundlich die Fremden ausnehmen, so gut es ginge. Vielleicht ist es das, was viele Einheimische auch tun.

Ein paar Erlebnisse mögen zeigen, was einem in diesem wunderschönen Land geschehen kann. Sie sollen aber beileibe keinen von einem Urlaub in Sri Lanka abhalten.

Das Lihiniya ist wieder einmal relativ leer: Nur einige Familien, ein Dutzend Einzelreisende und vier junge Mädchen aus München, die preiswert per Last Minute ,zehn Tage all inklusive' gebucht haben. Die vier sind ausnehmend hübsch und sehen natürlich auch keinen Anlass, ihre Reize über Gebühr zu verstecken. Nicht, dass sie sich aufreizend oder gar herausfordernd benehmen, nein, sie sind nur einfach da, am Strand, am Pool, bei Spaziergängen. Es vergehen keine zwei Tage und im Umkreis von fünfzig Kilometern wissen alle noch nicht halbtoten Männer von den Vieren und die Frauen zerreißen sich die Münder ob so viel Unzüchtigkeit. Dummerweise merken die Münchnerinnen sehr spät, dass sie auf dem Präsentierteller sitzen. Sie haben einige Male zurückgelächelt und sogar mit dem einen oder anderen jungen Mann gesprochen. Dann machen sie den noch schwerwiegenderen Fehler, sich von einigen Deutsch und Englisch sprechenden, hübschen, langhaarigen Jungmännern in die Disko nach Hikkaduwa einladen zu lassen. Dort wagen sie es nicht nur, auch mit anderen Einheimischen zu tanzen, sondern sich auch noch einen Drink bezahlen zu lassen. Sie sind entsetzt und fassungslos über die anschließende Massenschlägerei und schaffen es zum Glück noch mit dem Taxi ins Hotel zurück. Von da an aber ist ihr Urlaub irgendetwas zwischen Horror und Spießrutenlaufen. Sie bekommen Anrufe auf ihrem Zimmertelefon, nachts wird an die Türen geklopft, wenn sie das Hotel verlassen, fliegen Steinchen und die lauten Bemerkungen der Männerwelt verstehen sie zum Glück nicht. Kamal fragt mich, ob ich die Mädchen kenne und als ich wütend antworte, sagt er doch tatsächlich, sie seien selber Schuld! Nach zwei weiteren Tagen wechseln die Vier in ein Hotel nach Kalutera. Ich bin sicher, dass sie nie mehr nach Sri Lanka zurückkommen werden.

Zum Glück sind Sri Lanka-Erfahrungen nicht immer so drastisch und dramatisch.

Viel häufiger ist es der kleine, ärgerliche Betrug, der oft damit zu tun hat, dass man an einen der vielen Schlepper gerät. Das sind auf den ersten Blick freundliche, meist gut gekleidete Menschen, die einen in ein Gespräch verwickeln, ihre Deutschkenntnisse verbessern wollen oder einfach nur ihre Hilfe anbieten. Sie kennen den besten Kräutergarten, das billigste Geschäft und die beste Bootstour. Natürlich läuft das Ganze meist darauf hinaus, dass sie sich ein paar hundert Rupien ergaunern wollen. Obwohl wir längst unsere Erfahrungen gemacht haben, ist der Umgang mit diesen hilfsbereiten, jungen Männern oft schwierig. Da ist zum Beispiel der Schlepper mit dem schiefen Gesicht, den ich bei einem Bummel durch Aluthgama partout nicht loswerde. Wie eine Klette hängt er an mir, folgt mir, bleibt stehen,

51

wenn ich stehen bleibe, redet auf mich ein, schwätzt und schwätzt und will uns hierhin und dorthin schleifen. Er versteht weder „Danke", noch „Thank you!" und schon gar nicht „I don't need your help!" Schließlich werde ich ganz unasiatisch ausfallend und schleudere ihm ein „Piss off!" entgegen. Dafür schäme ich mich, doch wir haben Ruhe.

Unsere Bekanntschaft mit Olga und Jens verdanken wir eigentlich einem Schlepper. Ich komme von einer kleinen Radtour zurück und sehe einen dieser allgegenwärtigen, netten Kerle im Gespräch mit einem offensichtlich neu angekommenen Paar. Ich halte an und frage, ob ich helfen könne. Die beiden zögern, freuen sich aber sichtlich, einen Deutschen zu treffen. „Wir wollten einen ersten Spaziergang machen und etwas zu trinken kaufen, da kam der da". Jens zeigt auf den schmächtigen Jüngling und fährt fort: „Er bot sich an, uns zu einem Supermarkt zu führen." Da ich den Burschen, der immer in der Nähe herumlungert, kenne, warne ich die beiden. Das hat der wohl verstanden, denn nun geht eine Schimpfkanonade auf mich los: Ich solle mich nicht einmischen, „They are my friends! Get away and do your own business!" Er ist so laut und aggressiv, dass wir alle drei weit von ihm abrücken. Als er sieht, dass er das Spiel verloren hat, macht er sich, vor sich hin fluchend, davon. Ich besorge den beiden ein Tuktuk nach Aluthgama und mache einen Preis für Hin- und Rückfahrt aus, denn für unerfahrene Newcomer sind die ersten Touren immer überdurchschnittlich teuer. Am Abend sitzen wir gemeinsam am Tisch und reden über die Erlebnisse. Außer dass Jens und Olga für die ungewollte Begleitung ein paar Rupien hätten zahlen müssen und die Einkäufe etwas teurer geworden wären, wäre ihnen nichts passiert. Aber so ist es allemal besser, denn den singhalesischen Freund und Helfer wären sie vermutlich während ihres Urlaubs nur noch mit Mühe losgeworden.

Einmal brauche ich Paraffinstopfen für meine Ohren. Nach dem Baden haben sie geschmerzt und ich will für ein paar Tage das Salzwasser fernhalten. In einer Apotheke finde ich auch die richtigen. Zufällig sehe ich den Preis auf dem Klebeetikett: 240 Rupien. Der winzige Laden ist gedrängt voll. Ein hagerer Mann greift sich meine Stopfen, öffnet die Kühlschranktür, in denen sie lagerten, taucht halb hinein, fummelt endlos lange herum. Endlich dreht er sich zu mir und reicht mir das nun in einem Plastikbeutel steckende Päckchen. „How much?", frage ich und vernehme erstaunt den Preis: 480 Rupien. Inflationäre Preisentwicklung! Zum Glück haben wir alle Humor. Ich lache lauthals und lege abgezählt 240 Rupien auf die Theke. Das Mädchen an der Kasse lacht, alle in der Apotheke lachen schließlich. Bis auf den Betrüger. Der macht sich wie ein begossener Pudel davon.

Nicht immer geht das so glorreich ab. Wir wollen die große Dagoba und das Heiligtum des Banyanbaumes in Kalutera anschauen. Tennys Bruder chauffiert uns mit seinem Tuktuk dorthin. Am Eingang geben wir wie üblich unsere Schuhe ab, und dann gesellt sich unaufgefordert ein freundlicher, Deutsch sprechender Guide zu uns. Normalerweise hätte ich dankend abgewinkt, doch da der Tenny-Bruder bei uns ist, denken wir, dass wohl alles seine Richtigkeit hat. Der freundliche Führer erzählt uns allerlei, was wir längst wissen, vom Leben Buddhas, seiner Lehre, dem Treiben im Tempel, der Frömmigkeit der Menschen. Zur Dagoba auf der anderen Straßenseite lässt er uns alleine gehen. Die ist groß, modern und nüchtern. Von oben hat man durch die Glasscheiben einen schönen Blick auf den Schwarzen Fluss, die Lagune und das Meer. Kurze Zeit später überqueren wir wieder die Straße und sofort ist der selbst ernannte Guide da und geleitet uns in den Meditationsbereich der Tempelanlage. Dort reicht er uns ein wassergefülltes Gefäß, in dem einige Blüten schwimmen. Das sei heiliges Wasser, und wir sollten, bitte schön, den heiligen Baum begießen. Das bringe Gesundheit, Glück und ein langes Leben. So etwas kann nie schaden, denke ich. Wir schütten also und erfreuen Baum und Guide. „Now you must give 800 Rupies!" 800 Rupien! Wofür? „Tempelspende. Alle Leute geben 800 Rupien." Mit dem treuherzigsten Gesicht erzählt uns der Tempelgauner, dass von dem Geld Essen für arme Leute gekauft, der Tempel renoviert und überhaupt geholfen werde. Nun sind 800 Rupien in Sri Lanka recht viel Geld. Ich zögere also verständlicherweise, bin verwirrt und ärgerlich. Der seltsame Führer drängt und plötzlich sind auch noch zwei andere Tempelbedienstete da, die ebenfalls drängen: „800 Rupies! Give Tempelspende!" In meiner unsicheren Nervosität zücke ich die Geldbörse und fingere 400 Rupien heraus. „Achthundert!", höre ich die Geier rufen. Ich sehe, wie im Hintergrund Tennys Bruder winkt und offensichtlich erregt auf einen der Weihwasserkerle einredet. Der andere redet indessen auf mich ein: „Two hundred Rupies more!" Er streckt die Hand aus, ich reiche ihm zwei Scheine und weiß im selben Moment, dass das ein Fehler war. Wir verlassen die Stätte fast fluchtartig. Kein Trinkgeld mehr, für nichts und niemanden. Das schale Gefühl sitzt in der Magengegend, das Gefühl, sich wie ein Idiot benommen zu haben und kräftig übers Ohr gehauen worden zu sein. Nur schnell heim! Tennys Bruder ist stinksauer, auf uns, unsere Blödheit, die Tempelmafia und deren Dreistigkeit. Achthundert Rupien! So viel verdient er für einen ganzen Tag Arbeit nicht. Warum er uns denn nicht gewarnt habe, will ich wissen. Er habe es ja versucht, aber im Tempel könne er nicht frei reden. Er hat ganz offensichtlich Angst vor der Macht dieser Gauner.

Zum Programm jeder Sri Lanka-Rundreise gehört der Besuch eines Kräutergartens. Auch wenn man die Tour privat bucht, wird der Fahrer oder Begleiter versuchen, seinen Gästen einen solchen ‚Spice Garden' zu zeigen. Überall entlang der Touristenrouten und in den Fremdenverkehrsorten gibt es Hunderte davon. Wir machten bereits beim ersten Inselaufenthalt unsere einschlägigen Erfahrungen. Ich erinnere mich, wie das damals war.

Ich zahle mit der Visakarte und unterschreibe die Rechnung. Für den nicht geringen Betrag erhalte ich eine bunte Plastiktüte voll Gesundheit: Aloe Vera-Creme gegen Sonnenbrand, Sandelholzsalbe für eine schönere Haut, drei Flaschen mit Slimming-drops, („Abnehmen ohne weniger zu essen"), Tabletten gegen Bluthochdruck, eine Tinktur zur schnellen Heilung von Abszessen und ein Flasche mit Sirup gegen schlechtes Cholesterin. All das ist hergestellt aus Kräutern und Gewürzen aus dem Zaubergarten tropischer Natur, gemixt und gebraut nach uralten, geheimen Rezepturen. Natur in reinster Form und Ayurveda-Medizin mit der Erfahrung von mehr als tausend Jahren Sri Lankischer Heilkünste. Den Glauben an die Wirkung all dieser wunderbaren Mittel bekommen wir gratis mit auf den Weg.

Man hatte uns gewarnt: „Don't buy anything in the spice garden!" Wir wussten, dass allein der Reiseführer dreißig Prozent Provision einsteckte. Und trotzdem? Hatten wir etwa die Mahnungen in den Wind geschlagen? Mitnichten. Was man uns nicht gesagt hatte, war, dass das Personal im Kräutergarten so perfekt darin war, Touristen, und seien sie noch so ausgeschlafen, einzuseifen und so weich zu kochen, dass die Gelder fließen wie das goldgelbe Dotter aus dem Ei. Wir waren begeistert, fasziniert, geradezu hypnotisiert. Ich muss den Herrschaften im ‚Spice Garden Nr. 25' meinen aufrichtigen Respekt zollen. Sie haben ihre Sache gut gemacht und sich unser Geld redlich verdient. Wir haben es ihnen gerne gegeben für so viel sorgfältige und zielstrebige Arbeit am Kunden.

Wir erreichten das unscheinbare Kräutergartengelände gegen zehn Uhr am Morgen und verließen es zwei Stunden später. In der Zwischenzeit erfuhren wir soviel Nützliches und Wichtiges über Blumen, Früchte, Kräuter, Gewürze, Beeren, Äste, Zweige, Blätter, Knospen, Blüten, Wurzeln und Knollen, dass wir von nun an die Natur mit ganz anderen Augen betrachten würden. Ich wusste vorher weder, wo Zimt wächst noch wozu er als Stange oder als Öl gut ist. Pfefferkörner kannte ich wohl, dass sie aber auf Sträuchern wachsen, wusste ich nicht. Citronella ist nicht Zitrone, und Zitronenmelisse ist wieder etwas ganz anderes. Citronella vertreibt die Mücken. Ähnlich wie Citronella sieht jene Pflanze aus, deren Blätter sich in jedem Curry-Gericht finden. Dann gibt es auch noch Cardamon, Muskat, Vanille, Coriander, Mango und Papaya und Holzapfel und viele andere Früchte und Früchtchen. Wir waren zutiefst beeindruckt von der Vielfalt und heilsamen Wirkung tropischer Gewächse. Umso empörender, dass auch in Sri Lanka die Wunderapotheke der Natur immer mehr der menschlichen Machete zu Opfer fällt und dass nur noch die guten Menschen in den Kräutergärten das heilbringende Fähnchen aufrecht halten und es weiterzugeben bereit sind.

Nach einer Führung durch die Gärten folgte die Dokumentation. Dem ersten Referenten folgte ein zweiter. Wer von beiden machte es besser? Beide waren redegewandt und ihr Deutsch war vorzüglich. Geduldig beantworteten sie auch die einfältigsten Fragen. Auf harten Bänken in einem naturbelassenen ‚Hörsaal‘ im Geviert sitzend, erfuhren wir alles Wissenswerte über Tinkturen, Arzneien, Wässerchen. „Hat einer der Anwesenden ein Gebrechen?" Ach ja, dieser hatte Schupfen, jener einen steifen Hals und der dritte einen Mückenstich. Gegen jedes Wehwehchen war ein Heilmittel gewachsen und fand auch gleich seine Anwendung. Alle waren begeistert ob solch spontaner Heilbehandlung. Ich dachte an meine Rückenschmerzen, mein Cholesterin, und hatte ich nicht gestern einen Hautauschlag am rechten Bein? Ich kreuzte auf meinem Bestellzettel die Medikamente an, die Hilfe versprachen. Von Preisen redete niemand, und „Kaufen ist einzig und allein Ihre Entscheidung." Allmählich aber waren wir reif. Wir wollten besitzen und heimtragen, was sich da Gutes in den Fläschchen befand. Aber noch war es nicht so weit. Jeder erhielt erst noch eine kostenlose Massage: Hemd aus, Kopf frei! Da wurde geknetet, gerieben und geklopft. Danach standen mir die Haare zu Berge, aber mein Body war frisch geölt, herrlich durchblutet und duftete auch noch. Endlich war es so weit: wir durften einkaufen. In jeglicher Währung. Egal, ob Rupie, Dollar, Euro oder Electronic cash. Jeder bekam eine voluminöse Plastiktüte in die Hand gedrückt und dann ging es ganz schnell: Kein langes Überlegen, kein Zögern, frisch zugegriffen. Die Ware ist kostbar, die Preise sind hoch. Für jeden stand ein Verkäufer bereit. Perfekter Service. Frohgemut verließen wir allesamt den ‚Kräutergarten Nr. 25'. Dass ich ein paar Tage später im Ayurveda-Shop in Aluthgama und sogar im Supermarkt die gleichen Produkte für einen Bruchteil der Preise fand, war einzig und allein mein Problem. Man hatte uns ja gewarnt und wer nicht hören will, muss eben blechen.

Sri Lanka ist eines der schönsten, abwechslungsreichsten und freundlichsten Länder, die ich kenne. Wären da nur nicht diese verdammten Drahtseilakte zwischen Himmel und Hölle, die Sri Lanka so widersprüchlich machen. Mal schwebt man auf Wolke Sieben und dann wieder fällt man tief in den Orkus. Paradiesisch ist die Landschaft, doch auch das Paradies hat bekanntlich seine Tücken: Zwischen den hohen Gräsern windet sich eine Schlange, auf den Randsteinen des Wasserfalltümpels lauern Blutegel, am endlos langen Strand gibt es Sandflöhe und ausgerechnet beim herrlichsten Sonnenuntergang stechen die Moskitos. Immer wieder diese Extreme: strahlend blauer Himmel und sengende Hitze, milder Tagesbeginn und Wolkenbrüche am Abend. Und das Meer, freundlich säuselnd und grimmig brausend. Wellen wie Berge, die einen fortreißen und zu Boden schmettern. Tagelang traut sich kaum einer ins Wasser, so sehr tobt die See. Wie das Land sind die Menschen: unberechenbar und liebevoll, fremd und vertraut, freundlich und bedrohlich, dunkel und hell. Wo zum Teufel ist hier der buddhistische ‚Weg der Mitte'? Da ist das stets lächelnde Hotelpersonal, die Kellner, Room-Boys und Gärtner. Natürlich lächeln sie auch der Trinkgeld-Rupien wegen, aber nicht nur deshalb. Nach einigen Tagen merkt man, wie die Sympathieströme fließen, wie so manch ein Lächeln von Herzen kommt.

Man fühlt sich gut aufgehoben und nach ein paar Wochen geht es den meisten so wie uns: Sie beschließen wiederzukommen. Trotzdem oder gerade deshalb!

Am Strand von Bentota

58

Geben und Nehmen

Als wir zum ersten Mal nach Sri Lanka reisten, lernten wir Alex und Renate kennen, die dort bereits zum vierzehnten Mal im gleichen Hotel waren. In den folgenden zwei Jahren trafen wir uns immer wieder zur gleichen Zeit. Durch die beiden machten wir auch die Bekanntschaft mit Tenni Abegunawardana, der uns als Fahrer auf mehreren Touren durch die Insel begleitete. Alex und Renate hatten sich sehr liebevoll Tennis und seiner Familie angenommen, zu der neben seiner Frau und vier Kindern auch noch der Clan seiner beiden Brüder gehörte. Jedes Mal, wenn Alex und Renate in Sri Lanka landeten, brachten sie einen Koffer voller Geschenke mit.

Vor unserer Reise im Herbst 2004 rief ich bei unseren Urlaubsfreunden an, um zu fragen, ob wir uns auch in diesem Jahr wieder treffen würden. „Nein, in diesem Jahr lassen wir Bentota aus, und überhaupt wissen wir nicht, ob wir noch einmal dorthin reisen werden." „Warum denn auf einmal diese Sinnesänderung?", wollte ich wissen. Renate erklärte mir, dass ihnen zum einen der lange Flug zu anstrengend sei, zum anderen, und das sei das Entscheidende, hätten sie sich so sehr über den vermeintlichen Freund Tenni und seine Familie geärgert. „Wie das?", wollte ich wissen. Darauf sprudelte es förmlich aus Renate heraus: „Seit Jahren schleppen wir jedes Mal einen Koffer Geschenke mit uns, für Tenni, seine Frau und Kinder, für Kumara, den Bruder und was weiß ich, wen sonst noch. Und alle nehmen die Sachen, Tenni das Bügeleisen und die neuen Handtücher, Kumara das Handy, und Frau und Kinder die Anziehsachen und glaubst du, dass es auch nur einer für notwendig hält, einmal Dankeschön zu sagen. Die stecken die Sachen einfach weg und tun so, als ob das gar nichts sei." Und wie zur Unterstreichung ihrer Empörung setzte sie noch hinzu:

59

„Nee, nicht mit uns. Irgendwann haben wir auch mal die Faxen dicke!" Natürlich bedauerte ich gebührend, dass wir auf die beiden dann wohl in Zukunft als Mit-Hotelgäste verzichten müssten, zeigte aber durchaus Verständnis für ihre Entscheidung. Immerhin hatten wir ähnliche Erfahrungen gemacht, mit dem Unterschied, dass wir uns mit der Menge an Geschenken mehr zurückgehalten hatten und uns darum auch weniger über erwartete, aber ausbleibende Reaktionen ärgerten.

Als wir dann im Oktober nach dem Zehnstundenflug und dem vierstündigen Transfer in Bentota ankamen und schon sehr bald von unseren Freunden willkommen geheißen wurden, achtete ich mehr als sonst darauf, wie denn die diversen Gast- und Begrüßungsgeschenke aufgenommen würden.

Kamal bekam ein Handy, nicht ganz neu, aber voll in Ordnung. Er begutachtete und steckte es ein. Die Plastiktüte mit Anziehsachen für sich, seine Frau und die Kinder legte er ohne sie anzuschauen zur Seite und in den Umschlag mit Geld schaute er hinein und schob ihn dann in seine Tasche. Daraufhin schenkte er uns ein Lächeln und nickte uns zu. Ich war durchaus bereit, das als ein Dankeschön zu akzeptieren, doch Ildiko war weniger leicht zufriedenzustellen. Sie erklärte Kamal in schlechtem, aber durchaus verständlichem Englisch, dass es in unserem Kulturkreis üblich sei, dass man sich für Geschenke bedanke und dass sie schon eine angemessene Reaktion von unserem Freund erwarte. Kamal schien begriffen zu haben, lächelte uns an und sagte „Thank you!" Genaugenommen war das eigentlich auch nicht das, was wir erwartet hatten und irgendwie war dieses gewissermaßen erzwungene „Danke" auch peinlich. Freund Chirath bekam ebenso wie Kamal einen Umschlag mit Geld. Freunde hatten für sein behindertes Kind gesammelt. Er sah uns an und steckte den Umschlag ein. Nicht sehr viel anders erging es uns am nächsten Tag mit unserem Freund Saman-

60

tha. Der brachte wenigstens unaufgefordert ein „Danke!"
über die Lippen.

Ich fragte mich, wie dieser offensichtliche Mangel an
Dankbarkeit oder zumindest Höflichkeit zu erklären sei.
Zahlreiche Urlauber, die immer wieder nach Sri Lanka zurückkehren, bringen Geschenke für singhalesische Freunde
mit, helfen Häuser zu bauen, finanzieren Tuktuks. Bekommen sie alle kein Dankeschön dafür zu hören? Wie kann das
angehen?

Ich fragte sehr vorsichtig Einheimische, Hotelpersonal
oder Menschen, die ich mehr oder weniger flüchtig kannte.
Sie verstanden entweder meine Frage nicht oder wussten
keine Antwort. In den diversen Reiseführern fand ich unter
‚Sitten und Gebräuche' auch nichts zum Thema Dankbarkeit. Ildiko bestand darauf, man müsse den Menschen klar
machen, dass sie sich bitte schön mit unserer Kultur vertraut
zu machen hätten. Höflichkeit könne man schließlich auch
lernen. Zwar gab ich ihr damit Recht, doch wie unbefriedi-
gend das Ergebnis solcher Erziehung war, hatten wir ja an
Kamals Reaktion erlebt.

Tenni Abegunawardanas Bruder Kumara führt ein kleines
Hotel in Kosgoda, das ein Berliner finanziert hat. Wir wollten es uns ansehen und Tenni fuhr uns dorthin. Ein schönes
kleines Hotel und ein netter Besuch. Zufällig erfuhren wir,
dass Kumaras Frau zwei Tage zuvor Geburtstag hatte. Wir
gratulierten nachträglich und fragten, ob sie denn schön gefeiert hätten. Die Antwort war verblüffend: „Wir haben Reis
gekocht und Curry, haben Geschenke gekauft und das alles
zu den Mönchen ins Kloster gebracht." Ich versuchte zu begreifen: „Wie denn das? Normalerweise bekommt doch das
Geburtstagskind Geschenke." „Bei uns ist das eben anders",
bekam ich zur Antwort. „Wir bringen den Mönchen etwas
und bedanken uns, dass sie es entgegennehmen." Christliche
Barmherzigkeit á la „Geben ist besser als nehmen" oder

61

Buddhismus pur? Letzteres: Wer gibt und damit Gutes tut, tut etwas für sein Karma, sammelt Punkte für das nächste Leben. Die Lehre des Karma ist eng mit dem Glauben an den Kreislauf der Wiedergeburten verbunden und an die Gültigkeit des Prinzips von Ursache und Wirkung. Karma ist die Folge jeder Handlung und diese wirkt im negativen und positiven Sinne zurück auf den Handelnden. Zwar bleibt letztes Ziel eines gläubigen Buddhisten, gar kein Karma mehr zu erzeugen und damit den Kreislauf der Wiedergeburten abzubrechen, doch ist das gute Karma sicherlich der Weg zu einer ‚guten' Wiedergeburt.

Ich denke nicht, dass dieses komplexe, theoretische Glaubensgefüge Grund für die Geburtstagsgaben Kumaras und seiner Frau war. Eher war es dieses „Das tut man eben, das ist so üblich!", welches hier wie überall das Leben der meisten Menschen bestimmt. Doch für mich war dieses seltsame Geburtstagsbegängnis ein erster Schritt zum Verständnis der fehlenden Sri Lankischen Dankesbezeugungen. Waren wir, die Gebenden denn nicht diejenigen, denen Gutes geschah und die eigentlich zu Dank verpflichtet waren? Noch dazu kam, dass wir, die reichen Europäer ja aus dem Vollen schöpften und indem wir den Bedürftigen gaben, unser Karma gewaltig verbesserten. Reich und in sichtbarem Wohlstand waren wir doch für die Einheimischen allemal: Nicht nur, dass wir ausgesprochen wohlgenährt aussahen, nein, wir besaßen sogar so viel Geld, dass wir uns den schier unerschwinglichen Flug und den teuren Aufenthalt in unbeschreiblich schönen Hotels nicht nur einmal, sondern mehrmals im Jahr leisten konnten. Wofür sich bei jemandem bedanken, der von dem Vielen, das er besitzt, ein wenig abgibt. Der Gebende hat zu danken.

Nun wurde mir auch klar, warum Kamal uns immer wieder ziemlich unumwunden aufforderte, ihm Geld zu geben. Dabei wollte er selten für sich selber etwas haben, sondern es waren meist andere, für die er um Hilfe bat. Einmal war es ein Verwandter im Hochland, dem der Sturm einige Dachziegel vom Haus gerissen hatte und bei dem es nun hineinregnete. Natürlich könne er das Geld für die Reparatur nicht aufbringen. Mit 5000 Rupien wäre ihm geholfen. Ein anderes Mal war es eine Schulklasse in Hali Ela, die wir mit Arbeitsmaterial unterstützen sollten. Fünfzig Euro wären genug für eine Grundausstattung an Heften, Stiften, Linealen etc. von vierzig Kindern. Bisweilen, wenn wir zu Besuch bei ihm waren, wies Kamal uns auch darauf hin, dass der oder jener Mann, der rein zufällig auch zugegen war, besonders arm und ohne Arbeit sei oder eine kranke Frau habe und dass wir ihm doch bitte ein paar Tausend Rupien geben sollten. Meist taten wir wie geheißen, getreu dem Motto: „Wir können es entbehren. Für uns ist es relativ wenig Geld, für die Menschen hier viel!" Dass man auf diese Weise einerseits leicht das Gefühl bekommt, einen Heiligenschein um den Kopf zu tragen, andererseits aber auch Gefahr läuft, für eine Milchkuh gehalten zu werden, die zu melken ganz leicht ist, kann nicht ausbleiben. Sicherlich geht es vielen Sri Lanka-Urlaubern so, denn die Zahl derer, die einen Freund mitsamt Familie unterstützen, ein Tuktuk gesponsert oder beim Hausbau geholfen haben, ist ansehnlich. Dazu kommt, dass die meisten Singhalesen ausgesprochen sympathisch und herzlich sind und dass die Art, wie sie um etwas bitten, einerseits fordernd, andererseits aber auch von einnehmender Liebenswürdigkeit ist. Der Bademeister unseres Hotels, ein ausgesprochen sympathischer Mensch, sprach mich eines Nachmittags an und erklärte mir, sein Fahrrad sei kaputt, er brauche einen neuen Schlauch und ich solle ihm fünfhundert Rupien geben. Er fragte nicht, er bat nicht: Er forderte, als ob es ihm zustünde. Ich gab ihm das Geld und er sagte kein Wort. Weder an dem Tag noch danach.

Es ist nicht immer leicht zu durchschauen, ob hinter der Bitte um Hilfe echte Bedürftigkeit steckt oder schlitzohrige Abzockerei. Wir lernten im Laufe unserer Aufenthalte etliche Deutsche kennen, die mehr oder weniger ständig in Bentota leben oder mehrere Monate im Jahr dort zubringen. Sie waren meist sehr hart geworden und betonten, dass sie nicht mehr bereit wären, auch nur einem Einheimischen zu trauen oder ihm zu helfen. „Das sind alles lächelnde Gauner und Betrüger. Vor dir spielen sie die Armen und hinter deinem Rücken lachen sie dich aus!" Ich meine nicht, dass dieses Urteil gerechtfertigt ist, aber ein Quentchen Wahrheit steckt mit Sicherheit darin.

Auch Kamals Bitten um Hilfe für andere waren, das verstand ich allmählich, nicht ganz uneigennützig. Er erhielt Unterstützung von uns und das konnte in seiner Nachbarschaft nicht unbemerkt bleiben. Diese Nachbarschaft, die ja anders als bei uns, auch insofern lebensnotwendig ist, dass einer dem anderen in allen möglichen Notsituationen hilft, erwartete vom ‚glücklichen' Kamal auch, dass er von den Gaben der deutschen Freunde etwas weitergab. Dies wiederum verhalf ihm zu besserer Reputation und die gute Tat war positiv für sein Karma.

Nach und nach begannen wir dieses System des Nehmens und Gebens zu begreifen und es machte es uns auch leichter, auf ein explizites Dankeschön zu verzichten.

Obwohl unsere Bemühungen, Singhalesisch zu lernen, immer halbherzig blieben, kaufte ich doch eines Tages den kleinen Sprachführer ‚Singhalesisch Wort für Wort' (Reise Know How-Verlag Peter Rump) und fand darin die folgenden Sätze: *„Es ist in Sri Lanka nicht üblich, direkt „danke" zu sagen, sondern es wird auf Umwegen getan. Übergibt man jemandem ein Geschenk, wird es angenommen und kommentarlos zur Seite gelegt. Erst nachdem man gegangen ist, wird ausgepackt und dann gerne erwähnt, es war ein Ge-*

schenk von Herrn Sowieso. Der Gast steht im Vordergrund; nicht das Geschenk. Die beiden möglichen Worte 'stuti' oder ‚bohome stutiy' werden nur wenig benutzt". Aha! So war das also. Wir hatten lange gebraucht, um auch nur ansatzweise diesen einen Aspekt des so völlig anderen und fremden Denksystems der Menschen Sri Lankas zu verstehen. Von da an aber achteten wir weit mehr auf die ‚Umwege', auf denen uns Danke gesagt oder besser gezeigt wurde. Auf einmal fiel uns auf, dass Kamals Kinder alle die neuen Anziehsachen anhatten, als wir zu Besuch waren, dass Chirath, der als Animateur in einem großen Hotel arbeitet, darauf bestand, dass wir das Fitness Center des Hotels benutzten und unbedingt kostenlos einige Runden mit dem Wassermotorrad auf dem Bentota River zurücklegten. Kamal schaute auffällig oft auf seine neue Uhr und Samanthas Dankeschön war einmal ganz besonders beeindruckend: Er überreichte mir, schön eingeschlagen, das schmale Suhrkamp-Bändchen mit Hermann Hesses Erzählung ‚Siddharta'. Dass das Buch angelesen war, störte mich nicht. Ich war gerührt, denn zum einen hatte Samantha intensiv darüber nachgedacht hatte, was er mir schenken könnte und zum anderen war es sicher nicht einfach gewesen, dieses Buch in Aluthgama und Umgebung aufzutreiben.

Genaugenommen haben wir alle ein Stück Völkerverständigung betrieben: Wir Deutschen haben wieder einmal gelernt, wie wichtig Geben ist und dass man sich auch mit einem ganz leisen „Dankeschön" zufrieden geben kann und unsere singhalesischen Freunde haben gelernt, dass bisweilen ein deutliches „Danke" durchaus angebracht ist.

II. Menschenbilder

Kamal L. Rodrigo

Kamal trat unvermittelt in unser Leben und er blieb darin. In Bentota ist er beinahe jeden Tag da, in Deutschland nur dann, wenn uns eine E-Mail von ihm erreicht. Meist sind diese Nachrichten sehr kurz und in holprigem Englisch: „Wie geht es euch? Das Leben hier ist schwer, nur wenige Touristen. Wann kommt ihr wieder nach Sri Lanka? God bless you. Kamal." Die E-Mails schreibt Kamals Sohn Sanjaya in seinem Auftrag. Kamals Englisch reicht nicht einmal zu diesen Mindestinformationen.

Eines Tages, im Dezember 2001 traten wir aus dem Hotel und überquerten Straße und Bahngleise, um ein paar Einkäufe zu machen. Da trat uns ein dunkler, mittelgroßer, kräftig gebauter Mensch in den Weg: „You want massage?" An sich war das keine für Sri Lanka unübliche Frage, gibt es doch allerorten Ayurveda-Treatments, Oil-Massage, Full body, Half body, Face-, Foot-, Neck- und Beglückungen aller möglichen anderen Körperpartien. Um keine Missverständnisse aufkommen zu lassen, Sex-Massage ist im Srilankischen Behandlungskatalog kaum vorhanden. Ayurveda meint immer jene physiotherapeutischen Maßnahmen, die dank besonderer Öle und intensiver Handarbeit Körper und Seele ins Gleichgewicht zu bringen versprechen. Nicht nur in Deutschland ist im Zuge der Wellness-Welle Ayurveda ein blühendes Geschäft geworden. Zwar ist die ursprüngliche Heimat dieser uralten Heilkunst Indien, doch in Sri Lanka ist sie seit Jahrhunderten nicht weniger heimisch und so liegt es durchaus nahe, seine Anwendungen hier zu machen. Das Hotel Aida in Bentota ist so eine Top-Adresse oder das Hotel Lanka Princess in Beruwala, das sogar damit wirbt, unter deutscher Leitung zu sein. Neben solchen Wellness-Herbergen gibt es rundum eine Menge kleinerer Ayurveda-Centres, die sich preislich gewaltig von den Fünf-Sterne-Herbergen unterscheiden und häufig keinen schlechteren Service bieten. Und dann gibt es auch noch den freien Markt diverser Ayurveda-Spezialisten, die in einem Zimmerchen oder einer einfachen Hütte auf einer grob zusammen geschreinerten Massagebank ihre Arbeit verrichten. In dieser Kategorie liegen die Preise seit einigen Jahren mehr oder weniger konstant zwischen acht und zehn Euro für eine Stunde Vollkörpermassage.

Kamal L. Rodrigo gehört zu dieser Gruppe der freischaffenden Öl-Heilkünstler.

„You want massage?" Das war mehr Aufforderung als

67

Frage und so zuckte ich, obwohl Ildiko und ich Massage überall und fast zu jeder Zeit mögen, erst einmal leicht verschreckt zusammen. Danach entwickelte sich folgender Dialog:

„Yes, we want massage. But where?"

Eine vage Handbewegung ließ ahnen, dass sich irgendwo in den nahen Büschen eine Hütte mit Streckbett befand.

„Is it far away?"

„No, not far."

"How much is it?

"As you like."

"No, no, You must say the price.!

"One and a half hour 15 Euro, one hour 10 Euro. But you only give money, when you like massage."

"When can you do massage?"

"Now. Or later. You say, when you want."

„Jetzt sofort" kam nicht in Frage. Aber am Nachmittag um drei für mich und um halb fünf für Ildiko. Ob das okay sei? Es war okay. Kamal zeigte uns den Ort des Geschehens. Dann reichten wir einander die Hände und schauten uns vertrauensvoll in die Augen. Um unseren Masseur auch bestimmt wieder zu erkennen, blickte ich ihn noch ein zweites Mal genau an.

Kamal ist viel kleiner als ich, reicht mir gerade mal bis zur Nasenspitze, doch seine Schultern sind viel breiter als meine, stehen wie stramme Kleiderbügel über einem kantigen Oberkörper, der Body-Builder-Maßen nahe kommt. Der Oberkörper strahlt geballte Kraft aus, der Kopf ist eckig, mit kräftigem schwarzen Haarwuchs, scharfer Nase, ausgeprägtem Kinn und vollen Lippen. Die dunklen Augen unter der hohen Stirn und den buschigen Brauen blicken zumindest nicht einfältig und schon gar nicht feindselig in die Welt. Insgesamt schien es mir damals, dass unter dem Strich kein Risiko darin bestand, sich von diesem Menschen eine Massage antun zu lassen. Und da ich als Mann den Test als erster machen würde, bestanden für Ildiko schon gar keine Gefährdungen mehr. Außerdem ist sie sowieso Frau genug, um sich notfalls ihrer Haut zu wehren.

Pünktlich um 15 Uhr war ich zur Stelle. Kamal wartete bereits. Das ‚Massage-Studio' war und ist es auch heute noch eine aus groben Brettern zusammen genagelte Hütte mit reichlich Luft zwischen den einzelnen Planken. Gegen den Regen schützt an den Seiten und an der Decke eine himmelblaue Plastikfolie. Zwei Massageliegen und ein Tischchen in einer Ecke stehen in dem ansonsten leeren Raum. Auf dem Tischchen hat Kamal seine Öle und Tinkturen bereitgestellt. Damals und noch viele Male danach bettete ich mich bäuchlings auf eine der Liegen, nahm noch wahr, wie Kamal sich seines Hemdes entledigte, sich wie ein etwas zu klein geratener Adonis über mich beugte und seine Arbeit begann. Die bestand allerdings zunächst darin, reichlich Öl auf meiner Oberfläche zu verteilen. Dann aber strichen seine Hände meine Schultern entlang, ertasteten die Halsschlagader, nahmen meinen Arm in die Klemme, zogen Muskeln und Fasern glatt. Ich hatte meine Augen geschlossen und gab mich vertrauensselig ganz den sanften bis harten Streicheleinheiten hin. Vor meinem inneren Auge sah ich das in gedämpften Farben getönte, von augenfreundlichem Licht erleuchtete Ambiente eines Wellness-Studios. Sanfte, asiatisch angehauchte Klänge säuselten durch den Raum, die Luft war erfüllt von berauschenden Düften und ich versank glückselig in meinen Träumen. Bis eine herbe Männerstimme mich aufweckte: „Please, other side!" Blinzelnd sah ich einen dunklen, fremden Menschen über mich gebeugt und fand mich in einem sehr hässlichen Raum. Es dauerte einige Sekunden, bis ich mich wieder in der Wirklichkeit zurechtfand. Doch dann wälzte ich mich gehorsam auf den Rücken und die zweite Hälfte der Ayurveda-Behandlung erlebte ich nun halbwegs bewusst. Nach knapp ein und einer halben Stunde fühlte ich mich wie runderneuert. Alle meine Glieder, Gelenke, Muskeln und Sehnen waren gestrafft, gerichtet, gedehnt, aufgefrischt, durchblutet. Ich war ein neuer Mensch und nicht weit entfernt von dem Gefühl, aus dem heraus man Bäume ausreißen oder die Welt neu erobern könnte. Als Ildiko damals zum ersten Mal die Hütte betrat und mich fragend ansah, konnte ich ihr nur sagen, dass ich soeben die beste Massage meines bisher an Massagen nicht gerade armen Lebens erfahren hatte. Glücklich, zufrieden, durchgewalkt und voll bisher ungeahnter Spannkraft kam auch Ildiko aus Kamals Behandlung. Ich bezahlte Kamal jeweils zehn Euro, mit Mengenrabatt, denn wir buchten sofort die nächsten Termine, und außerdem hatte er ja gesagt: „You give, as you like."

Nach einer Woche mehrmaliger Massage waren wir einander nähergekommen und Kamal lud uns ein, ihn in seinem Haus zu besuchen. Ich zögerte eine Weile, sagte, ich müsse erst Ildiko fragen, und als Kamal Ildiko die gleiche Einladung antrug, zögerte sie und sagte, sie müsse erst Rüdiger fragen. Irgendwann fanden wir beide dieses Spiel albern und sagten zu. Einerseits war es die Angst vor zu großer Nähe zu Einheimischen und vor Verpflichtungen, andererseits die Scheu vor dem Unbekannten und nicht zuletzt auch die Erfahrung mit der mangels gemeinsamer Sprache mühsamen Kommunikation, die uns hatten zögern lassen. Letztlich gab den Ausschlag, dass wir oft schon erlebt hatten, dass erst die Begegnung mit den Menschen des Gastlandes, das Eingehen auf sie und das Sich-Öffnen für das Fremde, einem das Land näher bringt und Türen zum Verstehen der fremden Kultur auftut.

Drei Tage später waren wir Gäste in Kamals Hütte auf seinem Grundstück am Fluss. Bei der Gelegenheit lernten wir auch Kamals Freund Samantha kennen, der mit seinem Tuktuk unseren Hin- und Rücktransport übernahm. Samantha sprach gut Englisch und fungierte auch als Dolmetscher. Doch von ihm wird später noch ausführlicher die Rede sein.

Eigentlich besteht die Ortschaft Bentota aus drei Teilen: Da ist der Küstenstreifen mit den Hotels auf der dem Meer zugewandten Seite der Bahnlinie, sodann das locker besiedelte Gebiet zwischen Bahn und Galle-Road einschließlich einiger Geschäfte zu beiden Seiten der Hauptstraße und schließlich landeinwärts etliche kleine Ortsteile mit jeweils eigenen Namen an einem Gewirr kleiner Sträßchen. Verlässt man die verkehrsreiche Galle-Road, befindet man sich unversehens in einem vom Fremdenverkehr kaum berührten Sri Lanka. Kaum noch Touristen verlaufen sich hierher. Die Wege sind voller Schlaglöcher, von Palmen gesäumt und zu beiden Seiten erstrecken sich gepflegte oder auch von tropischem Pflanzenreichtum überwucherte Gärten. Bisweilen überqueren die Wege modrige Bäche und Seitenarme des Bentota-Flusses. Im Halbdunkel der urwaldartigen Landschaft kuscheln sich kleine Häuschen ins Grün, aber auch ansehnliche Villen im Kolonialstil. Als ich zum ersten Mal hier jenseits der Hauptstraße entlang fuhr, entdeckte ich ein fast idyllisches Nebeneinander von Menschen und Natur ohne die Hektik, Überfülle und den Lärm der Ortschaften entlang der Galle Road.

Eine Tuktuk-Fahrt von gut zwanzig Minuten, etwa acht Kilometer vom Touristen-Bentota entfernt lebt Kamal zwischen einem Nebenarm des Flusses und der Temple-Road, die zu einem auf einem Hügel gelegenen buddhistischen Tempel führt. Wenn der Bentota-Fluss zur Monsunzeit über die Ufer tritt und das Wasser kniehoch in den Hütten der Menschen entlang der Temple-Road steht, suchen die mit Hab und Gut Zuflucht im Tempel. Kamal hat das sehr oft erlebt, denn seine von Alter und Wetter gezeichnete Hütte erhebt sich nur einen knappen Meter über dem normalen Wasserstand des Flusses.

Das, was wir bei unserem ersten Besuch als Kamals Wohnstatt kennenlernten, ein ‚Haus' zu nennen, wäre eine maßlose Beschönigung. Hütte, Schuppen, Baracke, nichts traf genau die drei mal fünf Meter Behausung aus feuchten, löchrigen Bretterwänden mit einem undichten Dach darüber. Eine halbhohe Wand teilte die Wohnung in zwei Räume. In dem einem schliefen Kamal, seine Frau, die beiden Söhne und die kleine Tochter. In dem zweiten standen ein Tisch, ein paar Plastikstühle und als Attribut modernster Moderne auf einem Hocker ein Fernseher und Videorecorder. Als Küche diente ein außen angemauertes Viereck mit einem Dach darüber und die Toilette war ein Loch im Boden mit Sichtschutz. „Wie kann man so leben?", fragten wir uns und dachten beschämt daran, in welch einem Luxus wir zu Hause wohnen.

Wir lernten Kamals Familie kennen, seine Frau Shanti, die stets scheu lächelnd im Hintergrund bleibt, den ältesten Sohn Sanjaya, ein Ausbund an Fleiß und Intelligenz, den mittleren Sohn Sanjeewa, der ein wenig zu dick und das sechsjährige Töchterchen Hashini, das für ihr Alter viel zu schmächtig ist. Wir hatten Bier und eine Flasche Arrak mitgebracht und Kamal hatte ein wackliges Tischchen unmittelbar am Flussufer gedeckt. Genau genommen ist unser Freund ein wohlhabender Mensch: Er besitzt ein wunderschönes Grundstück an einem idyllischen, fischreichen Fluss mit Bananenstauden darauf und hohen Schatten spendenden Bäumen. Am Abend zur Dämmerstunde färbt sich der Himmel orangefarben und die Fliegenden Hunde schweben lautlos über die Kronen der Palmen hinweg. Hätte Kamal ein regelmäßiges Einkommen, könnte er sich einen glücklichen Menschen nennen.

Wir nahmen auf Plastikstühlen Platz, ließen uns von der

72

Anmut der Flusslandschaft bezaubern, schwiegen in der Stille der Frühabendstunde, genossen das kühle Bier und schmeckten die scharf gewürzten Shrimps, die Kamals Freund Chirat zubereitet hatte. Es war unser erster Abend am Fluss, dem noch viele weitere folgten.

Kamals Hütte ist inzwischen dank unserer finanziellen Hilfe dem immerhin bewohnbaren Rohbau eines Steinhauses auf einem aufgeschütteten Hügel gewichen, sodass die Familie bei Hochwasser nicht mehr zum Tempel umziehen muss. Sicherlich können alle fünf Rodrigos nun ein bisschen hoffnungsvoller in die Zukunft blicken. Die Abende am Fluss aber sind für uns immer noch genau so schön und einmalig wie bei diesem ersten Mal.

Es ist an der Zeit, über Kamals Leben und seinen Werdegang zu berichten.

Zuvor will ich aber in einem kurzen Ausflug in die neuere singhalesische Geschichte den Ausgangspunkt zu Kamals in vielen Gesprächen herausgefundener, doch notgedrungen unvollständiger Biografie skizzieren.

Die JVP, eine vor allem im Süden um Matara starke, seit 1983 verbotene marxistische, nationalistische Partei erhob sich 1988 in einer mörderischen Terror-Kampagne, die vor allem auf Intellektuelle, Mönche und Regierungsvertreter abzielte. Vieles in der Philosophie dieser Partei ähnelte den Ideen eines Pol Pot in Kambodscha oder der Kulturrevolution Maos in China. Kader der JVP brachten Tausende um und versuchten die anstehenden Präsidentschaftswahlen zu verhindern. Die Regierung antwortete mit Gegenterror und schickte Killerkommandos, um vermeintliche JVP-Mitglieder zu liquidieren. Geschätzte 30.000 Menschen fielen dieser Gegenkampagne zum Opfer und viele von ihnen starben einen entsetzlichen Tod *(zitiert nach Rainer Krack, Sri Lanka, Reise Know How, 1999).* Ich erinnere mich vage an schreckliche, erschütternde Zeitungsberichte aus diesem

73

fremden Land und der Gedanke, jemals dorthin zu reisen, war unendlich fern.

2007 ist Kamal 42 Jahre alt. 1965 als erster Sohn armer Eltern im Bereich Bentota geboren, geriet der Junge als Halbwüchsiger unter den Einfluss der JVP-Philosophie. Soziale Ungerechtigkeiten, die eigene Armut und auch die weit verbreitete Korruption der regierenden Schichten mögen den idealistischen Jungen in die Arme der Radikalen getrieben haben. Jedenfalls kämpfte Kamal als Jugendlicher mit der Waffe in der Hand auf Seiten der Marxisten und lebte zeitweise auch in einem ihrer Lager. Der intensive Wunsch, anderen zu helfen, abzugeben von dem wenigen, was er hat, ist ihm bis heute aus dieser Zeit geblieben. Im Zuge der Gegenaktionen der regierenden UNP geriet auch Kamal auf die Fahndungslisten der Killerkommandos. Seine Eltern und Freunde vermochten ihn nicht zu schützen. Da er abgetaucht war, erklärten sie ihn für tot. In dieser Situation nahm ein Onkel Kamals Schicksal in die Hand. Er war im Landesinneren, im fernen Badulla, als Elektriker beschäftigt und arbeitete mit daran, das Hochland der Insel zu elektrifizieren. „Entweder du kommst nach Badulla oder du wirst wie viele deiner Kumpel eines nahen Tages als Leiche den Bentota-Fluss hinabtreiben!" Kamal folgte dem Rat seines Onkels. In Badulla erlernte er den Beruf des Elektrikers und war, da er sich als tüchtig erwies, bald als Vorarbeiter mit seinen Teams in den Bergen, Tälern und Schluchten des Hochlandes unterwegs, verlegte Kabel und Hochspannungsleitungen und lernte auf diese Weise seine weithin unerschlossene Heimat kennen. Immer wieder schwärmt er uns von den landschaftlichen Schönheiten dieses Teils Sri Lankas vor, von der Unberührtheit der Wälder, den zahllosen Wasserfällen, den Gipfeln, von denen aus man bei gutem Wetter bis zum Meer blicken kann. Für Kamal wurde Badulla, oder genauer, der kleine Ort Hali Ela, die wahre Heimat und blieb es bis heute.

Dort hatte er Freunde gefunden, seine Frau kennen gelernt, dort wurden seine Kinder geboren und wann immer er Zeit hat und das Geld reicht, verlässt er Bentota für ein paar Tage, um in Badulla Atem zu schöpfen und neue Kraft fürs Überleben zu tanken. In Badulla gab es damals auch einen Arzt, der sich des jungen Mannes annahm und ihn in die Geheimnisse der traditionellen Heilkünste einführte. Sicher war das kein Doktor der Medizin in unserem abendländischen Sinn, keiner mit abgeschlossenem Studium, weißem Kittel und dem Äskulap-Zeichen am Auto. Nein, er war einer jener allwissenden Dorf-Medizinmänner, die mit den Geheimnissen der Heilkräuter vertraut waren, ihre eigenen Öle und Tinkturen mischten, die alle Meridiane des menschlichen Körpers kannten und genau wussten, an welchem Punkt für welchen Heilungsprozess anzusetzen war. Kamal war intelligent und lernbegierig genug, all das zu verstehen und sich zu eigen zu machen. Er war jung und auch stark, denn für eine gute Ayurveda-Massage bedarf es auch der körperlichen Kräfte. Die Jahre verstrichen, in Sri Lanka, in Bentota und auch in Badulla. Die JVP wurde Geschichte, die People's Alliance, eine Bündnis aus neun Linksparteien übernahm zwischenzeitlich die Macht und längst war eine Amnestie für die damals Gesuchten ausgesprochen worden. Kamal hatte bei einer Rückkehr nach Bentota nichts mehr zu befürchten. Außerdem begann in den Neunzigern, trotz des immer heftiger werdenden Tamilenkonflikts, der Tourismus zu florieren und neben Negombo, nördlich von Colombo, zog es die Fremden vor allem in den Südwesten. Die Küstenabschnitte zwischen Kalutera, Beruwala und Galle wurden zu den wichtigsten Fremdenverkehrszentren und zogen aus allen Teilen der Insel Menschen an. Hier gab es Arbeit und hier ließ sich leicht als Kellner, Roomboy, Tuktuk-Fahrer, Beachboy oder auch als Masseur Geld verdienen. Sri Lanka und Ayurveda waren zwei in der westlichen Welt eng verwandte Begriffe, und so war es kein Wunder, dass die europäische Wellness-Welle schon bald die Insel erreichte. Besonders die Deutschen waren es, die Sri Lankas Westküste entdeckten und ihr eigentlich bis zur Tsunami-Katastrophe die Treue hielten. Die Vielzahl der Tuktuks, auf deren Rückfront die Namen deutscher Sponsoren zu lesen sind, belegen, dass die Deutschen nicht nur das Land, sondern auch die Menschen lieb gewannen.

Es war damals eigentlich naheliegend, dass in Kamals Kopf der Gedanke heranreifte, den Elektriker-Job an den Nagel zu hängen, zumal die Arbeiten im Hochland auch zu Ende gingen. Er beschloss, sein Glück in der Geburtsheimat Bentota als ‚frei schaffender‘ Ayurveda-Masseur zu versuchen. Immerhin lebten seine Eltern dort und der Kontakt zu Freunden und anderen Verwandten war nie ganz abgerissen. So kam es, dass Kamal L. Rodrigo etwa im Jahr 2000, um die Zeit, als wir zum zweiten Mal Bentota besuchten, dort Fuß zu fassen versuchte. Das Glück war ihm insofern hold, als ihm sein Großvater das schöne Stück Land am Nebenfluss des Bentota vermacht hatte, auf welches er die eingangs beschriebene Hütte baute und fortan mit seiner Familie lebte. Der Anfang war schwer, denn wie üblich waren die Reviere für die Beachboys, Schlepper und natürlich auch für die ambulanten Masseure genau abgesteckt. Wer als Neuling in angestammtem Revier wilderte, wurde erbarmungslos weggebissen. Kamal war der Neue, der sich in bestehende Herrschaftsbereiche hineinzudrängeln versuchte, erst in Bentota, dann in Induruwa und schließlich am Strandabschnitt von Beruwala in der Nähe des renommierten Lanka Princess. Durch Vermittlung von Freunden gelang es ihm, zu einer Strandlizenz zu kommen. Er durfte ein Schild aufstellen und mit „The best Ayurveda-Massage on the Beruwala-Beach" werben. Eine Weile ging das gut, Kamal verdiente genug Geld, seine Familie zu ernähren, seinen Kindern eine ordentliche Schulbildung zu finanzieren, etwas zur Seite zu legen und sogar noch dem einen oder anderen, dem es dreckiger ging als ihm, zu helfen. Er hatte Kunden, deutsche Kunden vor allem, die zweimal im Jahr nach Sri Lanka reisten und immer wieder zu ihm kamen, weil er ihnen die steife Schulter beweglich gemacht oder die Schmerzen an der Hüfte gelindert hatte. Doch sowohl das Lanka Princess als auch das Riverina sind Ayurveda-Hotels und die konnten es auf Dauer nicht hinnehmen, dass ihre Gäste zu der besseren und viel billigeren Kamal-Strand-Massagepraxis abwanderten. Kamal verlor seine Lizenz und damit begannen auch die schlechten Zeiten. Hin und wieder massierte er hier, hin und wieder dort, doch nirgends konnte er richtig Fuß fassen. Das etwa war die Zeit, als wir ihn kennenlernten.

Gegenüber vom Lihiniya-Hotel, auf der anderen Seite von Straße und Schienenstrang wohnt Wilson in einem kleinen Häuschen. Wilson besitzt ein eigenes Tuktuk und ein großes Grundstück. Auf dieses baute er zwei kleine Hütten mit Küche und kleinem Vorgarten und begann sie an Fremde zu vermieten. Das Geschäft ging nicht schlecht und so ließ er eines Tages auch noch eine Holzhütte daneben errichten und nagelte ein großes Schild daran, auf dem in Deutsch und Englisch zu lesen ist, dass es hier wohlfeile Massage gibt. Kamal als Therapeuten zu gewinnen, war nicht schwer und was blieb dem anderes übrig, als Wilsons Forderung, von jedem Arbeitslohn die Hälfte abzuführen, zu akzeptieren. Daran hat sich auch bis heute nur unwesentlich etwas geändert. Kamal arbeitet und Wilson freut sich, wenn er die Hand aufhalten darf.

Als am 26. Dezember 2004 der Tsunami auf Sri Lanka traf, kamen Aluthgama und Bentota glimpflich davon. Ildiko und ich hatten das unbeschreibliche Glück, mit heiler Haut dem Inferno entronnen zu sein. Kamals Grundstück, seine

Hütte und viele seiner Habseligkeiten versanken zeitweilig in den Fluten. Zurück in Deutschland, fassten wir den Entschluss, ihm und zwei weiteren Freunden zu helfen. Nach der breiten Berichterstattung über die Katastrophe war die Spendenbereitschaft der Deutschen gewaltig und auch wir bekamen recht schnell durch die Sammlung bei Freunden und Bekannten einen beachtlichen Geldbetrag zusammen. Kamal profitierte in ansehnlichem Maße davon und so sind wir heute stolz und glücklich, wenn wir die Temple-Road erreichen und auf seinem Gelände eine festes Steinhaus erblicken, das inzwischen ein Dach hat und neben der geräumigen Küche zwei Räume, von denen einer als Schlafraum für die Jungen und als Studierzimmer für den 16-jährigen Sanjaya dient, der inzwischen erfolgreich die höhere Schule besucht, eifrig Deutsch lernt und später einmal Arzt werden möchte. Wir haben ihm versprochen, einen Teil seines Studiums zu finanzieren. Da dem Haus noch eine Toilette fehlt und Kamal von einer eigenen kleinen Massagepraxis träumt und da wir noch oft Abende auf der Wiese am Fluss verbringen wollen, werden wir uns auch weiterhin von Kamal L. Rodrigo massieren lassen und ihm finanziell unter die Arme greifen. Gute Freunde lässt man schließlich nicht im Stich.

Kamals Behausung

78

Asmaas

Bei unserem vierten Aufenthalt auf der Insel lernte ich Asmaas kennen.

Ich weiß nicht, ob es die lachenden Augen unter den buschigen Brauen waren oder die offene Herzlichkeit, die den Funken der Freundschaft fliegen ließ. Jedenfalls mochten wir uns vom ersten Augenblick an. Asmaas hat einen einige Jahre älteren Bruder, der weitaus strenger und ernsthafter wirkt und der anders als „mein" Asmaas immer mehr Distanz hielt. Die beiden Brüder besitzen ein florierendes Geschäft für Freizeitmoden in Aluthgama. Geschäft, das klingt europäisch-großartig nach Schaufenster, Umkleidekabinen, Warenpräsentation. Asmaas' Geschäft ist alles in einem: Ladenhöhle, Warenlager, Trendshop. Es gibt ähnliche im Städtchen, doch keines ist so aktuell, frequentiert und „in" wie ‚Asmaas'. Über der schmalen Eingangstür hängt ein Schild und darauf steht in auffallend großen, roten Buchstaben NEW ASMAAS. Der Laden ist ein etwa sechs Meter langer Schlauch, dessen Enge noch von einer Ladentheke halbiert wird. Die bis an die Decke reichenden Regale sind vollgestopft mit T-Shirts, Hemden, Tops, Shorts, Polos, Bermudas, Hüten, Baseballkappen und allen nur denkbaren Artikeln der Freizeitmode. Von Adidas, Boss, Esprit über Tommi Hilfinger und Levis bis zu Mexx und Puma sind alle gängigen Marken vertreten, natürlich in der Regel als ‚fake', als Fälschung oder als zweite und dritte Wahl. In und um Colombo gibt es trotz der den Weltmarkt überschwemmenden chinesischen Waren immer noch jede Menge Bekleidungsindustrie, die für die Boutiquen der ersten Welt produziert. Was als fehlerhafte Produktion übrigbleibt, wird im Lande vermarktet. Der ältere der beiden Asmaas-Brüder fährt mehrmals in der Woche nach Colombo und einmal im Monat nach Bangkok. Dort kauft er ein, was der Markt an günstiger, schicker und modischer Ware hergibt. Man kauft preiswert bei Asmaas und man braucht schon ein sehr ausgeprägtes Markenbewusstsein, um der Verlockung der Dumpingpreise zu widerstehen. Ein Teil meiner Sommergarderobe könnte durchaus das Label ‚Asmaas' tragen. Ich bin natürlich nicht der einzige, der sich hier mit Klamotten eindeckt. Besonders an den Markttagen brummt der Laden. Auf dem Weg zum Markt kommen alle Touristen daran vorbei und gewieften Schleppern gelingt es leicht, Kundschaft in den Laden zu schleusen. „Come to my shop, have a look! Mein Laden, hier bestes Preise! Alles saubillig!" Natürlich hat der freundliche, junge Mann, der sich dem ratlosen Fremden an die Fersen geheftet hat, keinen Laden. Doch die Routine, den Helfer loszuwerden, haben die wenigsten. Sie folgen ihm also in „seinen" Laden. Und dort widerspricht ihm niemand oder weist ihm gar die Tür. Es herrschen die ungeschriebenen Regeln des Sri Lankischen Schlepperunwesens. Kauft der Kunde, zahlt er bis zu zwanzig Prozent mehr. Das ist die ‚Commission', die Provision des Schleppers. Die Ladenbesitzer spielen das Spiel mit. Tun sie es nicht, müssen sie mit der Negativwerbung der Gauner leben: „Don't buy there. It's a very bad, expensive shop!" An den Marktmontagen hat diese Schleppermafia viel zu tun und auch in Asmaas' Laden ist die Enge noch drangvoller als sonst. Doch es ist vorgesorgt: Mindestens sechs Verkäufer, von denen vier auch als Schlepper fungieren, versuchen den Kunden jeden Wunsch zu erfüllen. Dabei bleibt kaum ein Stück des Warensortiments ungeschoren. Packungen werden aufgerissen, Shirts und Blusen ausgebreitet und wieder zur Seite geräumt, um Platz für die Polos aus dem obersten Regal zu machen. Das alles vollzieht sich in ziemlicher Lautstärke und beängstigender Körpernähe. Hinter einem Vorhang gibt es die theoretische Möglichkeit, etwas anzuprobieren, doch wer sich in diese Minigarderobe hineinzuzwängen versucht, sieht meist schnell die Aussichtslosigkeit eines Kleidungstests ein. So bleibt nur die Entscheidung, zu kaufen oder es zu lassen. Allerdings gibt es auch noch die Option: „You can bring it back!" Das habe ich des Öfteren getan. Bevor man aber kauft, muss man natürlich noch handeln. Doch egal, wie gut man das kann, man zahlt immer zu viel. Aber verglichen mit den Preisen zu Hause! Naja!

Ich gehe gerne in Asmaas Laden, finde immer etwas und seitdem der jüngere der beiden Brüder mein Freund ist, bekomme ich, ohne zu handeln, einen guten Preis.

Asmaas ist Moslem. Er und seine Familie, die seines Bruders und die Eltern leben in Dharga Town, einem fast ausschließlich von Moslems bewohnten Ort, fünf Kilometer von Aluthgama entfernt. Touristen verlaufen sich selten dorthin. In Dharga Town kann man meinen, in Arabien oder der Türkei zu sein. Es riecht orientalisch, die Läden quellen über vor Gewürzen, vor den Schlachtereien hängen von Fliegenscharen bedrängte Hammelhälften, die Männer tragen Fez und Burnus, die Frauen Kopftücher und manche auch einen Schleier. Es herrscht ein verwirrendes Durcheinander von Ziegen, Kühen, Hunden, Radfahrern, Tuktuks und Kindern. Dharga Town hat vier Moscheen, von deren Minaretten zu den Gebetszeiten elektronisch verstärkt mehrere Muezzins überlaut die Suren um die Wette verkünden. Gerechtigkeitshalber muss man sagen, dass auch die Lehren Buddhas mehrmals täglich aus übersteuerten Lautsprechern Aluthgama beschallen. Eigentlich bilden die beiden Orte Aluthgama und Dharga Town eine immer mehr zusammenwachsende Einheit, die sich nur durch die unterschiedliche Religionszugehörigkeit ihrer Bevölkerung unterscheidet. Wie die Asmaas-Brüder betreiben auch viele andere Bewohner Dharga Towns ihre Geschäfte in Aluthgama. Vor etwa zwanzig Jahre eröffnete der Vater der beiden Brüder sein Geschäft. Die ganze Familie arbeitete mit und schaffte es, aus dem winzigen Laden ein Unternehmen zu machen, das den Clan ernähren kann. Die Moslems sind in Sri Lanka mit etwa acht Prozent der Bevölkerung eine Minderheit. Obwohl es, wie uns sowohl unsere moslemischen als auch buddhistischen Freunde sagten, Probleme zwischen den Religionen bisher nicht gibt, ist doch in Gesprächen unüberhörbar, dass sich die Angehörigen der beiden Volksgruppen nicht mögen. Auf die Situation in und um Aluthgama/Bentota bezogen liegt das sicher auch daran, dass fast zwei Drittel aller Geschäfte Aluthgamas von Moslems betrieben werden. Sie sind geschäftstüchtiger und fleißiger als ihre singhalesischen Landsleute. Das jedenfalls sagte uns selbstkritisch unser buddhistischer Freund Samantha. Wie sehr die Geschäftswelt Aluthgamas von den muslimischen Singhalesen dominiert ist, zeigt sich deutlich an den Vormittagen zur Zeit des Freitagsgebets. Viele Geschäfte bleiben nämlich bis zum frühen Nachmittag geschlossen.

Welche Konflikte unter der Oberfläche schwelen und wie gefährlich schnell sie sich entzünden können, zeigten Ereignisse im Sommer 2005. Ein nichtiger Anlass, der Kauf eines Handys durch einen buddhistischen Singhalesen bei einem moslemischen Händler löste eine wahre Kettenreaktion schlimmer Ereignisse aus. Als der Käufer feststellte, dass das Handy nicht ordnungsgemäß funktionierte und es zurückgeben wollte, stieß er auf die Ablehnung des Verkäufers. Asmaas, irgendwie in den Handel verwickelt, versuchte erfolglos zu vermitteln, worauf am späten Abend eine Horde aufgeputschter Singhalesen mehrere Muslime aus Dharga Town zusammenschlug. Die rüsteten mit entsprechender Verstärkung unverzüglich zum Gegenfeldzug und schlugen ihrerseits wahllos auf Buddhisten ein. Höhepunkt des lokalen Krieges wurde dann die Brandstiftung in dem Asmaas'schen Geschäft, das einschließlich des großen Warenlagers völlig abbrannte. Noch zwei Monate später, als

82

ich Asmaas nach unserer Ankunft in Bentota besuchen wollte, stand ich vor den verkohlten Balken und Mauerresten des Ladens. Erst im folgenden Jahr konnte ich meinen Freund wieder begrüßen. Damals rückten nach der Eskalation der Feindseligkeiten Hundertschaften von Polizei und Militär in Aluthgama an und sorgten durch ihre waffenstarrende Anwesenheit dafür, dass der fragile Frieden wieder hergestellt wurde. Asmaas' Geschäft ist inzwischen wieder aufgebaut, floriert und heißt seitdem New Asmaas. Schlepper sorgen wieder dafür, dass der Kundenstrom nicht abreißt. Wie eh und je reißen die Verkäufer bedenkenlos die Verpackungen auf und häufen Stapel von Waren auf den Tresen. Mindestens einmal in der Woche besuche ich den Laden, doch Einkäufe mache ich nur dann, wenn mein Freund Asmaas selbst zugegen ist.

Als ich zum ersten Mal Asmaas in seinem Geschäft traf, tauschten wir den üblichen Smalltalk aus: Fragen und Antworten. Wir feilschten um Preise und ich kaufte das eine und andere Teil. Ich kam wieder und kaufte erneut, empfahl den Laden Freunden, die ebenfalls kauften und als damals der letzte Tag unseres Aufenthaltes gekommen war, verabschiedete ich mich und fragte Asmaas, ob er bei unserem nächsten Sri Lanka-Besuch irgendetwas aus Deutschland mitgebracht haben wolle. Ich schrieb die Wünsche auf und als wir wieder auf der Insel waren, freute ich mich genauso wie er, als ich die bestellten Sachen überbrachte. Mal war es ein Medikament, mal eine ganz besondere Taschenlampe. Kleinigkeiten, aber sie trugen dazu bei, nach und nach eine Bekanntschaft zur Freundschaft werden zu lassen. Sri Lankas Menschen sind grundsätzlich offen und freundlich und wenn man jemand kennenlernt, dauert es nie sehr lange und man wird zu einem Hausbesuch eingeladen. So ließ auch Asmaas Einladung zu einem Abendessen bei ihm zu Hause nicht lange auf sich warten. Irgendwie scheuten wir uns, in einem moslemischen Haus in einem moslemischen Ort Gast zu sein. Wir drückten uns mehrere Male davor, die Einladung anzunehmen und redeten uns mit Scheinargumenten heraus. Bis das auf einmal nicht mehr ging. „Ich habe euch so oft eingeladen", sagte Asmaas und auf die anschließende Frage „Warum wollt ihr mich nicht besuchen?" wussten wir keine Antwort. Wir sagten zu.

Das war im Mai 2007. Samantha brachte uns um 7.30 Uhr abends in seinem Tuktuk zu New Asmaas. Unser Freund wartete bereits auf uns. Ich war überrascht, dass er kein eigenes Fahrzeug besaß. Irgendwie hatte ich ihn für wohlhabend gehalten. Wir quetschten uns zu dritt hinter Samantha auf die Rückbank und Asmaas wies den Weg. Parallel zum Bentotafluss verläuft die Straße, am Aluthgama-Markt und der kleinen katholischen Kirche vorbei nach Dhargatown. Dort pulsierte um diese frühe Abendstunde das Leben. Muezzins lieferten sich laute Gebetswettkämpfe, Kopftuchfrauen eilten einkaufschwer heimwärts, Radfahrer wichen Tuktuks aus und umgekehrt, Ziegen und Hunde durchstöberten den Müll. Ich bewunderte Samantha, wie sicher er sein Fahrzeug durch dieses Durcheinander steuerte. Asmaas führte ihn sicher durch das Gewirr von Gassen und Wegen bis vor das offene Tor eines großen, einstöckigen Hauses. Samantha verabschiedete sich mit einem besorgten Blick, der zu fragen schien: „Seid ihr sicher, dass ihr hier alleine bleiben wollt?" Ich nickte ihm zu: „Bis morgen. Wir melden uns." Asmaas würde uns in einem geliehenen Tuktuk zum Hotel zurückbringen. Das Haus gehörte dem älteren Asmaas-Bruder, der hier mit Ehefrau, der sechsköpfigen Kinderschar und den Eltern wohnte. Der Nachwuchs erwartete uns schon, neugierig-vorwitzig die Jungen, schüchtern-abwartend die Mädchen. Wir waren für sie ganz und gar außergewöhnlich: Weiß, fremd, groß, dick. Besonders Ildikos blonde Haare hatten es allen angetan. Voller Stolz erklärte uns der Hausherr, dass das alles seine Kinder seien. Sein jüngerer Bruder war dagegen mit nur einer Tochter hoffnungslos im Hintertreffen. Wir wurden in den größten Raum des Hauses gebeten, der genauso schmucklos und karg mit dem üblichen halben Dutzend bombastischer Sessel möbliert war wie die Wohnzimmer aller singhalesischen Häuser, die wir bisher kennen gelernt hatten. Ein großer, rechteckiger Tisch war festlich für vier Personen gedeckt. Die Speisenauswahl ließ keine Wünsche offen: Eine große Schüssel mit Reis, verschiedene Curries, Garnelen, Chicken Wings, Salat und diverse Teller mit Ananasscheiben und Chutney. Ildiko bekam als weiblicher Ehrengast den Platz zwischen den beiden Gastgebern zugewiesen und ich saß diesem Dreigestirn gegenüber. Abwechselnd legten uns Asmaas Eins und Asmaas Zwei die Köstlichkeiten der Küche vor, aßen symbolisch ein bisschen mit und animierten uns immer wieder, kräftig zuzugreifen. Wir taten unser Bestes und trotz der sprachlich bedingten, eingeschränkten Konversation war es ein fröhliches Abendessen. Ab und zu wagten die Ehefrau und die Kinder einen verstohlenen Blick durch die Küchentür und am Schluss gelang es Ildiko sogar, die ganze Familie zu einem Gruppenfoto aufzustellen.

Wir kannten uns mit den Gepflogenheiten singhalesischer Dinner-Einladungen aus: Man lässt sich bewirten, isst ordentlich und vergisst nicht, immer wieder zu betonen, wie gut es schmeckt. Allerdings achtet man sehr darauf, dass genug Speisen auf den Platten und in den Schüsseln bleiben, denn, nachdem die Gäste sehr bald nach dem Mahl aufgebrochen sind, wird die Familie die hoffentlich ausreichenden Reste verspeisen. Wenn man als Gast nach etwa einer Stunde Konversation und anschließendem Essen mit den männlichen Gastgebern signalisiert, dass es Zeit zum Aufbruch sei, wird man kaum auf ernsthaften Widerstand

85

stoßen. Eventuelle Aufforderungen, noch zu bleiben, sind halbherzig und nicht ernst gemeint.

Die Verabschiedung war herzlich. Der ältere Asmaas blieb mit seiner Familie zurück und sein Bruder bestand noch darauf, uns sein Haus zu zeigen und seine Familie vorzustellen.

Zurück im Hotel bestätigten wir uns, dass wir einen netten, gemütlichen Abend verbracht hatten. Ein wenig schämten wir uns auch unserer Vorurteile.

Als ich mich im Januar 2008 von Asmaas verabschiedete und ihn nach seinen Wünschen fragte, zeigte er mir sein abgegriffenes und ramponiertes Handy. Meines war auch nicht mehr neu, aber viel besser. Ich hatte sowieso vor, mir in Deutschland ein neues zuzulegen. Ich weiß nicht, wer von uns beiden glücklicher war, als ich es Asmaas als Abschiedsgeschenk überreichte.

Dinner bei Asmaas (links)

86

Mein Freund, der Optiker

Mr. Jayawardena gehört zu den begüterten Menschen in Aluthgama. Es gibt noch ein paar weitere Reiche, die ich kenne, den indischen Schneider Sandalu, der drei Geschäfte besitzt, Mohan La Toysa, der mit seinem La Luna Wassersport- und Ayurveda-Zentrum gutes Geld macht, vielleicht auch die Brüder Asmaas, doch die sind nicht eigentlich reich, ihr Mode-Geschäft geht einfach nur gut.

Mr. Jayawardena ist Optiker, was an sich nichts Besonderes ist, doch er ist der einzige Optiker im Umkreis von dreißig Kilometern und das verschafft ihm eine Monopol- und Sonderstellung. Sein Wohlstand ist nicht leicht erkennbar. Das Ladengeschäft gegenüber dem Busbahnhof ist eingezwängt zwischen einem Goldhändler und einem Klamottenladen, selbst das Schild ‚Aluthgama Opticals' fällt neben den anderen knallbunten Schildern kaum auf. Der Laden misst kaum mehr als drei mal fünf Meter und eine breite Theke trennt ihn auch noch in zwei Hälften. In der einen, hinter der Theke, sitzt in der Regel der Chef, in der anderen gibt es drei Stühle für Kunden. Wenn alle drei Stühle besetzt sind, ist der Laden rappelvoll. Im Hintergrund auf einem Tischchen stehen verschiedene optische Geräte und die sehen sehr neu, professionell und funktional aus. Die Brillenfassungen und Gläser bewahrt Mr. Jayawardena unter dem Tresen in flachen Kisten und einer großen Aktentasche auf. Dann gibt es noch ein lichtloses Hinterzimmerchen mit den üblichen Buchstaben- und Zahlentafeln an der Wand. Hier misst der Fachmann die Augenstärke seiner Kunden. Vergleichbar mit einem deutschen Optikergeschäft ist diese Ladenhöhle wirklich nicht, und dass sie ihren Besitzer zu einem begüterten Menschen gemacht hat, habe ich auch erst im Laufe der Jahre herausgefunden.

Obwohl unsere Bekanntschaft, oder besser Freundschaft,

inzwischen mehr als sieben Jahre alt ist, reden wir einander noch immer nicht mit unseren Vornamen an. Er ist einfach Mr. Jayawardena und wir sind für ihn Mr. und Mrs. Neukäter, wobei natürlich beide Seiten Schwierigkeiten haben, die jeweils für den anderen zungenbrecherischen Namen halbwegs richtig auszusprechen.

Der Optiker hat zwei Kinder, den zweiundzwanzigjährigen Chamal und die elfjährige Tochter Hashani. Chamal hat im indischen Pondicherry das Optikerhandwerk studiert und besucht inzwischen eine Hochschule in London zur Vollendung seiner Berufsausbildung. Danach erwartet ihn ein eigenes Geschäft in Sri Lanka, für das der Papa schon alle Vorbereitungen getroffen hat. Chamal schreibt mir ab und zu eine E-Mail und ich teile über ihn seinem Vater mit, wann wir das nächste Mal in Sri Lanka sind. Mr. Jayawardenas Frau ist Lehrerin und darüber, dass wir den gleichen Beruf ausüben, hat sich auch unsere Bekanntschaft entwickelt. Da in Sri Lanka Brillen billiger als in Deutschland sind, wollte ich mir als alter Sparfuchs vor Jahren dort eine anfertigen lassen. Während des Verkaufsgesprächs kam auch die Frage nach unserem Beruf auf und kurz darauf die Anfrage, ob wir denn einmal eine singhalesische Schule kennen lernen wollten. Wir wollten, und kurz darauf saßen wir in Mr. Jayawardenas großer japanischer Limousine und besichtigten nicht nur eine Schule, sondern gleich drei. Unser Optiker entpuppte sich als eine überall bekannte Persönlichkeit und in seiner Begleitung öffneten sich für uns alle Türen. Kurz nach diesem ersten Kennenlernen wurden wir zum Dinner eingeladen und das hat sich danach bei jedem unserer Aufenthalte wiederholt.

Spätestens am zweiten Tag nach unserer jeweiligen Ankunft schlendere ich durch die belebte Hauptstraße von Aluthgama und besuche Mr. Jayawardena in seinem Geschäft. Er erblickt mich und über sein volles, rundes Gesicht breitet sich ein Lächeln aus, wandert von den großen Augen zu den Mundwinkeln, um in einem herzlichen Lachen zu enden. Mit einem ähnlichen Lachen im Gesicht überwinde ich die Dreimeterdistanz zwischen Tür und meinem Freund, wir reichen einander die Hände und fragen, wie es uns geht. Mehr Wiedersehensfreude schaffen wir nicht. Wir sind beide eher coole Typen. Wenig später beendet Mr. Jayawardenas Frage „When can you come to my house?" das Begrüßungsritual. Wir machen einen Termin aus: „In einer Woche oder vier Tagen. Bis dahin Good bye!"

Zum verabredeten Termin, in der Regel mit einer Viertelstunde Verspätung, holt mein Freund uns mit seinem Auto am Hotel ab. Das Hotelpersonal hält die Türen seiner edlen Karosse auf, wir steigen ein und brausen davon. Das heißt, ‚brausen' ist nur symbolisch gemeint, denn Mr. Jayawardenas eleganter Personenkraftwagen steht in krassem Gegensatz zu dem katastrophalen Zustand der Zufahrtsstraße zu den Bentota-Hotels. Zum Glück ist es keine weite Fahrt und – ausgleichende Gerechtigkeit – wir bleiben in dem klimatisierten Wagen genauso im Brückenstau stecken wie die Tuktuks, Busse und Pkws. Mr. Jayawardenas Haus liegt in einer schäbigen Nebengasse der Galle Road. Gleich neben dem immer von dunklen Gestalten umgebenen Arrak Shop führt ein schlaglöchriger Weg hundert Meter weit bis zum Post Office. Genau gegenüber der Post steht Mr. Jayawardenas Haus, umgeben von einer hohen Mauer mit einem eisernen Tor an der Stirnseite. Eigentlich sind es nicht ein, sondern zwei Häuser: Das alte Haus der Eltern, das jetzt leer steht und das, wenn nicht bald etwas damit geschieht, dem Verfall anheim fallen wird, sowie das neue, ebenfalls zweistöckige Haus, in dem die Familie wohnt. Um beide Häuser herum erstreckt sich ein weitläufiger Garten.

Betritt man ein singhalesisches Haus, zieht man sich an der Schwelle die Schuhe aus. Im Living Room der Jayawardenas, der guten Stube, steht im rechten Winkel je eine Reihe von Sitzmöbeln, prachtvolle, dunkle, aus edlem Holz gefertigte Sessel mit breiten, geschwungenen und aufwändigen Schnitzereien versehenen Armlehnen und dicken Polstern. Davor macht sich ein Couchtisch breit, mit Löwenköpfen an den vier Ecken und einer Vase mit Kunstblumen darauf. Der große Fernsehapparat ist so aufgestellt, dass man ihn, wo man auch sitzt, immer im Blick hat. Egal, ob jemand hinschaut oder nicht, er läuft ununterbrochen. In einer Ecke des Raumes ist ein kleiner Hausaltar mit einem sitzenden Buddha untergebracht, der natürlich auch das Fernsehprogramm verfolgen kann. Ansonsten ist der Raum leer, kein Bild an der Wand, kein Teppich auf dem glänzend gefliesten Boden. Wir haben viele singhalesische Häuser von innen gesehen und festgestellt, dass es nach unserem Verständnis kaum eine Wohnkultur gibt. Zahlreiche Sitzmöbel machen die Eingangshalle jedes Hauses zum familiären Versammlungsraum, in dem der Fernseher nie fehlt und ebensowenig der Hausaltar. Je nach Wohlstand sind die Möbel mehr oder weniger bombastisch und wer es sich leisten kann, hat auf den Boden edle, glänzende Steinfliesen legen lassen. Eine Klimaanlage gibt es nur in seltenen Fällen. Nur wir kaltblütigen Europäer vermissen solch ein Erkältung förderndes Gerät, den Singhalesen reicht im besten Falle ein Deckenventilator.

Eine Einladung zum Abendessen bei Jayawardenas verläuft nach dem üblichen singhalesischen Ritual. Wir kennen es inzwischen und verhalten uns angemessen. Wir begrüßen Ehefrau, Tochter und Oma, nein, nicht mit Händedruck, der ist höchstens beim Gastgeber und Sohn Chamal angebracht. Stattdessen hält man die zusammengelegten Handflächen vor das Gesicht und nickt in die entsprechende Richtung. Der passende Gruß wäre „Ayubowan", was so viel heißt wie „Ich wünsche ein langes Leben". Es genügt aber auch ein gemurmeltes „Hello", „Good evening" oder dergleichen. Mit einem Händeschütteln würde man die Hausfrau, die sich dezent im Hintergrund halten möchte und so ungewollt in den Vordergrund gerückt würde, sehr verunsichern. Da sie keine Erfahrung damit hat, wie unsereins sich die Hand schüttelt, kommt bei einem Händedruck bestenfalls eine schlabbrige Berührung heraus.

Ildiko hat für Mutter und Töchterchen Kleinigkeiten als Gastgeschenke mitgebracht und wir glauben zu erkennen, dass sich die beiden darüber freuen. Wir nehmen auf den unbequemen Sesseln Platz, von denen jeder wie der Thron eines Kleinstaatenpotentaten aussieht. Über uns schnurrt der Ventilator, im Fernseher läuft eine Bollywood-Serie, in der hin und wieder jemand sehr indisch und wehklagend singt. Wir bemühen uns, nicht hinzusehen, obwohl unsere Gastgeber mindestens die Hälfte ihrer Aufmerksamkeit den Intrigen im prunkvollen Rajapalast widmen. Die andere Hälfte genügt für die eingeschränkte Konversation. Mr. Jayawardana Senior spricht schlecht und der Junior leidlich Englisch, der weibliche Teil der Familie lächelt freundlich singhalesisch. Um dem Abend einen gewissen Pep zu geben, machen wir einige Fotos und zeigen die Papierabzüge vom letzten Besuch. Das freut die Familie und lockert die Stimmung auf. Zwischendurch schweigen wir immer mal wieder eine Weile und verfolgen die Ereignisse auf dem Fernsehbildschirm. Dort hat endlich das einfache Mädchen im rosa Sari das Herz des Maharadschasohnes erobert und die aktuelle Serienfolge nähert sich mit der Ankunft des Widersachers dem dramatischen Höhepunkt. Die Hausfrau ist inzwischen in den hinteren Gefilden verschwunden, Tochter Hashani spielt versonnen mit der geschenkten Puppe und wir üben uns in gestenreicher Konversation. Eine Stunde vergeht so in gemütlichem Miteinander, bis der Herr des Hauses zum Mahl bittet. In einem kleinen Nebenraum ist der Tisch üppig gedeckt. Zwischen diesem Raum und der Küche steht die Hausfrau auf der Schwelle und begutachtet ihr Werk. Mr. Jayawardena setzt sich mit zu Tisch und füllt unsere Teller. Seine Tochter, die als ‚kleines Mädchen' vor ihrer ersten Menstruation noch alle Vorrechte des Kindseins genießt, leistet uns ebenfalls Gesellschaft. Ildiko vermeidet die Fischspeisen, ich die Dhal(Linsen)gerichte, doch es gibt genug anderes, das ausgezeichnet schmeckt. Es mag an der herzlichen singhalesischen Gastfreundschaft liegen, dass die Gespräche in schlechtem Englisch und von vielen Gesten und ausdrucksstarker Mimik begleitet sich so ausgelassen, fröhlich und harmonisch gestalten, dass eine Stunde wie im Fluge vergeht. Ich vergesse mich bisweilen im Eifer des Redens, doch zum Glück hat Ildiko das Ritual im Blick behalten und stößt mich zu gegebener Zeit an: „Es ist Zeit, dass wir gehen!" Wir haben uns mit dem Essen auch so brav zurückgehalten, dass die Teller und Platten noch reichlich gefüllt sind und dass noch genug da ist für die Familie. Es ist üblich, dass man als Gast nach dem Mahl ganz schnell aufbricht, weil erst dann der Tisch frei gegeben ist für die, die nur als Zaun- oder Türgäste zugesehen haben. „Thank you very much for the invitation and the wonderful dinner!" Wir legen die Hände aneinander, neigen die Köpfe und dann bringt uns Chamal zum Hotel zurück.

Es ist nicht so, dass wir auf die Einladungen besonders erpicht sind, doch man kann bei so viel Herzlichkeit einfach nicht Nein sagen und so haben wir bisher jedes Mal das Dinner-Ritual achtbar hinter uns gebracht. Nur einmal, im Mai 2007 fand es nicht statt.

„I want to make a trip with you!", sagte Mr. Jayawardena, als ich ihn in seinem Geschäft aufsuchte. „Einen Ausflug? Wohin?" Das würde er noch herausfinden. Wir sollten ihm nur sagen, wann es uns passte. Wir sind im Urlaub, also passt es uns jederzeit. „It's up to you", sagte ich, denn er musste ja schließlich seine Brillengeschäfte machen. Wir einigten uns auf einen Mittwoch und er würde uns morgens um 8.30 Uhr abholen.

Wir bemühen uns in der Regel, pünktlich zu sein. Also stelle ich für besagten Mittwoch den Wecker auf 7.00 Uhr, damit genügend Zeit für das unverzichtbare und reichhaltige Frühstück bleibt. Kurz vor 8.00 Uhr sind wir im Restaurant, die gespiegelten und gerührten Eier lachen uns an, Ananas und Papaya sind bereits verzehrt. Da klingelt mein Handy.

Jaywardena: „Mr Nikater, I'm coming earlier."

"Good morning! When?"

Jayawardena: „Now. At eight 0'clock."

Ich schaue auf die Uhr. Es ist zehn Minuten nach acht.

„Mr Jayawardena, it is already ten past eight. When do you come?"

Jaywardena: „At eight o'clock!"

In Ordnung. Wir verschlingen unsere Eier schneller, als sie es verdient haben, schlürfen noch ein paar Schluck Kaffee und sind fünf Minuten später zum Abmarsch bereit in der Lobby. Es ist zwanzig Minuten nach acht. Zehn Minuten später ist es halb neun. Weitere fünfzehn Minuten vergehen. Ich greife zum Telefon.

„Mr. Yayawardena? We are waiting at the reception. When do you come?"

„Yes, yes. I'm ready. I'm coming now."

Zehn Minuten später ist er tatsächlich da. Eine gewichtige Limousine hält vor dem Hotel, der Optiker schält sich heraus, wir eilen ihm entgegen und schütteln einander die Hände. „Nice to see you!" Er hat schon wieder ein neues Auto, vor fünf Monaten war es ein Mitsubishi in Rot, jetzt ist es ein Nissan in Schwarz. „Yes, yes, a new car!"

Es ist 9.00 Uhr. Wir machen ein paar Fotos: Mr. Jayawardena am Steuer bei geöffneter Tür, Ildiko und ich in ent-

93

spannter Haltung an das Auto gelehnt. Fotos für die nächste Einladung zum Dinner.

Unser Freund ist eher klein, doch als Autofahrer ist er groß und er schenkt seinem Auto nichts. Ein guter Wagen muss jedes Schlagloch verkraften.

Ich möchte gerne wissen, wohin wir fahren. Und während der Nissan beweist, wie gut gefedert er ist, erfahren wir das Tagesprogramm: Erst müssen wir einer Schule einen Besuch abstatten, dann muss Mr. Jayawardena kurz bei einem Freund vorbei, dann können wir seine Kautschukplantage und sein Reisfeld anschauen, dann muss er kurz bei einem anderen Freund in Horana vorbei und dann fahren wir zu einem Hotel, von dem er Gutes gehört hat. Dort, im ‚Kukuleganga Holiday Resort' werden wir zu Mittag essen. In der Nähe gibt es auch einen Wasserfall. Wasserfälle sind immer die absoluten Renner in Sri Lanka. Mr. Jayawardena ist sicher, dass es ein spannender Ausflug werden wird. Ach ja: Auf der Rückfahrt gibt es dann noch einen kurzen Halt bei einem weiteren Freund.

Wir verlassen Aluthgama, fahren durch Dharga Town, passieren die vier Moscheen und bemühen uns, die vielen in Kaftans und mit suppentassenförmigen Kopfbedeckungen bekleideten Männer und die Kopftuch tragenden Frauen nicht zu überfahren. Dharga Towns Häuser sind grau vom Straßenstaub und es riecht nach Hammelfleisch.

Wenig später sind wir im grünen Sri Lanka, auf einer der schmalen Straßen, die kreuz und quer das Land durchziehen, große und kleine Orte miteinander verbinden und selbst dem schönsten und schnellsten Fahrzeug kaum mehr als vierzig Kilometer in der Stunde erlauben. Die Reste von Banketten haben scharfe Kanten, Schlaglöcher wechseln sich mit Querrillen ab, Hunde dösen mitten auf der Straße und geben nur widerwillig den Weg frei, Menschen und Rindviecher kreuzen die Fahrbahn, ohne sich um den Verkehr zu scheren,

Tuktuks wuseln von links nach rechts und dann gibt es noch die LKWs und Busse, die der Straße den Blutdruck steigernden Kick geben. Sie sind eindeutig die Herren der Piste. Die Laster, made in India, sind kurz, bullig, bunt bemalt, schwer beladen und jagen alles zur Seite, was ihnen begegnet. Die Busse, die einem deutschen Schrotthändler das Herz höher schlagen ließen, veranlassen jeden nicht lebensmüden Verkehrsteilnehmer dazu, freiwillig auszuweichen. Man weiß schließlich aus eigener Passagiererfahrung, dass außer der Hupe an diesen Fahrzeugen kaum noch etwas funktioniert und dass ihre Fahrer die rücksichts- und erbarmungslosesten Menschen sind, die es auf der Insel gibt.

Mr. Jayawardena ist in Sachen Sehhilfen der gute Geist für viele Schulen der Umgebung. Er kontrolliert zweimal im Jahr die Augen der Kinder, findet die richtige Sehstärke und passt ihnen Brillen an. Das alles tut er kostenlos und ehrenamtlich. Kein Wunder, dass ihm, kaum nähert er sich einer Schule, der Schulleiter schon mit größtmöglicher Herzlichkeit entgegen eilt. In seiner Begleitung sind wir natürlich ebenso willkommene Gäste. Wenn dann die Herren Direktoren noch vernehmen, dass wir auch Lehrer waren, müssen wir unverzüglich die Klassenräume besichtigen, von deutschen Schulen erzählen und Schülern und Lehrern bei der Arbeit zuschauen. Zwei Schulen haken wir an diesem Vormittag ab: Beide sind klein und sehr arm. Die Kinder in ihren sauberen Uniformen kommen zum Teil von weither aus den Dörfern und sie bestaunen uns wie Wesen aus einer anderen Welt. Einen Computer könnte man sehr gut gebrauchen, sagt Mr. Jayawardena und schaut mich fragend an. Ich sage „Vielleicht", aber versprechen könne ich nichts. Und dann fahren wir weiter, von den Segenswünschen der Lehrer begleitet.

Mr. Jayawardena hatte uns voller Stolz erzählt, dass er ein Grundstück im Grünen gekauft habe und ich hatte daraus scharfsichtig-europäisch geschlossen, dass er sich darauf ein Wochenendhaus errichten wolle. Nichts dergleichen! Besagtes Grundstück liegt an einem steilen Hang, ist von der Straße kaum zugänglich und weit entfernt von jeder Möglichkeit, bebaut zu werden. Es ist ganz schlicht und einfach eine Kautschukplantage. Als ich meinen Freund etwas ratlos frage, warum er denn solch ein Stück Land gekauft habe, blickt er mich, sehr erstaunt über die Einfältigkeit der Frage, an und erwidert: „To sell the rubber. To make money!" Er hat einfach nur investiert, ohne etwas anderes im Sinn zu haben, als „to make money!" Genauso ist es mit dem Reisfeld, an dem wir wenig später vorüberfahren. „Look! This is my paddy-field!" Reis bringt gutes Geld und da das Feld fünfzig Kilometer von Aluthgama entfernt ist, hat Jayawardena seine Leute, die er dafür bezahlt, sich um Aussaat, Ernte und Verkauf zu kümmern. Er braucht nur zu kassieren und zu reinvestieren. Irgendwie nötigt mir solch geschäftsmännisch-kapitalistisches Tun Respekt ab.

Nach drei Stunden Fahrt inklusive zweier weiterer Freundes-Besuche kommen wir an unserem Ausflugsziel an: Kukuleganga Holiday Resort. Es liegt in einem weiten Tal voller Kautschukplantagen am Kukule Ganga, etwa eine halbe Stunde Fahrt vom Naturschutzgebiet ‚Sinharaja Rain Forest' entfernt. Es ist eine mit allen Annehmlichkeiten wie Pool, Tennisplätzen und großzügig eingerichteten Wohneinheiten ausgestattete Hotelanlage, die unter der Verwaltung der Vereinten Nationen steht. Während der Übungen auf dem nahegelegenen Truppenübungsplatz wird das Hotel von UNO-Soldaten bewohnt und zu den übrigen Zeiten, vor allem an den Wochenenden steht es einheimischen Urlaubern, meist Familien aus Colombo, zur Verfügung. Mr. Jayawardena hatte davon gehört und wollte es in Augenschein nehmen, um vielleicht mit seiner Familie hier ein Wochenende zu verbringen. An diesem Tag sind wir die einzigen

96

Gäste in der Anlage und in der Küche wird nur für uns ein herrliches Mahl zubereitet. Das Resort wirbt damit, ein Ziel für Naturliebhaber zu sein und so gibt es im weiteren Umkreis außer viel Natur nur wenige Attraktionen. Der Makeliya Wasserfall, das Kalugala-Kloster und die Pahiyangala Felsenhöhle gehören dazu. Vor unserem Lunch statten wir dem Wasserfall einen Besuch ab. Es ist eher ein reißender Fluss, der über zahlreiche Katarakte mit zum Teil beeindrukkenden Kaskaden zu Tal schießt. Wir halten die Füße in das schäumende Wasser, Mr. Jayawardena filmt ausgiebig und dann ziehen wir, zurück im Hotel, den künstlichen Pool dem ‚Natural Pool' vor.

Nach dem Lunch hat mein Optikerfreund offensichtlich das Gefühl, dass er uns noch etwas bieten müsse:

„Do you want to see the cave?"

„Which cave?"

"Pahiyangala Rock Cave. Very famous."

Es stellt sich heraus, dass Mr. Jayawardena diese Sehenswürdigkeit auch noch nie gesehen hat.

„Of course!" Natürlich wollen wir die Höhle besichtigen. Vom Hotel aus sind das zwar gerade mal neun Kilometer, doch für diese Strecke benötigen wir eine Stunde Fahrzeit. Die Straße ist so schlecht, dass sie nur Schritttempo erlaubt und nach einigen Kilometern endet sie in einer Schräge zum Fluss. Dort übernimmt eine traditionelle Handfähre die Überquerung. Ein dickes Seil ist von einer zur anderen Seite über den Fluss gespannt. Die mit unserem Nissan und einigen Mopeds besetzte Fähre löst sich vom Ufer und beginnt zu treiben. Die starke Strömung übernimmt den Transport und der Fährmann muss nur mit kräftigen Händen am Seil die Richtung halten. Ich freue mich schon auf die gleiche Passage zurück, denn die Straße endet am Parkplatz des Pahiyangala Rock. Ein unscheinbares Kloster steht am Anfang des Treppenweges zur Höhle. Einige junge, die Segnungen des Nichtstuns genießende Mönche schauen uns mitleidig nach. Sie kennen die Beschwerlichkeit des Aufstiegs. Die Fragmente einer einen urzeitlichen Menschen darstellenden Steinfigur markieren den Weg und deuten an, dass es sich bei der Höhle um eine archäologische Fundstätte ersten Ranges handelt. Es sind nur wenige hundert Stufen bis zum Plateau, doch die sind in der Nachmittagshitze Schweiß treibend genug. Stufe für Stufe ächze ich hinauf, Ildiko ist wieder mal schneller und Mr. Jayawardena macht schnaufend den Schluss. Auf halber Stecke liegt uns plötzlich ein großer Haufen von Dachziegeln im Weg. Ein Schild daneben fordert in der Landessprache auf, jeder Besucher solle doch bitte so viele Dachziegel wie möglich mit nach oben nehmen. Als gutes Werk und tätige Hilfe bei der Neu-Eindeckung des Tempels. Ich nehme fünf dieser Brocken, lege aber, als ich merke, wie schwer die Dinger sind, schnell wieder zwei zurück. Mit dreien unter dem Arm packe ich den zweiten Teil des Aufstiegs. Mr. Jayawardena hat einen Ziegel mitgenommen, Ildiko keinen. Sie hat sich entschlossen, die Aufforderung für einen Scherz zu halten und obwohl ich ihr vorhalte, sie könne durchaus etwas Karma gebrauchen, bleibt sie standhaft. Später jedoch, aber da ist es zu spät, schämt sie sich, als sie sieht, wie alle Besucher, ob Alt oder Jung, Kind oder Greisin, mindestens ein gutes Werk mit nach oben schleppen.

Wie häufig bei Sehenswürdigkeiten gibt es im Tempel vor dem Höhleneingang einen beachtlichen Liegenden Buddha. Die Steinzeithöhle selbst ist eine gut zwanzig Meter tiefe Einbuchtung in der weit überstehenden steilen Felswand. Die gewaltige Höhle in dem massiven Felsen soll die größte und einzige ihrer Art in Asien sein. An Hand von Schädeln, menschlichen Skeletten und Gerätschaften, die bei Ausgrabungen entdeckt wurden, hat man nachgewiesen, dass unser ältester Vorfahr, der Homo sapiens hier vor

37.500 Jahren gewohnt hat. Es heißt, auch ein chinesischer Wandermönch namens Fa Hsien habe eine Zeitlang im fünften Jahrhundert in der Höhle gelebt und die sozialen und kulturellen Aktivitäten Sri Lankas erforscht.

Nach der Höhle gibt es keine Steigerung des Ausflugsprogramms mehr. Wir sind genauso müde wie Mr. Jayawardena, doch der muss noch den ganzen Weg nach Aluthgama zurück fahren. Er fährt mehr schlecht als recht und schont seinen wunderschönen, neuen, schwarzen Nissan in keiner Weise. Am Abend eines langen Ausflugstages hat der Wagen zwei neue Beulen, doch wir sind wieder heil im Lihiniya Surf Hotel.

Danke, Mr. Jayawardena, für den wunderschönen Tag.

Mr. Jayawardena und seine Familie

99

Samantha

Samantha Pushpalal Hettiarachchi, verheiratet, Vater zweier Töchter, wohnhaft in Yatramulla bei Bentota, von Beruf Tuktuk-Fahrer, ist der zuverlässigste, toleranteste, aufgeschlossenste, klügste, freundlichste und hilfsbereiteste Mensch, den wir in Sri Lanka kennen gelernt haben. Bei so vielen positiven Eigenschaften fragt man sich, ob dieser Samantha denn überhaupt noch Fehler oder Schwächen haben kann. Hat er. Er redet bisweilen zu schnell und zu viel. Wenn er uns in Deutschland anruft, und das tut er recht oft, geschieht das zu Unzeiten: Wenn wir noch in tiefstem Schlummer liegen, klingelt das Telefon und Samantha fragt mit seiner rauen, etwas heiseren Stimme: „Wie geht es euch? Seid ihr zu Hause?" Und noch etwas Negatives fällt mir ein, obwohl ich nicht weiß, ob es stimmt: Sein Freund Hasith sagt von ihm, als Tuktuk-Fahrer sei er „eine richtige Wildsau". Aber genau genommen ist Samantha nahezu perfekt.

In der Reihenfolge unserer singhalesischen Bekannt- und Freundschaften liegt Samantha irgendwo im Mittelfeld.

Als Kamal uns zum ersten Mal in seine Hütte am Fluss einlud, brauchte er jemanden, der uns hin und zurück transportierte und der sprachlich so gewandt war, dass er als Dolmetscher fungieren konnte. Samanthas Englischkenntnisse waren gut, sein Deutsch zwar noch in den Anfängen, aber manchmal hilfreich, während Kamals Englisch kaum vorhanden war. So blieb es nicht aus, dass bei diesem ersten Zusammentreffen die Konversation im Wesentlichen zwischen uns dreien stattfand. Kamal gab Stichworte, schenkte uns Bier ein und lächelte oft. Samantha aber war der eigentliche Gastgeber, war Vermittler, Erklärer und Lotse durch Sri lankische Untiefen. In der Folgezeit gewannen wir ihn sehr bald lieb und wenn irgendwelche kleinen Touren anstanden, kurz mal nach Aluthgama oder zum Kaufhaus-

Großeinkauf ins entferntere städtische Ambalangoda, genügte ein Anruf und Samantha war mit seinem roten ‚Three Wheeler' zur Stelle. Allerdings durfte er uns am Anfang nie direkt am Hotel abholen, denn das hätte ihm Ärger mit den Tuktuk-Fahrern eingebracht, die am Lihiniya ihren angestammten Platz haben. Im Laufe der Jahre sprach sich aber herum, dass wir Freunde waren und schließlich genossen wir das Sonderrecht, von Samantha hochherrschaftlich direkt an der Rezeption in Empfang genommen zu werden.

Wie deutsche Taxifahrer haben auch Sri Lankische Tuktuk-Fahrer ihre festen Plätze und werden bitterböse, wenn ein Fremder in ihrem Revier wildert. Samanthas Platz ist weit entfernt von den Hotels an einer Dorfstraße im unübersichtlichen Straßen- und Häusergeflecht Bentotas gegenüber einem mittelgroßen Kramladen. Solche Läden gibt es viele an den Straßen Sri Lankas. Man kann sie mit den anheimelnden Tante-Emma-Läden vergleichen, die es auch in Deutschland einmal gab. Von Tee, Trockenmilch, Reis, Shampoo in kleinen Beuteln, Coca Cola, Fanta, Zwieback, übel riechendem Trockenfisch bis hin zu Farben und Reisstrohbesen gibt es in diesen dunklen Ladenhöhlen alles zu kaufen, was in einem singhalesischen Haushalt gebraucht wird. Die Kunden dieses Tante-Emma-Ladens sind im Wesentlichen Samanthas Fahrgäste. Oft muss er also nur mal eine Mama mit ihren Einkäufen um die Ecke nach Hause fahren. Manchmal gibt es aber auch einen Passagier, der nach Beruwala oder vielleicht sogar ins ferne Colombo gebracht werden möchte. Das sind dann Touren, die sich schon eher lohnen. Natürlich versuchen wir immer wieder, Samantha eine Fahrt zuzuschanzen, indem wir Hotelgästen erzählen, dass wir ihnen den besten und zuverlässigsten Chauffeur vermitteln können. Allerdings müssen sich die Passagiere dann ein paar hundert Meter über die Bahnschienen bis zur Polizeistation begeben, wo Samantha sie in Empfang nimmt. Für solche Transporte ist unser Freund sehr dankbar und die Fahrgäste kommen immer zufrieden zurück und schwärmen von Samanthas Freundlichkeit und seinen landeskundlichen Kenntnissen. Abgesehen von den kleinen Schnell-mal-irgendwo-hin-Lifts haben wir mit Samantha natürlich alle Attraktionen der näheren Umgebung Bentotas, als da sind Brief Garden, Tempelbesichtigung, Mondsteinmine, Kautschukplantage, Wasserfall und so weiter, abgearbeitet und dabei immer unglaublich viel über Land und Leute erfahren.

Man kann sich vorstellen, dass Samantha alles andere als begütert oder gar reich ist. Er lebt wie so viele Singhalesen bescheiden und mehr schlecht als recht von der Hand in den Mund. An Kleidung braucht man im immer heißen Sri Lanka nicht viel, die Energiekosten halten sich im Rahmen, denn eine Klimaanlage gibt es nur in den Häusern der ganz Reichen und was Essen und Trinken betrifft, gibt es einmal in der Woche Fisch, hin und wieder Hühnchen und immer viel Reis, Gemüse und Obst, wobei Papayas, Bananen und Kokosnüsse meist auf dem eigenen Grundstück wachsen. Wasser und der klare Saft der King-Coconut sind als Getränke genug. Doch seit Samantha zweifacher Vater ist und die Preise in Sri Lanka für Grundnahrungsmittel, Gas, Babynahrung usw. in einem atemberaubenden Galopp steigen, auf der anderen Seite aber die Leute immer weniger Geld für Tuktuk-Fahrten haben, muss er sich mehr denn je zur Decke strecken. Immerhin hat unser Freund einen gewissen Rückhalt in seiner Familie, und der Grund und Boden, auf dem sein Haus steht, gehört ihm. Seine Eltern, die in einem urwaldgleichen Palmenhain gleich nebenan wohnen, haben ihrem jüngsten Sohn vor Jahren einen Teil des Grundstücks übereignet. Der hatte nichts Eiligeres zu tun, als ein Haus zu planen und bald schon mit dem Bau zu beginnen.

Als wir ihn kennen lernten, wohnte er mit seiner Frau in dem viel zu großen Rohbau mit riesengroßen Fenster- und Verandaöffnungen, für deren Verglasung das Geld fehlte. Auch das Dach war nur zur Hälfte eingedeckt. Auch heute noch lebt die Familie in einem Provisorium. Ein Zimmer ist mit Doppelbett, großem Moskitonetz, Fernseher und Plastikschrank so eingerichtet, dass auch die inzwischen dreijährige Vihendi und das Baby darin leben können, die Küche mit Kühlschrank und Gaskocher funktioniert und die Toilette ist sogar innerhalb des Hauses. Alle anderen Räume sind nach wie vor unfertig, was in den trockenen Monaten, abgesehen von der Moskitoplage, nicht problematisch ist, in der nassen Monsunzeit aber regnet es heftig hinein und der umgebende Grund und Boden versinkt im Matsch. Wann immer wir zu Gast waren, saßen wir an einem großen Tisch und auf Stühlen, die die einzigen Möbel in dem übergroßen repräsentativen Raum sind und stellten uns vor, wie schön das alles einmal sein würde, wenn der Boden mit Fliesen statt grauem Beton bedeckt wäre, eine Lampe nach Einbruch der Dunkelheit leuchtete, die Fenster verglast wären, vielleicht sogar einige Bilder an den Wänden hingen und ein Ventilator an der Decke für Kühlung sorgte. Doch auch so, das muss ehrlicherweise gesagt werden, haben wir schöne Abende in dem Rohbau verbracht und hervorragend gespeist.

Dass Samanthas Haus so großzügig und beinahe hochherrschaftlich geplant wurde, liegt daran, dass sein Bruder Architekt ist. Nun muss ich doch detaillierter auf Samanthas familiären Hintergrund eingehen, um den Werdegang unseres Freundes zu erklären.

Samanthas Familie kann man durchaus als dem Mittelstand zugehörig beschreiben. Der Vater war als Beamter tätig, die Mutter, eine sehr resolute Dame, ist Hausfrau. Der älteste Sohn durfte studieren und wurde, wie gesagt, Architekt. Das zweite Kind war ein Mädchen, dann kam mit einem größeren Abstand Samantha zur Welt und nach ihm noch ein Mädchen. Das Studium des Architektensohnes kostete viel Geld und auch als es beendet war, blieb das Geld sehr knapp. Die ältere Tochter war unverheiratet und für die jüngere war auch noch kein Mann in Sicht. Töchter in Sri Lanka zu haben, ist immer eine Quelle von Kummer und Sorgen. Töchter kosten Geld und sie zu verehelichen, macht oftmals Mühe. Erschwerend kam hinzu, dass der Vater herzkrank wurde, für längere Krankenhausaufenthalte und mehrere Bypässe viel Geld aufgebracht werden musste und das abzusehen war, dass er nicht mehr in den Beruf zurückkehren konnte. So etwa war die Situation, als Samantha nach seinem mittleren Schulabschluss einen Angestelltenjob in einer Firma in Colombo innehatte, der ihm zwar brauchbare Aussichten versprach, auf längere Sicht aber wenig Lohn einbrachte.

Bei der hohen Arbeitslosigkeit und dem niedrigen Lohnniveau war und ist es für viele Singhalesen immer eine denkbare Möglichkeit, sich als Arbeiter im Ausland, am häufigsten in den arabischen Emiraten, aber auch in Südkorea, zu verdingen. Hält man es als Gastarbeiter ein paar Jahre schuftend und anspruchslos lebend aus, reicht das Ersparte vielleicht aus, in der Heimat eine Existenz zu gründen. Ob Samantha gedrängt wurde oder von sich aus die Rolle des Familienerhalters übernahm, weiß ich nicht. Jedenfalls ergab sich für ihn die Möglichkeit, nach Zypern zu gehen. Ein Onkel fragte bei einem Verwandten auf der Mittelmeerinsel nach, ob der in seinem Betrieb einen fleißigen Arbeiter gebrauchen könne. Der singhalesische Grieche hatte in seiner Ziegenzucht durchaus Bedarf, schickte die entsprechenden Einladungsschreiben inklusive Arbeitserlaubnis und Samantha erhielt die Ausreisepapiere. Vier Jahre hielt er es im griechischen Teil der Insel in der Nähe von

Paphos als Ziegenhirte aus, lernte etwas Griechisch, lebte bescheiden und schickte in regelmäßigen Abständen Geld nach Hause. Ziegenhirte, das klingt sehr abwertend und meist denkt man dabei an einfältige, wortkarge Menschen. Samantha ist weder das eine noch das andere und wenn ich ihn nach seiner Tätigkeit fragte, dann berichtete er, dass er der Herr über fast hundert Ziegen war, verantwortlich für ihr Wohl und Wehe, für Geburt und Aufzucht der kleinen Zicklein, für Kauf und Verkauf, Produktion von Milch und Ziegenkäse. Samantha war die rechte Hand des Chefs. Als es ihn dann doch zurück in die Heimat zog, ließ der ihn nur ungern gehen. Wieder in Bentota zählte der Heimkehrer das Ersparte und stellte fest, dass es für den Grundstock eines Hauses reichte und noch genug übrig blieb, um ein Tuktuk einschließlich Lizenz und Standplatz zu erwerben und sich somit eine halbwegs sichere Erwerbsquelle zu schaffen. Etwa ein Jahr danach lernte er seine jetzige Frau kennen, verliebte sich in sie und setzte die Heirat mehr oder weniger gegen seine Eltern durch, denn irgendwie passte beider Kastenzugehörigkeit nicht so recht zusammen. Hochzeiten sind in Sri Lanka aufwändige und kostenintensive Angelegenheiten. Samantha hatte einiges von der Welt gesehen, hatte Abstand zu Sitten und Gebräuchen der Heimat gewonnen und war auch ansonsten zu intelligent und kritisch, um all die Regeln und Rituale einer Eheschließung voll einzuhalten. Er setzte eine relativ einfache Heirat durch, gerade noch prächtig genug, um nicht das Gesicht gegenüber Verwandten und Freunden zu verlieren. Die Hochzeitsgesellschaft war so klein wie möglich und die Flitterwochen bestanden aus einer Reise nach Kandy, einer Bootsfahrt auf dem See und einer Übernachtung in einem einfachen Hotel. Das einzig Großartige an der Vermählung war das aufwändige Hochzeitsalbum, auf dem seine junge Frau bestand. Ein sehr professioneller Fotograf machte die etwa sechzig Fotos, die Braut und Bräutigam in weißer Robe und dunklem Anzug zeigen, beide zusammen wie von einem hellen Heiligenschein umflort, jeden einzeln in den verschiedensten Posen und natürlich die Elternpaare und wichtigsten Verwandten nebst niedlichen, in Rosa gekleidete kleine Mädchen. Etwa ein Jahr nach der Hochzeit lernten wir Samantha kennen und als wir festgestellt hatten, dass aus der Bekanntschaft eine Freundschaft geworden war, durften Ildiko und ich auch das Hochzeitsalbum gebührend bewundern. Es ist wirklich ein sehr schönes, allerdings in seiner Künstlichkeit beinahe unwirkliches Erinnerungsstück und eigentlich passt es gar nicht zu unserem aufgeklärten, aller steifen Tradition gegenüber kritischen Freund. Samantha ist überzeugter Buddhist und sein Leben orientiert sich weitgehend an den Regeln und Maximen dieser Philosophie. Er ist hilfsbereit und freundlich, gibt anderen, so weit es ihm möglich ist, tritt keinem zu nahe, ist guter Ehemann, Vater, Sohn und Freund. Den zahlreichen Formen der Götterverehrung und des Aberglaubens seiner Landsleute aber begegnet er mit kritischtoleranter Geringschätzung. Dass sein Töchterchen einen schwarzen Punkt gegen den bösen Blick auf seiner Stirn trägt, stört den Vater zwar, doch da Vihendis Mutter das für unabdingbar hält, duldet Samantha auch das.

Als wir im April 2005, vier Monate nach dem Tsunami mit relativ vielen Spendengeldern in Bentota ankamen, wären wir ohne Samantha völlig aufgeschmissen gewesen. Er gab uns die Hinweise, wo wir bei der allgemeinen Spendenflut und der teilweise willkürlichen Verteilung unsere gesammelten Gelder sinnvoll übergeben konnten, fand Menschen, die schwer getroffen worden waren und keinerlei Hilfe bekommen hatten, fuhr uns hierhin und dorthin, öffnete Türen, dolmetschte und war drei Wochen lang uneigennützig für uns und etliche Opfer der Katastrophe da.

Vor unserer Abreise im Oktober 2003 kam Samantha mit der Bitte auf uns zu, ihm einen größeren Geldbetrag zu leihen, damit er Bad und Toilette in seinem Haus fertigstellen könne. Wir gaben ihm das Geld, machten sogar einen formlosen Kreditvertrag, obwohl uns klar war, dass er das Geld wahrscheinlich zu unseren Lebzeiten nie würde zurückzahlen können. Inzwischen sind fünf Jahre vergangen und jedes Mal, wenn wir in Sri Lanka waren, stand uns ein privater und kostenloser Chauffeur zur Verfügung. Weder Samantha noch ich haben Buch geführt, doch einen nicht geringen Teil seiner Darlehensschuld hat er inzwischen abgetragen. Ich hoffe und wünsche, dass Samantha Pushpalal Hattyarrataya noch lange Gelegenheit haben wird, seine Schulden zu begleichen.

Samantha (rechts) und Kamal

107

Mohammed

Mohammed ist Obstverkäufer am Strand von Bentota. Sein Revier geht vom Bentota Beach Club bis zum Taj Exotica. Jeden Morgen kommt er mit dem Bus von Kalutera nach Aluthgama. Eine Stunde Fahrt im überfüllten Bus. Die große Emailleschüssel und den Korb hat er bei einem Großhändler deponiert, bei dem er auch das frische Obst einkauft. Mohammed hat einen guten Blick, was die Ware betrifft. Er sucht nur die besten Früchte aus: Ananas, Papaya, Mangos, Mangostine, eine halbe Jackfruit, gelbe und grüne Bananen, drei King-Coconuts. Der Korb ist schnell voll und so schwer, dass der schmächtige Mohammed ihn nur mit Mühe allein aufheben kann. Er setzt das mächtige Gebinde einschließlich der Metallschüssel auf den Kopf und macht sich sehr aufrecht gehend auf den Weg zum Strand. Am Bentota Beach Hotel beginnt er seine Tour. Wenn er Glück hat, lockt er mit seinen Rufen einen Gast aus dem weitläufigen Garten hinter der Hecke oder jemand am Strand hat Lust auf Vitamine, vielleicht auch auf eine Durst löschende King-Coconut. Die bringt zwar wenig Gewinn, wiegt aber schwer. Dann drückt das Gewicht auf Mohammeds Kopf etwas weniger. Am Serendib Hotel sind Strand und Liegewiese nur durch ein paar kniehohe Büsche voneinander getrennt. Hier ist die Chance größer, etwas loszuwerden. Im Lihinya gibt es gar keine deutliche Trennlinie zwischen dem öffentlichen Strand und dem Hotelbereich, sodass ich Mohammed schon von weitem kommen sehe. Wir kennen uns seit ein paar Jahren. 2005, nach dem Tsunami haben wir ihm, dem die Welle sein Häuschen in Kalutera weggerissen hat, geholfen. Keine großartige Hilfe, zwei, drei Mal fünfzig Euro, aber Mohammed war unendlich dankbar. Seitdem bekommen wir unsere Früchte umsonst.

Zehn Meter vor unserem Stammplatz mit den Liegen fällt

ein Mäuerchen zum Strand ab. Darauf stellt der Obstverkäufer seinen Korb ab und wartet, dass ich zu ihm komme. Ich frage ihn, wie es ihm heute gehe und wie es mit dem Verkauf stehe. Er zuckt die Schulter, zeigt auf den fast vollen Korb und sagt: „Two Ananas!" Mohammed weiß immer, wie viele Gäste in den Hotels sind, wann welche abreisen und neue kommen. Seit dem Tsunami sind meist nur wenige Gäste da und Mohammeds Geschäfte gehen schlecht. Früher ging er drei Mal am Tag seinen Korb neu füllen, jetzt kann er froh sein, wenn er eine Ladung los wird. Jedes Mal, wenn wir angekommen sind und Mohammed zum ersten Mal sehen, gebe ich ihm zwanzig Euro und nach ein paar Tagen noch einmal zehn oder auch fünftausend Rupien und dann bekommen wir, wie gesagt, unsere Früchte gratis.

Heute möchte Ildiko eine Ananas, ich zwei Mangos und eine Mangostine. Mohammed nimmt sein schweres Messer, schält fachkundig die Ananas, teilt die Mangos, halbiert eine Limone und legt je eine Hälfte auf Ananas und Mangos. Die abgeschälten Reste kommen in die Metallwanne, unsere Früchte in zwei Plastiktüten und in eine dritte als Zugabe ein kleines Bund gelbe Bananen oder eine große grüne Banane. Wir verabschieden uns und manchmal helfe ich ihm, den schweren Korb auf dem Kopf zu setzen. Sehr aufrecht und mit gleichmäßigen Schritten zieht Mohammed weiter zum nächsten Hotel, dem Taj Exotica. Eine Stunde später sehe ich ihn den gleichen Weg wieder zurückgehen, diesmal bis zum Bentota Beach Club, das sind fast fünf Kilometer. An manchen Tagen legt er diesen Weg dreimal zurück und wenn es gute Tage sind, hat er tausend Rupien oder vielleicht sogar mehr verdient.

Als wir uns im Mai 2007 von Mohammed verabschieden, ist er sehr deprimiert. Die Hotels sind fast leer, wir fahren auch nach Hause, die Saison ist zu Ende, bald wird der Monsun einsetzen und zu allem Unglück hat er auch noch fürchterliche Rückenschmerzen. Die ständige Last auf dem Kopf hat Folgen. Mohammed möchte uns so gerne ein paar Kilo Obst mitgeben, doch wir müssen ablehnen: Gewicht und Zollvorschriften. Er hat Mühe, das zu verstehen, nimmt meine Hand und küsst sie. Als ich sie, weil mir das peinlich ist, zurück-ziehe, kommen ihm die Tränen. Nächste Woche,

berichtet er, werde er auf dem Markt in Kalutera arbeiten, schwere Reissäcke abladen und schleppen, den ganzen Tag lang für wenig Lohn. Im November, wenn die Touristen wieder kommen, kann er dann wieder Obst verkaufen. Sofern sein Rücken durchhält.

Er hievt den fast noch vollen Korb auf den Kopf und macht sich auf den Weg, in Badelatschen am Strand entlang. „Fruit, fresh fruit, frische Früchte!" Doch es ist keiner da, der ihm etwas abkaufen könnte.

III. Unterwegs

Mit dem Fahrrad unterwegs
(Rund um Bentota)

„Was hältst du davon, wenn ich mir ein Fahrrad kaufe?"
„Du spinnst ja. Erstens ist es viel zu heiß zum Radfahren und zweitens bei dem Verkehr und drittens, was machst du mit dem Rad, wenn du nicht in Bentota bist?"

Als Frau sieht Ildiko die Dinge viel realistischer als ich aus meiner bubenhaft-männlichen Sicht. Also müsste ich ihr eigentlich Recht geben. Andererseits war sie nie eine richtige Radfahrerin und überhaupt...!

„Ich möchte mir trotzdem ein Rad anschaffen!" Mit den Einwänden werde ich leicht fertig: „In meiner Abwesenheit verwaltet Kamal das Rad. Der kann es sehr gut gebrauchen. Schau dir doch mal seine alte Krücke an! Heiß ist es in Deutschland im Sommer auch und trotzdem fahren viele Menschen Rad und was den dritten Punkt betrifft, an den Verkehr kann man sich gewöhnen und man muss halt aufpassen." Ich schließe meine Argumentationskette mit dem brachialen Satz: „No risk, no fun!" Meine Frau schüttelte ob so viel Blödsinns den Kopf.

Dieses Gespräch fand am Ende eines vierwöchigen Sri Lanka-Aufenthalts statt und es ermangelte ihm infolgedessen jegliche Aktualität. Ein halbes Jahr später, zwei Tage nach der Landung in Colombo und der Ankunft in Bentota, knüpfte ich an dieses Gespräch an: „Morgen kaufe ich mir ein Fahrrad!" „Du spinnst ja!" Offensichtlich war Ildiko im Laufe eines Jahres nichts Neues zu dem Thema eingefallen. Weniger, um sie zu ärgern, als um mir Mut zuzusprechen, sagte ich noch einmal, sehr laut und deutlich: „Ich kaufe ein Fahrrad. Morgen oder übermorgen"! Mit dem „Übermorgen" verschaffte ich mir wenigstens noch etwas Bedenkzeit und Gelegenheit, die Preise, die Zweirad-Verkehrssituation und nicht zuletzt meine Risikobereitschaft zu überprüfen.

„Tu, was du für richtig hältst!" Damit war für Ildiko das Thema zunächst erledigt und sie hatte mir damit auch ihre Missbilligung zu erkennen gegeben. Ich nahm es zur Kenntnis und machte mich unverzüglich auf den Weg nach Aluthgama. Nach fünf Minuten Fußmarsch stand mir der Schweiß auf der Stirn, kurz vor der Brücke über den Bentota-Fluss war der Hemdkragen nass und als ich jenseits der Brücke, umnebelt von Auspuffgasen der im Brückenstau steckenden Fahrzeuge, angelangt war, wies mein Hemd an zahlreiche

Stellen sehr feuchte Flecken auf. Ich schwitzte und stellte mir lebhaft vor, wie das erst sein würde, wenn ich mich auf einem Fahrrad trampelnd fortbewegen würde. „Allerdings", sagte ich mir, „auf dem Fahrrad hast du ja auch eine Menge Gegenwind." „Feuchtheißen Gegenwind!", erwiderte mein Alter Ego. Ich kannte die beiden Zweiradgeschäfte in Aluthgama recht gut. Irgendwie schaffte ich es, mich durch den unablässigen Verkehrsstrom der Busse, Lastkraftwagen, Tuktuks, Mopeds und – ich vermerkte das mit Wohlgefallen – sogar Radfahrer, von einer Straßenseite auf die andere zu begeben. Als Fußgänger ist man gewissermaßen Freiwild. Als Radfahrer, sagte ich mir, wäre ich bereits eine Stufe höher in der Verkehrshierarchie. Auf der anderen Straßenseite befand sich das größere der beiden Geschäfte. Die Auswahl an Zweirädern war zwar nicht riesig, aber ausreichend für meine Ansprüche: diverse, den Hollandrädern ähnelnde steife Gefährte ohne Schaltung, dafür aber mit solidem Rücktritt, das Modell eines Cityrades mit Dreigangschaltung und zwei Mountainbikes, made in Thailand, die, einander sehr ähnlich, sich nur im Material und im Preis unterschieden. Da ich mich für einen sportlichen Menschen halte, kam eigentlich nur ein Montainbike mit achtzehn Gängen in Frage. Es trug, fett auf den armdicken Rahmen gedruckt, den ansprechenden Namen ‚Tomahawk', was immerhin Assoziationen von gefährlicher Kraftentfaltung und Schnelligkeit hervorrief. Es war quittengelb und sah sehr sportlich aus. Der Eigentümer des ‚Fashion Mart', der außer Fahrrädern auch Singer-Nähmaschinen, Sony-Elektronik und Philips-Rasierapparate auf Lager hatte, verwies bei der Frage nach dem Preis auf das am Lenker angebrachte Schild. 8000 Rupien sollte mein Favorit kosten und auf mein Nachhaken nach dem „Best Price" immer noch 7500, was nach dem Tageskurs knapp sechzig Euro entsprach. Nicht unbedingt viel Geld für ein brauchbares Rad und das Tomahawk sah wirklich sehr brauchbar aus.

„Morgen kaufe ich mir ein Fahrrad!" sagte ich stolz, als ich völlig verschwitzt meine Frau am Hotelpool fand. „Na, dann viel Spaß!", war alles, was sie erwiderte.

Ich rief Samantha an und informierte ihn über meine Pläne. Der fand die Idee super, und Kamal, den ich als nächsten in Kenntnis setzte, war aus begreiflichen Gründen natürlich noch begeisterter.

Am nächsten Tag kaufte ich mein Tomahawk. Samantha holte mich mit seinem Tuktuk ab, wir hielten direkt vor dem ‚Fashion Mart', Samantha führte die Kaufverhandlungen, ich bezahlte 6000 Rupien und war stolzer Besitzer eines original thailändischen Tomahawk Montain Bikes mit fünfjähriger Garantie.

Inzwischen sind drei von den fünf Jahren vergangen.

Jeweils einen Tag vor unserer Heimreise übergebe ich Kamal mein Tomahawk zu treuen Händen und wenn wir wieder einfliegen, bekomme ich es zur eigenen Nutzung zurück. Natürlich ist das Rad nach drei Jahren intensiver Nutzung durch Kamal und seinen Sohn Sanyaya bei Wind, Wetter, Regen und Sturm nicht mehr so schön und neu wie am Anfang, aber jedes Mal vor der Übergabe gönnt Kamal meinem Mountain Bike eine intensive Wartung bei dem lokalen Zweiradmechaniker. Den suchte ich damals nach dem Kauf auch gleich auf, denn die exakte Einstellung von Schaltung, Bremsen, Sattelhöhe nahm keinesfalls der Händler vor. Außerdem brauchte ich auch ein sicheres Schloss mit Kette, denn ein quittengelbes Mountainbike ist in Aluthgama und Bentota durchaus ein Objekt der Begierde. Bei dem ‚Zweiradmechaniker' – ich benutze diesen hochtrabenden Begriff lediglich in Ermangelung eines treffenderen – handelt es ich um einen zur Straße hin offenen Schuppen, in und vor dem mindestens zwanzig mehr oder weniger angerostete Drahtesel stehen. Im Halbdunkel dieser Werkstatthöhle bearbeiten zwei dunkelhäutige Menschen mit verölten Händen auf den Kopf gestellte Räder, die alle schon bessere Zeiten gesehen haben. Mindestens fünf weitere dunkle Menschen schauen ihnen interessiert zu.

Als ich gleich nach dem Kauf dort vorfuhr, erregte zum einen das nagelneue Rad und zum anderen meine Person, die von den Einheimischen nicht unbedingt mit einem Fahrrad in Verbindung gebracht wurde, die ungeteilte Aufmerksamkeit und brachte mir sofort eine Vorzugsbehandlung ein. Alle anderen Arbeiten blieben für kurze Zeit liegen. Mein Tomahawk wurde achtungsvoll begutachtet und dann in allen seinen Funktionen optimal eingestellt. Zum Schluss wurde der Reifendruck meinem Gewicht angepasst und mein Sportgerät erhielt ein diebstahlsicheres Schloss.

Die Jungfernfahrt über die Brücke und inmitten des Verkehrsstroms war gewissermaßen eine erste Mutprobe. Ich bestand sie und kam unbeschädigt im Hotel an.

Voller Stolz präsentierte ich mich auf meinem neuen Rad zuerst meiner Frau, danach allen mehr oder weniger bekannten Hotelgästen und zuletzt Teilen des Hotelpersonals. Allenthalben schüttelte man ehrfurchtsvoll den Kopf und beglückwünschte mich. Meine Frau machte Fotos und enthielt sich jeglichen Kommentars, während einige Hotelgäste in einer Mischung von Skepsis und Bewunderung meinten, dass sie sich derlei sportliche Betätigung in einem so fremden Land nicht zutrauten. Das forderte mich natürlich sofort zu Taten heraus. Zwar war die mittägliche Hitze nicht gerade für ausgedehnte Radtouren geeignet, doch es galt den Beweis anzutreten, dass ich dem Mountainbiken auch in tropisch-heißen Gefilden gewachsen war. Ich tauschte die Sandalen mit festen Schuhen, setzte mir eine sportliche Sonnenbrille auf und statt eines nicht vorhandenen Helmes eine schwarze Schiffermütze und begab mich auf meine erste

115

richtige Tour. Zum Glück gibt es in unserem Ferienteil Sri Lankas kaum Berge, sodass ich mit einem mittleren Gang der Achtzehner-Schaltung gut zurecht kam und mich hauptsächlich auf den Verkehr konzentrieren konnte. Das konsequente Linksfahren machte anfangs Probleme, vor allem, wenn es galt, sich in den Verkehr einzufädeln. Ich guckte sehr bald den einheimischen Radlern deren Fahrverhalten ab: Sie gaben sich selbstbewusst und nahmen den Platz eines vollwertigen Fahrzeugs ein, ohne auf die Vorteile des Rades, sich überall durchschlängeln zu können, zu verzichten. Bald merkte ich, dass die übrigen Verkehrsteilnehmer sich eher defensiv verhielten und meinen Platz auf der Straße durchaus akzeptierten. Natürlich gab es da auch noch den Bonus des landesuntypischen, weißen, dicken Touristen auf einem Sportrad, den totzufahren erhebliche Probleme nicht nur mit der Touristenpolizei zur Folge haben würde.

Ich genoss meinen ersten Ausflug, der mich nur wenig über Bentota hinaus führte, und nach der glücklichen Heimkehr die Bewunderung meiner Frau. Als ich ihr vorschwärmte, wie schön das Radfahren in Sri Lanka sei und meine Idee vortrug, ein zweites Fahrrad zu kaufen und gemeinsam Land und Leute der näheren Umgebung zu erkunden, schüttelte sie nur den Kopf und verwies mich mit dem nun schon vertrauten „Du spinnst ja wohl!" in die Schranken. Dabei ist es bis heute geblieben. Jedes Mal, wenn ich mich, meist am späten Nachmittag, auf mein Tomahawk schwinge, zieht sie sich ihre Joggingschuhe an und trabt vier Kilometer hin und vier Kilometer zurück am Strand entlang.

Natürlich sind meine Radtouren im Laufe der drei Tomahawk-Jahre länger und erlebnisreicher geworden. Die Freude darüber, mit dem Fahrrad den Radius um das Feriendomizil erweitern zu können, wuchs von Mal zu Mal und mit ihr auch die Lust, Neues zu erkunden. Von den Nahzielen, mit dem Rucksack auf der Schulter, um im Nebula-Supermarkt oder in der Food-City ein paar Einkäufe zu erledigen, oder von dem schnellen Besuch im Internet-Shop an der Brücke, um die E-Mails zu checken, will ich gar nicht reden. Wohl aber von den erlebnisreicheren Ausflügen zum Kande Vihara-Tempel oder den Hotelstränden von Beruwala, um dort am Lanka Princess dem Freund Toni da Silva Guten Tag zu sagen. Sehr schnell hatte ich herausgefunden, dass ich dem Verkehrsgewirr in Aluthgama leicht ausweichen konnte, indem ich über den kaum befahrenen Weg am Fluss entlang radelte. Erst am Ortsende von Aluthgama musste ich dann wieder auf die Hauptstraße, doch dort war sie schon schön breit und der Verkehr lange nicht mehr so chaotisch. Ich konnte ordentlich in die Pedale treten und genoss das rollende Vorwärtskommen. Entweder verließ ich kurz vor Moregalle die Hauptstraße und bog zum großen Tempel ab oder ich fuhr weiter geradeaus nach Beruwala. Den steilen Weg zum Tempel hinauf schob ich mein Tomahawk, schloss es oben ab, vertraute meine Schuhe dem Wärter an und machte Buddha meine Aufwartung. Auf dem Weg zum Tempel verschaffte es mir immer eine besondere Genugtuung, wenn hupend ein Minibus voller Pilger mich überholte und mir die Insassen begeistert zuwinkten. Dann hatte ich immer das Gefühl, etwas Besonderes zu sein.

Kurz vor dem Ort Beruwala biegt von der Hauptstraße ein Weg ab, der nach einigen Kurven die Bahnschienen überquert, zur Küste geht und dann lange oberhalb einer hohen Klippe am Meer entlang führt. Links erblickt man das Ende der Bentota-Landzunge, die Leuchtturminsel und dann den offenen Ozean mit den anbrandenden Wellen, rechts das echte, unverstellte, ärmliche Sri Lanka mit den Häusern der muslimischen Fischer von Beruwala. Ich fuhr einige Male dort entlang, jedes Mal angetan von der Schönheit der Ausblicke. Folgt man dem Weg immer weiter, gelangt man zum Fischereihafen, wo jeden Morgen in aller Frühe die Versteigerungen der Thunfische, Rochen und Barakudas stattfinden.

Manchmal radele ich auch von Bentota aus in die andere Richtung, trete bis Kogalla oder noch weiter einfach kräftig in die Pedale und freue mich über die Geschwindigkeit. Nur die Busse, die mit unvermindertem Tempo rücksichtslos überholen und dabei gefährlich nahe kommen, machen mir Angst. Doch zum Glück erkennt man sie an ihrem typischen Röhren und wenn ich das hinter mir höre, weiche ich schnell zum Straßenrand aus oder bleibe stehen, bis das Ungetüm vorbei ist. Sri Lankische Busfahrer sind vermutlich alle verhinderte Kriminelle.

Am schönsten sind die Radtouren am Fluss entlang. Ich überquere die Galle Road, biege hinter dem Ayurveda Hotel Aida in die Seitenstraße ab und folge ihr. Es ist eine Fahrt durch eine idyllische Landschaft voller Gärten, Palmenhaine, hübscher Villen, kleiner Kioskläden und von wilder Vegetation umgebenen Häuschen, aus denen mir bisweilen freundliche Menschen zuwinken. Ich habe viel Zeit und kein Ziel, muss nur aufpassen, dass ich nicht in einen der zahllosen Seitenwege abbiege, denn aus dem Gewirr der Sträßchen, die sich alle ähneln, wieder heim zu finden, ist schwierig. Also bemühe ich mich, auf dem gleichen Weg wieder zurück zu fahren. Das hat auch den Vorteil des Wiedererkennens und die Menschen, die mir hinzu begegnet sind, grüßen nun noch freundlicher und manchmal bleibe ich bei einem sogar stehen und es kommt zu einem kleinen Gespräch. Natürlich sind es meist die üblichen Fragen: Woher ich komme? Wie oft ich schon in Sri Lanka war? Ob es mir gefällt? Doch wenn ich Glück habe und an jemand gerate, der Englisch kann, unterhalten wir uns auch über wichtige Dinge, einmal sogar über den Krieg im Norden. Doch da habe ich eigentlich nur zugehört.

Wenn ich nach meinen Radtouren heimkomme, manchmal nach einem halben Vormittag, manchmal nach einer Stunde am Spätnachmittag, bin ich nass geschwitzt und zufrieden. Ildiko erwartet mich im Zimmer oder am Strand mit strahlendem Lächeln und ist froh, dass sie mich heil wieder hat. Ich ziehe meine Badehose an, gehe ins Meer oder schwimme noch ein paar Längen im Pool.

Mein Tomahawk hat seinen festen Platz im Hof des Hotels unter einem Dachvorsprung neben einer Personalunterkunft. Die Kette des Fahrradschlosses führe ich um eine Regenrinne und passe immer schön auf, dass ich den Schlüssel nicht verliere.

Ich bin gespannt, ob mein Rad die fünfjährige Garantie überleben wird.

Der große Buddha am Kande Vihara-Tempel

119

Fluss-Safaris

Bentota River

Früher gingen Großwildjäger in Afrika auf Safari und erlegten Büffel und Löwen mit ihren Flinten. Ihnen folgten Kamerajäger auf Fotosafaris. Irgendwann gab es dann auch werbewirksam Safaris in Sri Lanka: Safari im Yala-Nationalpark oder auch Flusssafaris auf dem Bentota- oder Madu-River. Das Wort Safari suggeriert Abenteuer, Spannung, Jagd. Für den Nationalpark mag das noch angehen, nicht aber für die Flüsse der Tropeninsel. Sowohl der Bentota als auch der Madu, der einem See ähnlicher ist als einem Fluss, sind behäbige Gewässer und die Touren im tuckernden Motorboot haben kaum etwas mit einer Jagdsafari zu tun. Es sind ruhige, beschauliche Flussfahrten, vorbei an Mangroven, Fischerhütten unter Palmen am Ufer und Inselchen, die wie grüne Schildkrötenpanzer aus dem Wasser ragen. Wenn man so eine Fahrt ganz früh am Morgen beginnt, ist es, als erlebe man das Wachwerden eines Tages: wie die Nebeldecke sich über dem Wasser hebt, die ersten Sonnenstrahlen glitzernde Streifen malen und der Morgenwind die Wellen kräuselt.

Im Laufe unserer Sri Lanka-Jahre haben wir mehrmals den Zauber der Flusslandschaften erlebt und jedes Mal Freunde animiert, es uns nachzutun.

Der Bentota entspringt im hügeligen Innern der Insel nahe bei Elpitiya. Meist ist er ein eher träger, gutmütiger Fluss. Nur zu Monsunzeiten und nach starken Regenfällen schwillt er gewaltig an, geht über die Ufer und seine Strömung trägt viel Unrat ins Meer. Kurz vor seiner Mündung in den Ozean dehnt er sich zwischen Aluthgama und Bentota zu einer ausgedehnten Lagune aus. Groß wie ein See ermöglicht er dort alle Arten von Wassersport, sodass am Ufer auf der Aluthgamaseite kleine Unternehmen Wasserski und Windsurfing anbieten und auf der Bentotaseite fügen die Hotels, Bentota Beach Hotel, Ceysands und Bentota Beach Club, dem auch noch das lautstarke Dröhnen der Jet-Ski-Wassermotorräder hinzu.

Alle Bentota River-Safaris, egal, wo man sie bucht, beginnen an der Lagune. Jeder Neuankömmling in Bentota oder Beruwala wird sehr bald von einem Beachboy angesprochen, der ihm eine solche Flussfahrt anbietet. Da gibt es entweder die kleine Tour mit einem Ausleger-Kanu, das von zwei Ruderern fortbewegt wird, die mittlere, zweistündige Tour mit dem Motorboot oder die ganz lange, die mehr als fünf Stunden dauert, ebenfalls mit dem Motorboot etliche Flusskilometer aufwärts, bis dorthin, wo der Bentota schon ganz schmal wird. Dort kann man dann das Boot verlassen und sich ein paar hundert Stufen zum Little Adam's Peak hinaufquälen. Ich finde diese Variante am schönsten.

Bei unserer letzten Bentota-Flussfahrt waren wir zu acht: Samantha, der alles organisiert hatte, wir, zwei junge Paare, die wir im Hotel kennen gelernt haben und die elfjährige Julia. Die war am meisten überrascht, als wir schon nach fünfminütiger Fahrt unter der Bentotabrücke einen großen, weit über einen Meter langen Wasserwaran entdeckten. Diese Echsen, kleinere Verwandte der auf dem Land hausenden riesigen Komodowarane, gibt es überall in Sri Lanka in und an Flüssen oder Feuchtgebieten. Sie sind harmlos, nicht einmal sehr scheu, fressen von Fischen bis Kleinlebewesen und Insekten mehr oder weniger alles und in der Nähe von Ortschaften machen sie sich gerne über den Müll her. Das Exemplar, das wir unter der Brücke sahen, zog es vor, sich ins Wasser zurückzuziehen. An Land sehr plump, sind diese Reptilien im Wasser umso wendiger. Unseren zweiten Waran sahen wir wenig später faul und unbeweglich, hingestreckt auf einem dicken Ast über dem Wasser. Selbst durch das ganz nahe Knattern des Motorbootes ließ er sich in seiner Morgenruhe nicht stören.

Kurz hinter der Brücke fährt das Boot an der ständig wachsenden Müllhalde an dem Platz vorüber, an dem jeden Montag der Markt stattfindet. Alles, was an einem Markttag übrig bleibt, egal ob Obst- und Gemüsereste oder Plastik, Holz oder sonstiger Abfall, wird hemmungslos auf die Halde am Fluss geworfen. Vom Boot aus sieht dieses bunt schillernde Ufer noch schlimmer aus und das große Plakat, das an der Straße in der Nähe des Marktes ermahnt: „Keep Sri Lanka clean!" ist der nackte Hohn.

Weiter geht die Bootsfahrt nahe am Ufer entlang: vorüber an der katholischen Kirche, wenig später erblickt man über den Bäumen das Minarett einer Moschee von Dharga Town und kurz darauf in einiger Entfernung den Schlachthof der Muslimgemeinde. Außer dem Rauch, der sich über der Abdeckerei erhebt und dem Geruch ist vor allem die unglaubliche Anzahl der weißen Kuhreiher auffallend, die sich dort über die Reste hermachen. Danach ist aber der weniger schöne Teil der Flussfahrt vorüber und der romantisch-beschauliche Teil beginnt. Zunächst noch mit einigen herrschaftlichen Villen, die sich reiche Engländer, Deutsche und auch Singhalesen bauen ließen. Doch immer stärker wird dann die Flusslandschaft geprägt von einfachen Hütten am Ufer, Frauen, die ihre Wäsche waschen, badenden Kindern, Anglern, die mit ihrer Rute die Fische anlocken. Allmählich hören auch diese Anzeichen von Zivilisation auf und der Fluss stellt sich als kaum berührte Naturlandschaft dar.

Ein junger Mann in einem Einbaum löst sich, als er uns kommen sieht, vom Ufer. Ich erinnere mich gut an ihn, denn er begegnete uns auf jeder Bootstour an dieser Stelle. Er rudert ganz nahe an unser Boot heran und präsentiert uns ein kleines Krokodil und da Julia es streicheln möchte, bekommt er auch die geforderten Rupien dafür. Wahrscheinlich lebt er gar nicht schlecht von seinem herzigen Vorzeige-objekt. Natürlich gibt es auch größere Krokodile, manche über zwei Meter, behauptet Kamal, doch das größte, das ich bisher gesehen habe, war einen knappen Meter lang und tauchte, kaum, dass wir uns ihm vorsichtig näherten, blitz-schnell im Morast unter.

Wo Fische sind, gibt es auch Vögel, und so ist der Bentota ein Paradies für Vogelbeobachter. Blau schillernde Eisvögel sitzen auf Stangen, die Netze für den Krabbenfang abstecken, Kormorane stürzen sich senkrecht ins Wasser und holen sich ihre Beute, Seeschwalben schaukeln in einer langen Reihe auf Leitungen, ein Seeadler zieht seine Kreise, aus dem Geäst der hohen Bäume am Ufer erhebt sich ein Weißkopfadler und überall an den Flussauen sieht man die Scharen der weißen Kuhreiher.

Nach gut einer Stunde Fahrt in dem gleichmäßig tuckern-den Boot, vorüber an unzugänglich bewachsenen Inselchen, wird der Bentota schmaler. Der Bootsführer hat immer wie-der mal angehalten, um uns ein kleines Krokodil zu zeigen oder ein besonders schönes Wasserbeet von lila Lotosblüten, die sich in der Frühsonne zu ihrer ganzen Pracht entfalten. Die Lotosblüte ist das Symbol der Reinheit und die Blume Buddhas. Aus langen Stängeln wächst sie aus Sumpf und Morast empor und alles Unreine perlt an ihrer blütenreinen Schönheit ab. Da gibt es auch noch die seltsamen, kugelrun-den Früchte, die von den Mangrovenbäumen über dem Fluss hängen und so schmackhaft aussehen, dass man am liebsten hineinbeißen möchte. Alle Bootsführer erzählen ihren Passagieren den gleichen Witz: „Man kann diese Früchte nur ein einziges Mal essen!" Nach einer kurzen Pause des Überlegens lachen die meisten verständnisvoll. Überhaupt sind die Bootführer ihr Geld wert. Sie kennen jede Biegung des Flusses, erspähen mit Argusaugen auch das kleinste Getier und wissen ganz genau, was die Fremden wünschen.

Die von treibenden Baumstämmen teilweise behinderte Fahrt durch den schmalen, von Urwaldpflanzen überwucherten Kanal gehört genauso dazu wie die Passage durch den Mangrovendschungel. Durch einen engen Korridor, von allen Seiten bedrängt von schlangengleichen Baumarmen, schiebt sich das Boot dort unter einem Gewirr grauer Äste und Zweige hindurch, und der Himmel ist nur noch wie durch ein ausgedehntes Spinnennetz zu sehen. Doch dieser Abschnitt der Tour kommt erst ganz am Schluss, kurz bevor wir wieder an der Lagune angelangt sind.

Gegen Ende der Hinfahrt hat das Boot den Hauptarm des Flusses verlassen und ist einem schmalen Nebenarm bis zu einer Brücke gefolgt. Dort ist zunächst einmal Schluss. Die Gäste können sich, so sie es denn wünschen, auf den Weg machen, um den Little Adam's Peak zu besteigen. Der ist natürlich weder in Höhe noch an Heiligkeit mit seinem großen Bruder im Hochland zu vergleichen, doch seine Besteigung hat es durchaus auch in sich.

Da hin und wieder Touristen die lange Bentota-Safari machen, gibt es nahe am Anlegeplatz auch einen kleinen Kiosk, und ein King-Coconut-Verkäufer bietet seine Durst löschenden Früchte an. Meist liegen einige furchtbar magere und von Räude geplagte Hunde im Schatten am Wegrand, aus den Häusern des kleinen Dorfes schauen neugierig ein paar Einheimische den Fremden nach. Wenn in der Schule am Berghang gerade Pause ist, winken einem die Kinder zu. Spätestens hundert Meter vor dem Schild, das rechterhand auf den Aufstieg zum Little Adam's Peak hinweist, hat man einen freundlich-aufdringlichen, jungen Mann im Schlepp, der sich als Führer anbietet. Man muss schon sehr hartnäckig darauf hinweisen, dass man den Weg alleine findet, um ihn loszuwerden. Vierhundert Stufen geht es hinauf und die letzten fünfzig sind eigentlich nur noch Tritthilfen, die in den schwarzen, steil ansteigenden Granitblock gehauen sind. Es ist heiß und selbst, wenn die Luftfeuchtigkeit nicht so enorm wäre, wäre man innerhalb kurzer Zeit schweißbedeckt.

Ildiko und ich haben den Aufstieg schon einige Male hinter uns gebracht, sind aber wieder mit von der Partie. Auch Samantha hat es sich nicht nehmen lassen, die Gruppe zu begleiten. Das Tor zum Tempel auf dem Gipfel ist zwar verschlossen, doch wir finden einen Wärter, der es uns aufschließt und sich über unsere Spende wirklich freut. Auf dem Tempelvorhof erhebt sich ein Fels und eine Treppe führt über einige Stufen zum höchsten Punkt. Natürlich gibt es in dem kleinen Tempel die übliche Buddhafigur, doch das schönste an dieser Bergbesteigung ist der Ausblick, der sich auf der östlichen Seite in die weite, grüne Ebene bietet.

Für Auf- und Abstieg braucht es mindestens eine Stunde und die Bootsfahrt zurück nach Bentota nimmt auch noch einmal eine gute Stunde in Anspruch. Natürlich geht alles jetzt viel schneller, vieles ist Wiederholung und in der Mittagshitze macht auch die Tierwelt Siesta. Die Bootsinsassen sind erschöpft von der Bergbesteigung, müde von den Eindrücken und freuen sich auf die Erfrischung im Meer.

Fast am Ende der Bootstour werden wir noch Zeuge von etwas Schrecklichem: Eine Menschenmenge hat sich am Flussufer zusammengedrängt: Schreien, Gestikulieren, Hände, die sich vor Entsetzen auf den Mund pressen. Samantha erfährt, dass vor kurzem ein Mensch in den Fluss gesprungen und dass er nicht mehr aufgetaucht sei. Ehefrau, Kinder, Verwandte stehen verzweifelt am Ufer. Keiner weiß, was zu tun ist. Der Fluss ist dunkel, trübe und die Strömung an dieser Stelle zwischen einigen Felsen heftig. Vielleicht ist der Mensch im Schlamm stecken geblieben, vielleicht ist er auch schon abgetrieben.

Betroffenheit und Trauer überschattet unsere schöne Tour. Doch da wir nicht helfen können, fahren wir weiter.

Bis zum Schluss liegt ein bedrücktes Schweigen über der Gruppe.

Madu-River

Eine Bootstour über den Madu ähnelt in vielem der auf dem Bentota. Flora und Fauna unterscheiden sich kaum, und doch sind beide auf eine andere Art schön und erlebnisreich. Auch der Madu Ganga entspringt nicht allzu weit von der Küste entfernt in den Bergen, doch bevor er bei Palapittiya in den Ozean mündet, verbreitert er sich ohne eine bemerkenswerte Strömung und umfängt eine Schar von Inseln und Inselchen. Mehr als sechzig unterschiedlich große sprenkeln seine Oberfläche. Zahllose Vögel nisten auf ihnen, Reiher stelzen an den Ufern auf langen, dürren Beinen und Raubvögel kreisen nach Beute suchend hoch über der Wasserfläche. Männer in schmalen Kanus gehen auf frühen Fischfang. An manchen Stellen sind Netze ausgespannt, und an anderen gibt es groß angelegte Zuchten von Flusskrabben. Manchmal sieht man auch Sandtaucher im See. Das sind junge Männer, die mit Eimern auf den Grund tauchen, Sand in die Gefäße füllen und diese nach dem Auftauchen in ihr Boot entleeren. Bausand ist wertvoll und teuer in Sri Lanka und wer sich ein gemauertes Haus statt einer Holzhütte leisten kann, gehört schon zu den Reicheren.

Es war bei unserem ersten Aufenthalt, als wir zu einer Flussfahrt auf den Madu-River aufbrachen.

Wir haben uns um 7.00 Uhr wecken lassen. Der Himmel ist grau, in der Nacht hat es lange und heftig geregnet und es tröpfelt immer noch leicht. Sollen wir trotzdem aufbrechen? Eigentlich ist uns die Entscheidung genommen, denn ein Fahrer ist für 8.00 Uhr bestellt und wir haben keine Möglichkeit, ihm abzusagen. Er ist pünktlich zur Stelle. Bis Palapittiya, bis zur Brücke am Ortsanfang, wo an beiden

126

Ufern Touristenboote warten, ist es eine halbe Stunde Fahrt. Malerisch angeleint liegen sie neben größeren, blauen und grünen Fischerbooten. Etwa zweihundert Meter weiter seewärts mischt sich Salzwasser mit dem Süßwasser des Flusses. Die Wellen des Ozeans branden ein Stück weit in das Flussbett hinein und dazwischen hat sich ein schmaler Sandwall aufgehäufelt. Einige größere Fischkutter liegen vor Anker und es sieht aus, als seien sie gestrandet. Über einen engen Kanal finden sie den Ausgang in die offene See. Wir haben mit unserem Fahrer einen Komplettpreis vereinbart und er besorgt uns ein Motorboot. Der Regen hat inzwischen aufgehört. Zwei Bekannte, Nilgün und Udo, sind dabei, wir beide, unser Fahrer und der junge Bootsführer. Unter den Brücken hindurch müssen wir die Köpfe einziehen. Schon nach wenigen Minuten entdeckt unser Boy einen Waran, wenig später blaubrüstige Eisvögel. Schmale Kanäle ziehen sich durch bizarre Mangrovenwälder hindurch, Holzgestelle, die zum Langustenfang dienen, zerteilen die Wasserfläche. Allmählich wird der Fluss zum See. Wäre nicht das hämmernde Tuckern des Motors, gliche die Bootsfahrt einem geräuschlosen Dahingleiten durch eine Traumlandschaft. Am Himmel hängen hellgrau dichte Wolken und über die bleischwere Wasserfläche ziehen weiße Schleier, als bedecke sich der See in der Morgenfrische mit einem Laken. Die Sonne schickt diffuse Strahlen und wo sie aufs Wasser treffen, bilden sie lichte Flecke. Wir fahren an einem Einbaum-Ruderer vorüber. Sein Paddel sticht gleichmäßig ins Wasser, kräuselt es und hinterlässt Wellenringe. Auf einer Anglerplattform steht bewegungslos ein Alter. Nur die Rute in seiner Hand zuckt bisweilen. Wir passieren die Kobrainsel. Von hier holen sich die Schlangenbeschwörer ihre Darsteller.

Dann legen wir an einem Inselchen an. Ein dunkelbrauner Eingeborener, barfuß und mit bloßem Oberkörper, der

Sarong reicht bis an die Knöchel, erwartet uns am Steg. Er führt uns zu einer Hütte auf einer Anhöhe, lässt uns darin auf niedrigen Bänken Platz nehmen und führt vor, wie man in Windeseile den Ast eines Zimtstrauches entrindet und durch Ineinanderstecken der Rindenteilchen Zimtstängel herstellt. Danach flicht er aus dem Fächer einer Palme geschickt eine Matte. Wir haben gut aufgepasst und interessiert zugesehen. Nach der Besichtigung der fast leeren und erstaunlich kühlen Hütte, kommt der geschäftstüchtige Mensch zum Eigentlichen der Demonstration, dem Verkauf von Zimtöl und Zimtstangen. In kleine Flaschen gefüllt und in Paketen gebündelt, sind sie hier besonders authentisch und auch preisgünstig. Es ist nun mal so, dass diese Küste weitgehend vom Tourismus lebt, und jetzt, im Oktober, sind die Geschäfte flau und jeder Gast ist den vollen Einsatz wert. Zu Weihnachten und im Januar und Februar sind viele Hotels ausgebucht und dann herrscht auf dem jetzt so ruhigen Madu-River lebhaftes Treiben.

Weiter geht es flussaufwärts. Durch einen Mangrovenkanal hindurch fahren wir in einen Garten voller rot, lila und blau blühender Wasserlilien. Der Junge am Ruder holt zwei der langstängeligen Blumen aus dem Wasser und hängt sie den Frauen um. Schade, dass sie schon am nächsten Tag verblüht sind.

Auch auf dem Madu entgeht dem Bootsführer nicht die kleinste Bewegung im Wasser. Einen kurzen Moment lang sehen wir den Kopf eines großen Krokodils, doch dann ist es auch schon unter der dunklen Oberfläche abgetaucht. Ein kleines, armlanges Krokodilchen hingegen, das auf einem schwimmenden Ast über dem Wasser ruht, rührt sich nicht von der Stelle.

An einer Flussinsel, auf der ein buddhistisches Kloster steht, machen wir noch einmal Halt. Wir legen an, ziehen die Schuhe aus und besichtigen die Anlage. Es ist Poya, Vollmond-Tag und die Kinder und Frauen sind weiß gekleidet. Noch ist wenig Betrieb. Doch bis zum Nachmittag werden viele Menschen den Tempel besuchen, opfern und sich segnen lassen. Jetzt am Morgen ist ein Frettchen in einem Käfig noch die Hauptattraktion. Ein kleiner, hübscher Novize zeigt uns, wie die Mönche leben.

Der Himmel ist schwarz geworden und kurz, nachdem wir wieder im Boot sitzen, geht unvermittelt ein Wolkenbruch nieder. Das aufklappbare Verdeck schützt zwar etwas vor den Regengüssen, doch wir sind froh, als wir nach drei Stunden wenigstens halbwegs trocken wieder am Ausgangspunkt angelangt sind.

Bevis Bawa und Brief Garden

Eines der wirklich lohnenden Ziele an der Westküste ist der ‚Brief Garden'. Wer ein Hotel in Bentota gebucht hat, kann sich einfach einem der vielen Tuktuk-Fahrer anvertrauen, denn die kennen alle den Weg dorthin. Aber auch für die eventuellen Besucher von Kalutera, Beruwala oder sogar von Colombo her sei der Weg kurz beschrieben. Wer von der Galle Road nach Aluthgama kommt, hält sich an der Aluthgama-Kreuzung, da, wo der große Buddha steht, links und passiert nach einigen Kilometern das muslimische Dharga Town. Am Ortsende muss man aufpassen, um die Abzweigung nach links nicht zu verfehlen. Ein gelbes Holzschild, das allerdings ziemlich klein ist, weist dort in roten Buchstaben auf ‚Brief' hin. Man folgt der Straße ungefähr zwei Kilometer bis zum nächsten Abzweig nach rechts. Auch dort gibt es wieder einen Wegweiser: ‚Brief Short Cut' und diese Abkürzung führt über eine schmale Straße und endet am Grundstück des Bevis Bawa. Dort zeigt ein letztes Schild mit der Aufschrift 'To Gardens' zum Eingangstor. Von 8.00 bis 17.00 Uhr sind Besucher von Haus und Garten des Bildhauers, Landschaftsgestalters und Lebenskünstlers Bevis Bawa willkommen. Man klingelt und ein Angestellter, auch bei unserem letzten Besuch war es Mr. Dooland de Silva, öffnet und begrüßt die Gäste. Wer früh genug kommt, hat die Chance, von Herrn de Silva ganz exklusiv durch die Gartenlandschaft geführt zu werden. Bevis Bawa hatte es zu Lebzeiten versäumt, seinen Nachlass zu regeln, sodass das Areal samt des Hauses unter seinen Mitarbeitern anteilmäßig nach Dienstjahren verteilt wurde.

Der Besucher tritt durch ein großes, von Statuen bewachtes Tor zwischen dichten Bambushecken und findet sich in eine Umgebung versetzt, die eine Mischung aus botanischem Garten und Märchenland ist, das kleine Universum des Bevis Bawa. Die Zeit scheint stehen geblieben zu sein und es ist, als hätten alles Elend und alle Hässlichkeiten der Welt hier keinen Eingang gefunden. Man schreitet über einen gewundenen, von Laub übertunnelten Dschungelpfad, durchquert einen japanischen Garten, streift über weite Rasenflächen, bis man an einem runden Teich erst mal innehält, um alle die seltsamen und fremden Pflanzen, Farne und Bäume, die man schon gesehen hat, vor dem inneren Auge zu sortieren. Der Garten ist nicht so groß, dass man darin verloren gehen könnte, doch einige der schönsten Stellen, der Ausblick vom Hügel zum Beispiel, den man über eine Flucht steinerner Stufen erklimmt, sind nicht ganz einfach zu finden. Für einen Naturliebhaber ist der Garten zweifellos der Höhepunkt des Brief-Besuches. Ein ordnender Geist und kreative Hände haben künstlerisch gestaltend in die Natur eingegriffen, Bäume, Pflanzen, Landschaft und Skulpturen zueinander in Beziehung gesetzt und ein Gesamtkunstwerk geschaffen. Kaum kann man sich des Gefühls erwehren, dass sein Schöpfer noch gegenwärtig ist. Vielleicht sitzt er, einsam, ein wenig verloren und unsichtbar auf der Veranda seines Hauses und freut sich über jeden Besucher, den sein Garten beglückt.

Doch das ist Fantasie. Die Wirklichkeit des Menschen Bevis Bawa ist außergewöhnlich genug gewesen, um sie hier in Kürze wiederzugeben. Im Korridor seines Hauses hängt ein Foto von ihm als alter Mann: Er ist ungewöhnlich groß, das Kinn ist ausgeprägt und mächtig vorschießend, das greise, asketische Haupt bedeckt mit dünnen, weißen Haaren. Gesicht und Haltung verraten einen Menschen mit viel Willensstärke und einer erheblichen Portion Eigensinn.

Bevis Bawas Biografie ist die eines Engländers im Ceylon der letzten Jahre der englischen Herrschaft. Er wurde 1909 als Sohn respektabler Eltern geboren. Der Vater gehörte dem Royal Council an und die Mutter war Spross einer wohlhabenden Burgher-Familie. Der junge Bawa wuchs auf mit all den Privilegien und dem Dünkel der britischen Society im kolonialen Ceylon. Schon als Schüler einer Eliteschule machte er klar, dass er die Dinge auf seine Art tun würde oder gar nicht. Im Royal College war er der Alptraum seiner Lehrer: akademisch unmöglich, unheilbar künstlerisch und unerträglich ehrlich. In seiner Verzweiflung schlug der Schuldirektor vor, ihn nach England zu schicken und dort Kunst studieren zu lassen. Bevis weigerte sich mit der Begründung, dass man Kunst nicht lernen könne: „Entweder man hat es oder man hat es nicht!" Stattdessen zog er es bald vor, Pflanzer zu werden und sich auf den Familiengütern nützlich zu machen. Eine Weile gelang ihm das ganz gut, aber da er fand, dass das nicht seinem Wesen entsprach, ließ er es schließlich bleiben. Die Kunst, meinte er, sei die ihm gemäße Lebensform. Doch bevor er sich der ganz widmete, trat er erst einmal in die Army ein, in die Ceylon Light Infantry, machte dort Karriere und ließ es nach einiger Zeit genug sein. In Colombo war er eine der begehrtesten Partien unter den jungen Damen der besten Gesellschaft. Er wurde vielfach umgarnt, aber nie eingefangen. Eine Heirat schien ihm zu banal und einfallslos. Außerdem liebte er viel zu sehr seinen Ruf als Schwerenöter und Herumtreiber.

1929 begann Bevis Bawa mit dem Bau seines Hauses. Das Grundstück bei Aluthgama war eine Kautschukplantage und gehörte seiner Mutter, die es ihrem ältesten Sohn auf dessen Wunsch hin übereignete. Bawa hatte dieses Stück Land, auf dem er von da an den größten Teil seines Lebens verbringen würde, mehr aus praktischen als ästhetischen Gründen ausgewählt: „Ich suchte nach dem Kautschukflecken, der am wenigsten Geld brachte", sagte er, „und holzte ihn ab." In seinem ‚Brief', dem Haus und Garten, fand er die Erfüllung seines Lebens. Er ließ den Garten nach seinen Vorstellungen gestalten, modellierte Plastiken, die er im

132

Gelände verteilte und baute sein Haus. Dort konnte er Hof halten, Künstlerfreunde einladen und Berühmtheiten seiner Zeit beherbergen, Stars wie Vivian Leigh und Clark Gable oder Mitglieder der königlichen Familie, und sich all den angenehmen Dingen des Lebens hingeben.

Das Haus, das er auf der Lichtung erbauen ließ, hatte manches gemeinsam mit den Gebäuden seines jüngeren Bruders Geoffrey, dem mit Preisen überhäuften Architekten, der in Sri Lanka unter anderem so Bemerkenswertes wie das House of Parliament entworfen hatte. Obwohl die beiden Brüder viele Gemeinsamkeiten in Geschmacksfragen hatten, war ihr Zugang zur Architektur gänzlich unterschiedlich: Geoffrey war formal, klassisch und seine Fantasieflüge waren sorgfältig gesteuert. Im Gegensatz dazu war Bevis ein grenzenloser Romantiker. ‚Brief' ist in erster Linie ein Spielplatz der Sinne, voll von zum Ruhen einladenden Nischen, von Alkoven, Bogen und Erkern. Überall im Haus und im Garten wird man von dem Ambiente ermutigt, sich zurückzulehnen, sich auszustrecken, ja, sogar, sich seiner Kleider in dem Freiluftbadezimmer zu entledigen.

Bevis Bawa und ‚Brief', das Haus und der Garten, beide sind untrennbar im Bewusstsein der Öffentlichkeit miteinander verbunden. Die Folge von Artikeln, die Bawa für die Ceylon Daily News in den 50ern und 60ern schrieb, hieß „Briefly by Bevis" und sie machten Furore in der Society von Colombo. Die Tage der Briten in Ceylon waren gezählt, und Bawas Artikel waren spitze Pfeile gegen die Ignoranz des Upper-Class-Ceylons. Er schrieb: „Das Empire geht vor die Hunde, was soll's, lasst uns eine Tasse Tee trinken!"

Die Engländer verließen die Insel, Ceylon wurde Sri Lanka und Bevis Bawa igelte sich in seinem ‚Brief' ein.

Das Leben meinte es in seinen letzten Jahren mit ihm nicht gut: Gefesselt an den Lehnstuhl verlor er allmählich Gehör und Tastsinn und schließlich auch noch sein Augen-

133

licht. Das Alter nahm ihm das Paradies, das er sich lebenslang erschaffen hatte und schrumpfte seine Welt zu einem Kreis zusammen, den er mit seinen Armen umfangen konnte. Dennoch war er auch am Ende keine tragische Gestalt: Er war einer jener Menschen, die von Jugend auf gelernt hatten, dem Leben alles abzugewinnen, was es zu bieten hatte und dieses Geheimnis vergaß er bis zu seinem Tod nicht. So trug er auch seine Blindheit mit Fassung. „Ich bin immer klaustrophob gewesen, hatte Furcht davor, lebendig begraben zu werden", sagte er einmal, „Ich dachte, dass Erblinden genau so wäre, aber es ist überhaupt nicht dunkel – man sieht ständig Bilder. Bilder der Vergangenheit und Bilder von Dingen, die niemals geschehen sind. Ich spiele sie zurück wie einen Film. Ich lebe jetzt die ganze Zeit in der Vergangenheit." Bevis Bawa starb 1992 im Alter von 83 Jahren.

Der heutige Besucher betritt das Haus vom Garten her durch eine Tür, die mit der Hecke einen Einheit bildet, sodass das Haus dahinter fast unsichtbar ist. Selbst das Dach der Eingangshalle ist überdeckt von prächtigen weißen

Bougainvilleen. Man tritt ein und ein Führer leitet einen ins Zentrum von Bevis Bawas Paradies. Nichts ist in den Räumlichkeiten aufdringlich oder gar protzig. Die Böden sind nackter Zement, die Wände und Decken glatt und schmucklos. Es fehlen jegliche Weichheit und irgendwelcher Zierrat. Die Möbel aus der Kolonialzeit sind einfach und praktisch. Dies ist ganz offensichtlich das Heim eines überzeugten Junggesellen. Dennoch gibt es Behaglichkeit und vor allem, als größten Luxus, eine Fülle von schönen Dingen. Das Haus ist voll mit Kunst. Vieles davon sind Bevis' eigene Werke. Die Skulpturen männlicher Akte, die Haus und Garten schmücken, sind am bemerkenswertesten. Von den anderen Künstlern, deren Arbeiten in den Räumen präsentiert sind, ist die Ausstellung des australischen Malers und Bildhauers Donald Friend die umfangreichste. Friend, der in den 60ern „nur kurz in Sri Lanka vorbei kam", stattete ‚Brief' einen Besuch ab und blieb fünfeinhalb Jahre. Zur Erinnerung an seine Freundschaft mit Bevis füllte er das Haus mit Kunst: Ein Wandgemälde, das Sri Lanka als Lieblingsinsel des Hindugottes Skanda thematisiert, eine Aluminiumskulptur der Aphrodite in einer Nische im Korridor und vieles andere mehr. Srilankische Künstler sind ebenso in den Räumen vertreten wie alte Stein- und hinduistische Tempelfiguren. Doch das ‚Brief' ist keine Galerie. Bawa war kein Sammler und kaum eines der Kunstwerke wurde gekauft. Fast alle waren Geschenke der befreundeten Künstler, denn Bevis war einer von ihnen und Teil ihrer Zirkel.

Man sollte sich viel Zeit nehmen für das ‚Brief', für Garten und Haus, denn nicht nur, dass es Naturfreunde überrascht und beglückt, es ist auch eine Fundstätte von Kunst und zugleich in der Person des Bevis Bawa ein Stück englischer Kolonialgeschichte.

Wir haben das ‚Brief' bereits dreimal besichtigt und ich bin sicher, es wird noch weitere Besuche geben.

135

Besuch bei einem unbekannten Gott (2007)

Auf halber Strecke zwischen Colombo und Bentota liegt der Ort Wadduwa. Er ist nicht weniger schmuddelig und laut wie die anderen Ortschaften entlang der langen Galle-Road. Wenn man von Süden kommend mitten im Ort nach rechts auf eine löchrige, schmale Straße abbiegt, wenn man dem Straßenverlauf zwei bis drei Kilometer folgt, sich dann nach rechts wendet und gleich darauf nach links, in einem scharfen Knick einer besonders schlechten Wegstrecke ein Stück bergauf folgt, und wenn man dann die Suche noch immer nicht aufgegeben hat, erreicht man möglicherweise das Ziel: den Tempel eines wenig bekannten Gottes. Bei vielen Singhalesen ist dieser Gott ein Geheimtipp, ist er doch bereit und imstande, für einen geringen Obolus Wünsche wahr werden zu lassen. Ich hatte noch nie von diesem Gott gehört, doch er hat einen Namen: Er heißt Suniam oder mit einem anderen Namen Gambara.

Dass wir die Ehre hatten, diesem außergewöhnlichen Gott unsere Aufwartung zu machen, geht auf Kamal zurück. Mitten in einer Ganzkörpermassage hielten seine kräftigen Hände plötzlich inne und er fragte mich in seinem holprigen Englisch, ob wir nicht mit ihm zusammen den abgelegenen, kleinen Tempel eines machtvollen Gottes besuchen wollten. Der habe ihm, Kamal, schon mehrmals geholfen und vor Jahren, als es ihm besonders schlecht ging, habe er Suniam um Hilfe gebeten und prompt habe er uns kennen gelernt. Ich war etwas befremdet darüber, dass meine Frau und ich eine Sendung dieses Suniam sein sollen und Kamals Bekanntschaft göttlicher Beihilfe zu verdanken haben. Aber das Leben geht oftmals seltsame Wege und manche Zufälle sind vielleicht doch göttliche Fügungen. Ich überlegte einen Moment, ob ich Kamals Einladung annehmen sollte und sagte dann, da ich allem Transzendenten gegenüber stets eine gewisse Affinität empfand, zu. „Ja, das wollen wir gerne!" Ich ging stillschweigend davon aus, dass auch Ildiko dem Magisch-Mysthischen gegenüber aufgeschlossen sein würde.

„Der Tempel ist nur am Freitag, Samstag und Sonntag geöffnet", sagte Kamal. Das verwunderte mich etwas, denn Gotteshäuser sollten doch eigentlich den Gläubigen jederzeit offen stehen. Ein Wochenendtempel mit einem nur drei Tage

137

Dienst habenden Gott war mir irgendwie suspekt. Doch vielleicht verlieh gerade die reichliche Freizeit dem Gott seine Stärke, sind doch im Gegensatz zu ihm Shiva, Wishnu oder der Kriegsgott Kataragama ohne Unterlass im Dienst. Auch Buddha ist stets bereit, die Huldigungen der Gläubigen entgegen zu nehmen, doch Buddha ist ja auch nicht für Dienstleistungen zuständig.

Ich muss an dieser Stelle kurz auf die singhalesischen Gepflogenheiten im Umgang mit Gottheiten eingehen. Die meisten Sri Lanker sind Buddhisten und bemühen sich als solche ein gottgefälliges Leben zu führen, in dem sie durch gute Taten so viel Karma für ihr nächstes Leben sammeln wie möglich. Natürlich sind nicht alle Buddhisten gute Menschen, aber immerhin viele, und freundlich sind die meisten. Selbst wenn sie einen betrügen, lächeln sie. Wenn die buddhistischen Singhalesen Kummer, Not oder Probleme haben, eilen sie in einen der zahlreichen Tempel, schenken Buddha ein paar weiße Tempelblumen als Zeichen ihrer Ehrerbietung und eilen dann zum Nebentempel, um dort den Göttern Shiva, Wishnu, Kataragama oder wie sie sonst noch heißen, ihr Leid zu klagen und Hilfe zu erbitten. Der erleuchtete Buddha ist als Ratgeber für ein wohlgefälliges Leben zuständig und seine Lehren sind beachtenswert, wenn es aber um transzendenten Beistand und Hilfeleistung geht, sind die alten Hindugötter doch die bessere Adresse. „Shiva, mach, dass meine Tochter einen guten Mann findet und nach der Heirat auch bald schwanger wird." „Wishnu, lass sie bitte einen Sohn gebären, weil sonst ihr Ehemann sie vielleicht verstößt!" „Kataragama, sorge bitte dafür, dass meine Hämorrhoiden aufhören und dass meine Frau nicht immer mit mir zankt, wenn ich zu viel Arrak getrunken habe!" Viele Gläubige schreiben auch einfach ihre Wünsche und Bitten auf ein weißes Fähnchen und befestigen es an einer Tempelwand. Dort flattert es dann so schön im Wind und vielleicht gefällt es ja den Göttern und sie haben ein Einsehen. Öllämpchen entzünden kann auch nicht schaden oder Glocken zum Klingen bringen. Solcherart etwa ist die Frömmigkeit vieler Singhalesen. Ganz abgesehen davon, dass sie kaum etwas tun, ohne einen Astrologen zu befragen. Aber das ist eine andere Geschichte.

Kamal freute sich, dass wir seinem Spezialgott unsere Aufwartung machen wollten.

Chirath ist Kamals und damit auch unser Freund und er besitzt ein schönes blaues Tuktuk, das er in Raten abstottert. Dieses Tuktuk braucht er ganz nötig, weil er nämlich mit einer behinderten Tochter geschlagen ist und ohne das Gefährt nicht einmal mit ihr zu einem Arzt gelangen kann. Chirath ist als Animateur in einem großen Hotel tätig und ist ein lieber Mensch. Wie Kamal war er auch des Öfteren bei dem Gott Suniam in Wadduwa und einmal, sagt er, habe der ihm auch geholfen. Bei seiner Tochter habe es aber bisher noch nicht funktioniert. Chirath spielt aber in dieser Geschichte nur eine Rolle, weil wir in seinem blauen Tuktuk von Bentota nach Wadduwa fuhren. An einem Freitagmorgen im Monat Mai.

Tuktuk-Fahrten sind immer gewöhnungsbedürftig. So ein dreirädriges Motorrad mit Verdeck schafft etwa dreißig Kilometer in der Stunde, schlängelt sich überall durch und fädelt sich wendig und geschickt in den Verkehr ein. Wie die meisten Europäer bin ich zu groß für ein Tuktuk und muss mich, will ich etwas von Land und Leuten sehen, bücken und den Kopf einziehen. Das ist auf die Dauer sehr unbequem und man bekommt einen steifen Hals. Für längere Fahrten ist so ein ,Three Wheeler' nur bedingt geeignet.

Nach zweistündiger Fahrt hatte ich absolut genug vom Schlängeln und Fädeln. Zu dritt auf der Rückbank hinter dem lenkenden Chirath war es sehr eng und noch dazu umnebelten uns die Abgase des chaotischen Hauptstraßenverkehrs ungehindert. Hinter der Brückenzoll-Sammelbüchse an der Dagoba von Kalutera fragte ich zum ersten Mal, ob es noch weit sei und eine halbe Stunde später zum zweiten Mal. „Bald sind wir da", wurde ich lächelnd vertröstet. Es muss schon ein ziemlich starker Ort sein, für den sich eine so lange Fahrt lohnt, denn Tempel und Kultstätten gibt es in und um Bentota genug.

Eine letzte Kurve, ein letzter Schlenker, dann konnte ich endlich meine steifen Gliedmaßen aus dem Fahrzeug quälen. Wir waren da, standen vor einer mannshohen Mauer, die das Heiligtum umgab, das von außen eher aussah wie das Landhaus eines zu Wohlstand gekommenen Singhalesen. Vor unerwünschten Besuchern schützte ein großes, eisenbeschlagenes Tor und davor stand ein Wächter, der darüber befand, wer eintreten durfte und wer nicht. Wir durften, mussten aber zuerst noch die notwendigen Requisiten erwerben. Kamal tat das für uns: er kaufte an einem kleinen Kiosk eine Flasche Öl, Dochte, Räucherstäbchen und weiße Tempelblumen.

Wie in jedem Tempel führte der erste Weg zu Buddha. Der hatte auch hier unter einem heiligen Bodhibaum auf dem mit feinem Sand bedeckten Grundstück seinen zentralen Platz. Hufeisenförmig erstreckten sich flache Gebäude drumherum und in der Mitte stand ein Häuschen, das offenbar den Altar des Gottes Suniam oder Gambara beherbergte. Eine Seite des Hufeisens bildete eine offene, überdachte Halle, in der, auf Matten hockend oder an die Wände gelehnt, einige Dutzend Menschen, Eltern mit Kindern, Paare, Junge und Alte warteten. Das heißt, ob und auf was sie warteten, war nicht erkennbar: sie waren einfach da. Die beiden anderen Flügel des Hufeisens waren in zwölf Schreine unterteilt, in denen knallbunt bemalte Statuen von Göttern, Geistern oder Dämonen untergebracht waren.

Ich will versuchen ein paar von ihnen zu beschreiben, obwohl es fast unmöglich ist, ihre vielfarbige Hässlichkeit und den makaber-surrealen, manchmal bedrohlichen Eindruck in Worten darzustellen.

Da war eine Figur mit aufgetürmter, pagodenhafter Haartracht, die vor einer stilisierten Bergkulisse stand. Das Gesicht war sehr typisiert, einem Buddha nachempfunden. Eine Art Heiligenschein umglänzte den Kopf. Die Gestalt hatte ein Leopardenfell um die Schulter gewunden und um den Hals schlängelte sich eine Kobra. Von den vier Händen der Gestalt wies eine, weiß und sehr groß, abwehrend nach vorne. Eine zweite hielt einen Dreizack, ähnlich dem des griechischen Gottes Poseidon und die beiden übrigen Hände baumelten an den Armen nach unten. Im Hintergrund stand eine prachtvoll geschmückte Kuh.

Ein anderer Schrein beherbergte eine Figur, die wie ein indischer Mogul gekleidet vor einem Palasttor stand. Die Krone, der schwarze Bart und die Halskette versinnbildlichten Macht und Reichtum. Auch diese Gestalt umgab ein Heiligenschein. Hinter ihr stand, bis an die Brust reichend, ein Gockelhahn.

Zwei Häuser weiter wohnte eine freundlich lächelnde Götterdame. Auf dem Haupt trug sie eine mit Diademen besetzte Krone, Blumengirlanden wanden sich um den Hals und eine prachtvolle Gürtelschnalle hielt den Sarong zusammen. Von ihren acht Armen hielten vier je einen Dolch, ein Zepter, einen Dreizack und einen geschwungenen Pfeil. Im Hintergrund brüllte lautlos ein Furcht erregender Tiger.

Noch seltsamer wurde es bei einigen weiteren Schreinen. Da hielt ein vierarmiger Werwolf in einer Hand einen Menschenkopf und geiferte ihn mit gebleckten Zähnen an. Die zweite Hand trug einen kleinen Elefanten und die beiden übrigen waren vor dem Körper zum Gebet aneinander gelegt. Hinter der Gestalt stand ein wilder Eber in einer Urwaldlandschaft.

Eine Figur sollte noch im Verlaufe unseres Besuches eine wichtige Rolle spielen. Ihr Gesicht war zu einer Fratze verzerrt. Buschige Brauen über weit aufgerissenen Augen, die blutroten Zähne zum Gebiss gefletscht, über der Stirn eine Diademkrone und an den vier Armen goldene Reifen. Zwei Hände waren über dem Kopf zum Gebet zusammengelegt, die beiden anderen hielten eine Keule und einen Speer. Das Beängstigende in diesem Schrein aber waren die bleichen, Verstorbenen ähnelnde Wesen, die wie Gestalten aus der jenseitigen Welt hinter dem Dämon standen. Aus den leeren Augenhöhlen der Schädel über den knochigen, weißen Körpern starrte eine schreckliche Angst.

Als wir eine Stunde später Zeugen einer Art von Exorzismus vor diesem Götzenschrein waren, wurde uns die Bedeutung ein wenig klarer. Der Dämon oder Geist, der hier hauste, besaß die Macht, mit den Toten zu kommunizieren und dank seiner Hilfe öffnete sich den Lebenden für Momente das Jenseits.

Nachdem wir am Bodhibaum zu Ehren Buddhas unsere Tempelblumen abgelegt hatten, gingen wir von Schrein zu Schrein, verteilten hier ein Blümchen, zündeten dort ein Räucherstäbchen an oder füllten etwas Öl in eine schon flackernde Schale. Einerseits erinnerte mich das ganze Ambiente ein bisschen an Geisterbahnfahrten auf einem Rummelplatz, andererseits hatten die alptraumhaften Figuren in ihrer Ernsthaftigkeit aber auch Ähnlichkeit mit den Gestalten in den Gemälden eines Hieronymus Bosch. Vielleicht bedurfte es einer gewissen naiven Gläubigkeit, um diesen Spukhäuschen mit andächtiger Ehrfurcht entgegenzutreten. Obwohl Ildiko und mir diese Naivität abging und wir diesen höllenhaften Kreuzweg eher als ein Walt Disneyhaftes Panoptikum aufzufassen geneigt waren, konnte ich mich doch einer gewissen Erregung nicht erwehren.

Außerhalb der Reihe von Schreinen, auf einer freien

Fläche, stand der Altar des Gottes Suniam. Auf einer gekachelten Empore hockte der Gott in einem weißen Mönchsgewand im Schneidersitz, die Hände im Schoß wie eine Schale geöffnet. Drei Korallenketten umkränzten den Hals: Für mich waren die typisierten Gesichtszüge dem der zahllosen Buddhafiguren ähnlich, doch wahrscheinlich fehlte mir als Fremdem nur der Blick für die Feinheiten religiöser Erscheinungsformen. Hinter dem Altar Suniams stand ein Baum, der schützend seine starken Äste über die Gottgestalt breitete. Auch dies war sicherlich dem heiligen Bodhibaum Buddhas nachempfunden. Ein sehr originärer und eigenständiger Gott war Suniam oder Gambara offensichtlich nicht. Dennoch war er wohl eine ernst zu nehmende Instanz unter den Gottheiten, die sich die Singhalesen für die kleinen und großen Nöte des Alltags geschaffen, oder genauer gesagt, die sie aus dem hinduistischen Götterkatalog übernommen hatten. Wie viel leichter ist es doch, seine Wünsche einem Gott anzuvertrauen und nach Erfüllung derselben ein Dankesopfer zu bringen, als Buddhas Lehre gemäß, das Leben in die eigenen Hände zu nehmen und keine Hilfe von einem wie auch immer gearteten höheren Wesen zu erwarten.

Unter Kamals Anleitung brachten wir Suniam Tempelblumen dar, schütteten Öl in ein Mokkatässchen und sorgten dafür, dass unsere Dochte schön brannten. Eigentlich hätten wir nun heimfahren können, denn wir hatten alles gesehen. Doch Kamal und Chirath hatten uns nicht hierher gebracht, um mit uns nur eine Tempelbesichtigung vorzunehmen. Nein, es ging auch um die Offenlegung unserer Wünsche und deren eventuelle spätere Erfüllung durch den Gott Suniam. Es wurde also Zeit, dass wir überlegten, was wir uns wünschen sollten. Seit ein paar Tagen hatte ich Zahnschmerzen und ich wünschte mir ganz banal, dass sie aufhören würden. Wenn dieser Gott wirklich so mächtig war, sollte ihm doch ein heilender Griff in meinen Kiefer nicht viel Mühe bereiten. Doch unseren Freunden diesen zwar für mich wichtigen, aber doch profanen Wunsch mitzuteilen, war mir peinlich. Also suchten wir nach wesentlicheren Dingen, die uns erstrebenswert schienen: Glück, Gesundheit, langes Leben oder dergleichen. Nach einigem Nachdenken fielen uns aber auch drei Dinge ein, die wir beide wünschten und die wir unverzüglich Kamal mitteilten. Nun weiß jeder, der mit den Eigenheiten des Wünschens vertraut ist, dass Wünsche, die man in die Öffentlichkeit hinausposaunt, sich niemals erfüllen. Ich werde mich also hüten, sie hier publik zu machen.

Nachdem dieser Teil der Arbeit getan war, begann das Warten. Wir waren schließlich nicht die einzigen, die an diesem Freitag den Gott aufgesucht hatten. Im Schatten unter der Überdachung neben den anderen Gläubigen ließ es sich ganz gut aushalten. Nun fielen uns auch die beiden weißgewandeten Priester auf, die sich auf dem Gelände zu schaffen machten. Zweimal täglich fand eine Zeremonie statt und die Vorbereitungen waren in vollem Gange. Es dauerte noch eine halbe Stunde, dann war ich an der Reihe, zusammen mit fünf anderen Männern. Zwar hatte ich keine Ahnung, was mich erwartete und wie ich mich verhalten sollte, doch Kamal deutete mir an, das würde sich schon finden. Es fand sich tatsächlich: Mit den anderen betrat ich das schmucke Häuschen in der Mitte des Tempelhofes und befand mich gewissermaßen in der guten Stube Suniams vor dessen Bild und seinem Priester, einem sympathischen, wohlgenährten Menschen. Von der Decke herab, an Glocken befestigt, hingen sechs geflochtene, farbige Schnüre mit je einem Glokkenklöppel am anderen Ende. Ich achtete genau darauf, was die anderen machten, und um ja keinen Fehler zu begehen, tat ich das Gleiche wie meine Mitstreiter. Wie sie nahm ich die Schnur in die Hand und auf ein Zeichen des Gottesdieners brachten wir alle zusammen die Glöckchen zum Klingen. Der freundliche Blick des Priesters ermunterte mich, ganz besonders heftig an der Schnur zu ziehen. Der heilige Mann führte daraufhin ein prachtvolles, weißes Muschelhorn an die Lippen und sofort wurde das Gebimmel von einem vollen, hohl klingenden Dröhnen übertönt. Der Klang war dem Röhren brünstiger Hirsche nicht unähnlich und versetzte mich in eine andächtige Stimmung. Ich hatte das eigentümliche Gefühl, Teil eines mystischen Geschehens zu sein. Etwas Überirdisches, Ungreifbares waberte durch den Raum und versetzte die Anwesenden in magische Schwingungen. Das Horn johlte, die Glöckchen klangen und ich fühlte mich von innen heraus leuchtend wie ein Weihnachtsengel. Als ich wieder im Freien war, war ich männlich-geläutert und konnte Ildikos Empörung darüber, dass sie als Frau wieder einmal von der Transzendenz ausgeschlossen war, nicht verstehen und schon gar nicht teilen.

Nach diesem ersten Höhepunkt hieß es wieder warten, ohne zu wissen, worauf. Doch immerhin gab es ja genug zu sehen und die Freundlichkeit der Menschen um uns war richtig beglückend. Nachdem man uns anfänglich als seltsame Fremdlinge betrachtet hatte, lächelte man uns inzwischen herzlich an und bezog uns gleichsam als Dazugehörige in die weihevolle Atmosphäre ein. Wir waren zu regulären Bittstellern geworden. Dennoch hätte ich, durch und durch ungeduldiger Europäer, gerne gewusst, wie es weitergehen würde. Kamal und Chirath vertrösteten mich aber nur mit einem lapidaren „Wait!"

Das folgende Zwischenspiel gehörte möglicherweise nicht zu der eigentlichen Zeremonie, doch wird es mir als das Beeindruckendste des Tempelbesuches in Erinnerung bleiben und es rechtfertigte durchaus Kamals Auffassung, dass Suniams Tempel ein magischer und geheimnisvoller Ort ist.

Während wir mehr oder weniger geduldig auf unsere

Audienz warteten, kam plötzlich eine gewisse Unruhe im gesamten Tempelgelände auf. Die beiden Priester eilten von hier nach dort, Familiengruppen erhoben sich, Stimmen wurden laut. Unmerklich wurde aller Aufmerksamkeit auf die äußerste Ecke der Gebäude gelenkt, wo sich der Schrein mit der Fratzengestalt und den Bleichgesichtern der lebenden Toten befand. Dort hatten sich Männer und Frauen um zwei Paare und den Oberpriester versammelt. Auch wir gesellten uns neugierig in der zweiten Reihe dazu und wurden Zeugen eines Schauspiels, das ich auch im Nachhinein nur mit den Attributen unheimlich, aufrüttelnd, erschreckend, abscheulich, faszinierend charakterisieren kann.

Von ihrem Ehemann an der Hand geführt, trat eine ältere Frau vor den Schrein. Der Gatte zog sich zurück und überließ dem Priester das Feld. Der begann nun, auf die Frau einzureden, sie zu befragen und sogleich die Antworten zu neuen Fragen umzumünzen. Hatte zunächst die Frau mit normaler, ruhiger Stimme gesprochen, so wurde sie nun zusehends unruhiger. Das Gesicht begann zu zucken, die Augen zu rollen, die Stimme, wurde tiefer, klang zunehmend hohl und unwirklich. Schließlich verbog sich der Körper der Frau in konvulsivische Zuckungen. Es war, als wehre er sich gegen etwas in seinem Inneren, als lägen zwei Seelen in seiner Brust in einem heftigen Kampf. Die Stimme des Priesters wurde nun auch dringlicher, fordernder. Er schrie die Frau, oder besser das Es in ihr an und dieses, sei es die Seele eines Toten, die nicht aus ihr weichen wollte oder ein böser Dämon, nahm von dem Körper der Unglücklichen nun vollends Besitz. Aus ihrem Munde ertönte grollend, tief und bösartig eine männliche Stimme. Stoßweise, wie herausgeschleudert quollen unverständliche Worte hervor. Der Priester hatte nun jegliche freundliche Verbindlichkeit verloren: Er schrie das Medium an, warf ihm Wortbrocken entgegen, forderte heraus, drohte, gestikulierte. Es war ein Zwiegespräch, dessen unerbittliche Eindringlichkeit mir eine Gänsehaut über den Rücken jagte. Ich sah Ildiko an, sie mich und beide dachten wir wohl das Gleiche: „Da sei Gott vor, dass so etwas mit uns geschieht." Ich wollte gehen und konnte doch nicht. Etwas hatte mich in seinen Bann gezogen und hielt mich wie angewurzelt fest. Wie um die Dramatik auf einen weiteren Höhepunkt zu steigern, nahm der Priester einen Becher Wasser aus einem Topf zu Füßen des Schreindämonen und schüttete der Frau klatschend einen Schwall ins Gesicht. Ein zweiter Guss traf sie zwischen die Augen, ein dritter in den geöffneten Mund. Vielleicht, um seine Macht über die Totenseele zu beweisen, versetzte nun der Priester dem Medium mehrere heftige Ohrfeigen. Das schrie laut und gellend auf. Damit war aber offensichtlich der Höhepunkt überschritten: Das zuckende, stammelnde Medium verwandelte sich wieder zu der unscheinbaren Frau, die die Augen aufschlug und allmählich zu sich selbst zurückfand. Das verzerrte Gesicht entspannte sich, die Züge wurden wieder weicher und sie floh Schutz suchend in die Arme ihres Mannes. Ihre ersten Worte nach der Rückkehr übersetzte uns Kamal: Sie wusste nichts von dem, was geschehen war, ihre Erinnerung hatte in dem Moment ausgesetzt, als sie vor den Priester trat. Doch nun sei ihr wohl und sie fühle sich leicht.

Ich weiß natürlich, dass man solche Geschehnisse mit Hypnose, Suggestion, Trance erklären kann und ich bin mir auch sicher, dass weder Übernatürliches noch gar Göttliches geschehen war. Dennoch, von derlei Dingen zu lesen oder sie selbst zu erleben, ist zweierlei und ich gebe zu, dass mir das Erlebnis nicht nur den Atem stocken ließ, sondern auch Angst machte, Angst vor etwas Unerklärlichem.

Noch zweimal geschah in der Folge Ähnliches: Bei einer zweiten Frau wurde ebenfalls eine verstorbene Seele zum Sprechen gebracht. Danach wurde ein knochendürres, abgemagertes Mädchen, von zwei älteren Frauen gestützt, vor den Priester geführt. Ich hatte es vorher schon gesehen und mir gedacht, dass es wohl sehr krank sei. Es war zu schwach, um alleine zu gehen. Auch auf die junge Frau redete der Priester ein, schrie sie an, begoss sie mit Wasser und wunderbarerweise konnte das mitleiderregende Wesen danach aufrecht und ohne fremde Hilfe laufen. Heilung auf Singhalesisch durch die Macht des Gottes Suniam.

Allmählich wurde es Zeit, dass wir zum Ende unseres Besuches kamen. Unsere Wünsche mussten Suniam noch zur Kenntnis gebracht werden und dann mochte es an ihm liegen, wie er damit verfahren würde. Großes Los oder Niete? Doch noch war es nicht so weit. Wie bei jeder Zeremonie gab es Regeln. Wir waren nur zwei von vielen Bittstellern und hatten uns gefälligst an die Reihenfolge und die Regie zu halten. Das fand ich auch in Ordnung, ich mag es nicht, als Tourist bevorzugt zu werden.

Also einer nach dem anderen.

Kamal als der Führer, ohne den wir in diesem Transzendenzwirrwarr aufgeschmissen gewesen wären, kaufte sechs grüne, saftige Limonen, und mit je dreien reihten Ildiko und ich uns brav in die Schlange der Wartenden ein. Schrittweise näherten wir uns einem der Schreine, vor dem der Gehilfe des Oberpriesters, ein dürrer, verhärmter Mensch in einem zerknitterten weißen Gewand und mit sorgenvollem Gesicht stand. Als ich an die Reihe kam, nahm er mir eine Limone nach der anderen ab, steckte sie in einen Betelnussschneider, ein einem Nussknacker ähnliches Gerät, murmelte unverständliche Worte und teilte die Früchte in zwei Hälften. Ich fand diese Prozedur reichlich prosaisch. Hätte man mich als Regisseur zu Rate gezogen, würde ich wenigstens die Limone durch etwas Exotischeres, Symbolträchtigeres ersetzen. Zur Erholung nach diesem Ritual durften wir uns im Schatten wieder in Geduld fassen. Möglicherweise, um das

Warten zu versüßen, ging nun der dürre Priestergehilfe mit dem Korb voller Früchte, die an diesem Tag als Opfer gebracht worden waren, herum. Wir hatten die Wahl zwischen Mango, Papaya, Ananas, Holzapfel, Maracuja oder Bananen. Da wir seit dem Frühstück nichts mehr gegessen hatten, stillte die Banane am besten den Hunger und schmeckte auch noch ausgesprochen gut. Es dauerte immer noch eine halbe Stunde, bis wir und unsere beiden Helfer endlich an der Reihe waren. Ein Wink und voll gespannter Erwartung betraten wir den Tempel, in dem ich vor Stunden bereits an der Glocke ziehen durfte. Der Hohe Priester, der noch kurz vorher Wasser und Flüche geschleudert und mit Toten Zwiegespräche geführt hatte, hatte wieder seine ursprüngliche Freundlichkeit zurückgewonnen und forderte uns auf, auf einem weißen Tuch vor ihm Platz zu nehmen, das heißt, in devoter Haltung vor ihm zu knien. Seinen an Kamal gerichteten Worten entnahm ich, dass er wissen wollte, was Suniam für uns tun könne. In drei Anläufen vermittelte Kamal unsere Wünsche, wobei ich nur hoffen konnte, dass er weder etwas wegließ noch Unzulässiges hinzufügte. Nach jedem Abschnitt übersetzte der Priester unsere Wünsche in die dem hinduistischen Gott Suniam geläufigere Palisprache. Dabei fand ich es etwas verwunderlich, wie lange er dafür brauchte. Eigentlich waren unsere Wünsche sehr prägnant und nicht sonderlich ausführlich gewesen. Um die Ernsthaftigkeit der Angelegenheit noch zu unterstreichen, warf der heilige Mann nach jedem Wunschabschnitt einige in ein weißes Tuch gewickelte Münzen auf den Altar. Trotz der inneren Zweifel und einer gewissen christlich-abendländischen Skepsis gelang es meiner Frau und mir, während der gesamten Zeremonie ein unbewegliches und ernsthaftes Gesicht zu bewahren. Zum Schluss legte ich als Dank für die göttliche Transmissionsarbeit einige hundert Rupien auf den Altartisch.

Damit hatten wir eigentlich den Abschluss der langwierigen Zeremonie erreicht. Was nun noch kam, war Zugabe. Für den Priester waren wir offenbar ebenso Exoten wie er für uns. Unser Besuch sei etwas Besonderes, sagte er, noch nie hätten Touristen seinen Tempel besucht. Er verlängerte die Audienz und fragte uns nach Alter, Beruf, Nationalität. Besonders freute ihn, dass wir Lehrer waren, auch seine Frau übe diesen schönen Beruf aus. Dass wir seinen Tempel besucht hätten, habe ihn glücklich gemacht, und für uns sei es auch ein Glücksfall, denn so hätten wir ihn, eine sehr außergewöhnliche Persönlichkeit, kennen gelernt. Er sei nämlich einer der wenigen Menschen, die mit bloßen Füßen und ohne Schmerzempfinden über offenes Feuer laufen könne. Zum Beweis dieser unglaublichen Fähigkeit reichte er uns ein großformatiges Foto, das ihn zeigte, wie er über glühende Kohlen schritt.

Am Nachmittag kamen wir nach anstrengender Rückfahrt wieder in Bentota an.

Zwei Tage später hörten meine Zahnschmerzen auf.

Zu Hause in Kassel musste allerdings der Zahn gezogen werden. Möglicherweise verfügte Gott Suniam alias Gambara doch nicht über ausreichende Kenntnisse auf dem Gebiet der Zahnheilkunde.

**Schrein
im Tempel
des Gottes
Suniam**

150

Sechs Tage durch Sri Lanka (2005)

Im Dezember 2005 verbringen wir zum dritten Mal die Weihnachtstage und den Jahreswechsel auf der Insel. Sri Lanka hat sich ein wenig von dem Tsunami-Schock erholt, obwohl die Spuren davon überall noch sichtbar sind und die schrecklichen Ereignisse sich tief in die Seelen vieler Menschen eingegraben haben. Immer wieder klingt in Gesprächen die Katastrophe des Vorjahres an und die Tränen fließen schnell. Am 26. Dezember findet wie an vielen Orten auch am Strand von Bentota eine große Gedenkfeier für die Opfer der Katastrophe statt. Wir nehmen nicht daran teil, denn am frühen Morgen des 26. brechen wir zu einer Sechs-Tage-Reise durch die Insel auf.

Toni

Kamal überrascht uns mit der Nachricht, dass er einen neuen Freund habe. Wir besuchen diesen Freund, Toni de Silva in seinem großen, einer Villa ähnlichen Haus in Moregalle, einem Dorf zwischen Beruwala und Aluthgama und werden herzlich willkommen geheißen. „Kamals Freunde sind auch meine Freunde." Toni de Silva? Mit den Namen ist das in Sri Lanka eine eigene Sache: Da gibt es die vielen Jayawardenas und Abegunewardenes und ähnliche, fast unaussprechliche singhalesische Namen neben eben so vielen, deren portugiesischer Ursprung unverkennbar ist. 1517 gründeten die Portugiesen, die 1505 erstmals auf der Insel gelandet waren, in Colombo eine Handelsstation. 1658, besiegten die Holländer die Portugiesen und übernahmen die Herrschaft über die Insel. Ihre Forts sind heute noch, am eindrucksvollsten in Galle, zu besichtigen. Die Spuren der portugiesischen Kolonialisierung sind eher gering, doch die Namen, die auf sie zurückgehen, sind zahlreich: Kamal L. Rodrigo, unser mehrmaliger Tuktuk-Chauffeur Mr. Pereira, Mohan de Toysa, der Besitzer des kleinen Hotels und Ayurveda-Centers in Aluthgama und nun auch Toni de Silva, der den gleichen Namen wie die Managerin unseres Hotels, Anoma de Silva trägt.

Dieser Toni de Silva ist ein Berg von einem Mann. Ein athletischer Körper, 1,80 Meter groß, gewölbter Brustkorb, breite Schultern, muskulöse Oberarme, kräftige Beine. Nur der Bauch verrät den Hang zu üppigem Leben. Der Hals ist kurz und darauf sitzt ein kantiger Schädel. Aus dem runden Vollmondgesicht strahlen weiße Zähne und die glänzenden, meist lachenden Augen vermitteln den Eindruck unwiderstehlicher Freundlichkeit. Auf den kurzen Stoppelhaaren sitzt wie eine Krone eine Sonnenbrille. Toni ohne Brille wäre nicht Toni. Manchmal verdeckt sie seine Augen, doch meist ziert sie die dunkle Haarpracht. Der Mensch sieht aus wie ein aus der Fasson geratener Body-Builder in Freizeitkleidung.

Für singhalesische Verhältnisse hat Toni es geschafft: ein schönes Haus, verheiratet, drei Kinder, denen er eine gute Schulbildung bezahlen kann, ein Tuktuk und einen Toyota-

Bus, der zwar noch nicht ganz abbezahlt ist, auf dem aber in großen Lettern ‚Toni-Tours' geschrieben steht. Toni hat einige ausländische Freunde, die immer wieder nach Sri Lanka kommen. Einen reichen Österreicher zum Beispiel, den er schon einmal besucht hat und der ein Landgut in der Nähe von Salzburg besitzt. Der hat Toni Geld für sein Haus geschenkt und der Toyota, der durch die Touren gutes Geld bringt, wurde auch von ihm finanziert. Genau genommen ist Toni de Silva ein zu Wohlstand gekommener Beachboy. Er hat seinen festen Standplatz am Strandabschnitt von Beruwala, nahe beim Hotel Lanka Princess. Vor allem Deutsche und Österreicher steigen dort ab, lassen sich bei Ayurveda-Kuren gesund pflegen und machen am Strand Tonis Bekanntschaft. Da der fließend Deutsch spricht, alle möglichen Beziehungen hat und sich überhaupt auskennt, kann er alle Wünsche der Touristen befriedigen. Und vor allem, wenn es um Touren durch das Land geht, ist Toni der richtige Mann. Auf der Rangliste der freien Tour-Anbieter in Beruwala steht Toni ganz weit oben.

Im Dezember 2005 ist die Freundschaft zwischen Toni und Kamal erst einige Monate alt. Toni besorgt Kamal Massagekunden, die dieser in Tonis Haus auf einer richtigen Liege in angenehmem Ambiente massiert. Den Hin- und Rücktransport übernimmt der Chef und kassiert dafür fünfzig Prozent von Kamals Honorar. Man mag einwenden, dass das doch nun wirklich keine Freundschaftsdienste seien, doch so sind nun mal die Verhältnisse an der Sri Lankischen Ferienküste. Nichts ist umsonst und einer nutzt den anderen aus, so gut er kann. Kamal lässt nichts auf Toni kommen. „He's a very good man!" Dass er seinen Freund umsonst massieren muss, stört ihn nicht. „He's a good man!" Zwei Jahre später existiert die Freundschaft nicht mehr. Darauf angesprochen, sagt Kamal, Toni habe ihn hemmungslos ausgenutzt. "He was not a good man!" Die Zeiten ändern sich.

153

Am 26. Dezember gehen wir frühmorgens mit Toni und Kamal auf Tour. Kamal möchte uns Badulla zeigen, die Hauptstadt im Hochland und die vielen landschaftlichen Schönheiten seiner näheren Umgebung. Ich möchte, was längst fällig ist und wir mehrmals schon verschoben haben, Anuradhapura kennenlernen, die 437 v. Chr. gegründete Hauptstadt des buddhistischen Reiches.

Toni de Silva ist ein gewiefter Geschäftsmann und es dauert ein paar Verhandlungsrunden, bis wir uns auf einen annehmbaren Preis für die Sechs-Tage-Tour geeinigt haben. Entscheidend ist, dass ich am Schluss eine Flasche guten Scotch-Whisky in die Waagschale werfe. Toni liebt Whisky und das Versprechen, das gute Stöffchen gemeinsam zu leeren, macht das Geschäft für beide Seiten rund. Toni besorgt einen Chauffeur, kommt selbst als Reiseleiter mit und Kamals Kosten übernehmen wir. Die Reiseroute legen wir gemeinsam fest: Um die Südspitze der Insel herum nach Tissmaharama und Kataragama, von dort nach Badulla, auf Umwegen nach Kandy, hoch in den Norden nach Anuradhapura und zurück über Dambulla nach Bentota. Fünf Hotels muss Toni buchen und er klagt schon zu Beginn der Reise, dass er nichts verdienen werde. Aber für seine Freunde und vor allem für Kamal sei er sogar bereit, zuzuzahlen. Armer selbstloser Toni!

Wenn man sechs Tage lang mit einem Menschen zusammen ist, erlebt man ihn mit seinen guten und schlechten Seiten und erfährt eine Menge über sein Leben.

Tonis Biografie, Dichtung und Wahrheit:

Geboren wurde er an der Ostküste in Ampara. Die Eltern waren gut situiert, der Vater als Regierungsbeamter tätig. Im Gegensatz zu seinen Geschwistern zeigte sich Toni sehr früh schon als unerzogenes Kind, schlechter Schüler und schließlich sogar als Schulversager. Er gab sich alle Mühe, seinen Eltern Kummer zu bereiten. Viel Freude hatten aber die jungen Mädchen an ihm, denn denen erschien er als ein Ausbund an Schönheit und Kraft. Auch noch heute hält sich Toni zugute, dass er ein Frauentyp sei. Im Laufe der Jugendjahre wuchs seine kriminelle Energie und er hatte viel Spaß daran, sich mit anderen zu prügeln und dabei immer die Oberhand zu behalten. Man prophezeite, dass aus ihm niemals was Rechtes werden würde. Als Jüngling stellte er fest, dass militärische Kluft, eine schicke Uniform mit Schulterklappen und Ordenszeichen eine positive Wirkung auf singhalesische Mädchen und Frauen ausübte. Das bewog ihn, zu den Soldaten zu gehen, wo man einen solchen Kraftprotz und Schlagtot gerne auf-, doch zuerst einmal in die Mangel nahm. Aber Toni war aus hartem Holz und so leicht nicht zu knacken. Seine Stärke war die körperliche Auseinandersetzung, also steckte man ihn in ein Militär-Boxcamp und machte ihn zum Boxer. Toni durfte seine aggressive Schlagkraft in vielen Kämpfen beweisen.

Seit mindestens 1970 macht das Srilankische Militär keine Trockenübungen, Trainingseinsätze oder Sandkastenspiele. Seit damals herrscht Krieg, mal Bürgerkrieg, mal Krieg gegen die Tamil Tigers. Toni steckte mitten drin, lernte schießen und töten aus jeder Lebenslage und mit jeder Waffe. Dschungelkämpfe und Feldschlachten. „Wir schossen auf alles, was wir vor die Flinte kriegten, und fraßen alles, was man essen konnte!“, sagt Toni über diese Zeit. Heute ist er geläutert und kann gar nicht mehr verstehen, wie er all die schlimmen Dinge tun konnte. Denkbar, dass er damals auch gegen diejenigen kämpfte, für die Kamal in den Kampf gezogen war. Irgendwann hatte Toni genug vom Militär, kam nicht mehr zum Zuge, fühlte sich falsch behandelt und zurückgesetzt. Er desertierte, ließ die Army im Stich und wurde steckbrieflich gesucht. Auf Fahnenflucht steht auch in Sri Lanka der Tod. Auf der Flucht vor der Armee ging er in die Wälder, versteckte sich, arbeitete illegal in den

Edelsteinminen, lebte und überlebte, bis ihm eine General-amnestie erlaubte, sich wieder frei zu bewegen. Unklar bleibt, was Toni an die Westküste trieb und wann er dort Fuß fasste. Er begann als Beachboy, lernte den wachsenden Tourismus in seinen Anfängen kennen, fand seine spätere Frau. Es ist schwer zu verstehen, wie aus einem so unbeherrschten Menschen letztlich ein liebevoller Familienvater und erfolgreicher Bürger werden konnte. Toni heiratete in eine wohlhabende und angesehene Familie ein, fand Freunde, die ihn unterstützten und ist heute eine ernst zu nehmende Persönlichkeit in seiner Gemeinde Moregalle. Es ist nicht einfach, mit Toni de Silva zurechtzukommen. Er ist schweigsam und redselig, abweisend und vertrauensvoll, schroff und liebenswürdig, kleinkariert und großzügig, und das alles in einem schwer vorhersehbaren Wechsel. Ist es harter Kern in weicher Schale oder harte Schale mit weichem Kern? Ein Erlebnis ist traumatisch in seinem Leben. Toni hatte eine Schwester, die er sehr liebte. Er war mit daran beteiligt, sie mit einem ungeliebten und dazu noch schlechten Mann zu verheiraten. Sie beging Selbstmord, brachte sich deswegen um. Wenn Toni über seine Schuldgefühle spricht, ist er sehr weich und angreifbar.

Am 26. Dezember um 5.00 Uhr morgens holt Toni uns zu unserer Tour ab.

Nach Tissamaharama

Wir fahren, noch schläfrig nach der kurzen Nacht, in den erwachenden Tag hinein. Noch ist nicht viel Verkehr auf den Straßen und der Toyota kommt zügig voran. Zu fünft haben wir viel Platz in dem großen Fahrzeug. Toni sitzt neben dem Fahrer und wir haben jeder eine ganze Sitzbank für uns. Die Menschen stehen früh auf in Sri Lanka: Fischer kommen vom Fang zurück, die ersten Geschäfte an der Straße sind bereits geöffnet und die King-Coconut-Verkäufer stapeln ihre orangefarbenen Früchte am Straßenrand. Spätestens ab sieben Uhr sind die Schulkinder unterwegs. Wie unschuldige Engel flattern die kleinen Mädchen in den weißen Röcken und den zu Zöpfen gebundenen schwarzen Haaren den Schulen entgegen. Die Jungen in dunklen langen Hosen und weißen Hemden sehen schwerfälliger und solider aus. Alle benehmen sich sehr gesittet: Man ahnt, wie wertvoll die Schuluniform ist. Immerhin ist sie oft das beste Kleidungsstück, das ein Junge oder Mädchen besitzt. Sri Lanka ist stolz auf sein Erziehungs- und Bildungssystem. Es gibt Schulgeldfreiheit und Schulzwang bis zum 14. Lebensjahr. Nicht nur die schulische Erziehung ist kostenlos, sondern auch Schulbücher und Schuluniformen werden vom Staat gestellt. Die Rate der Schreib- und Lesekundigen in Sri Lanka liegt bei 92 Prozent, was ziemlich nahe an das Niveau eines entwickelten Landes kommt.

Bei Palapittiya sehen wir in der Lagune unter der Brücke noch die Boote für die Ausflüge auf dem Madu-River im Halbdunkel liegen. Die meisten Touristen starten später. In Ambalangoda, wo es ein interessantes Masken-Museum gibt und wo man die besten und auch preiswertesten Masken kaufen kann, und auch in dem bekanntesten Ferienort dieses Küstenbereichs, Hikkaduwa, herrscht schon reges Treiben. Alle diese Orte haben wir schon einmal besucht, auch die sehenswerte Mondsteinmine nahe der Hauptstraße können wir diese Mal links liegen lassen. In Galle waren wir vor einem Jahr zum letzten Mal. Diese Stadt gilt als schönste und interessanteste im Süden. Wichtig war immer der Hafen: Die Portugiesen landeten hier im Jahre 1504 als erste. Sie waren auf Gewürze aus, versuchten, die Eingeborenen zum Christentum zu bekehren und bauten Kirchen. Ein Jahrhundert später wurden sie von den Holländern vertrieben, die das große Fort bauten und sich bis zur Machtübernahme der

Engländer dort hielten. 1972 war es dann auch damit vorbei. Aus Ceylon wurde die selbständige Republik Sri Lanka, doch Galle zehrt immer noch vom alten Ruhm. Das Fort ist imposant. Seine steilen Mauern fallen senkrecht ins Meer, und bei einem Spaziergang über die Befestigungsanlagen und die dahinter liegenden Straßen hat man den Eindruck, sich im alten Holland zu befinden. Es fehlen nur die Männer in Holzklumpen und die Antjes mit ihren Häubchen. Im Fort befindet sich auch das ‚Historical Mansion', ein skurriles, kleines Museum. Es ist untergebracht in einem alten, wunderschön restaurierten holländischen Wohnhaus. Mr. Gaffar, ein Juwelenhändler und passionierte Sammler, der jahrzehntelang alles aufkaufte, was ihm irgendwie gefiel, hat hier ein geräumiges Haus mit ausgefallenen Schaustücken und Raritäten voll gepackt. In den vielen Zimmern des Gebäudes, an den Wänden, in Nischen, auf dem Boden, in Vitrinen, überall, wo man nur hinschauen mag, hängt und steht durcheinander, was man sich an Preziosen, Kitsch und Krimskrams nur vorstellen kann: Alabastertassen, Geschmeide, Krüge aus Ton und Glas, Spangen, Gold- und Silbermünzen, Haifischflossen, Sägefische, Borten, Rüschen, bunte Bänder, Pfeil und Bogen und Kanonen, Bilderbücher und Folianten. Ein faszinierendes Durcheinander voller Überraschungen. Mal kriecht gemächlich eine Schildkröte mitten durch das Museum, dann wieder klöppelt eine alte Frau selbstvergessen in einer Ecke, in einem schattigen Innenhof plätschert ein Brunnen oder ein Edelsteinschleifer lässt sich bei der Arbeit zusehen. Dass der Besucher letztendlich in den Edelstein-Verkaufsräumen landet, kann man dem Hausherrn nicht verübeln. Wer nichts kaufen möchte, bedankt sich für den Besuch, indem er einfach eine Spende in die Donation Box am Ausgang wirft.

Diesmal fahren wir an Galle vorüber und machen kurz nach dem Abzweig zu dem berühmten Hippiedorf Unawatuna mit seinem Traumstrand unseren Frühstücksstopp in einem typischen singhalesischen Restaurant. Toni, Kamal und der Fahrer haben noch nicht gefrühstückt. Toni spendiert eine Runde Tee und Gebäck. Er geht jetzt richtig in seiner Fremdenführerrolle auf, sorgt sich um uns, erklärt Dinge und entschuldigt sich sogar für die Toiletten des Restaurants. Doch die sind gar nicht so schlimm. Dann geht es weiter. Bei Weligama stehen tatsächlich einige der abertausendmal fotografierten, berühmten Stelzenfischer in Strandnähe im Wasser. Warten sie auf Touristen oder sind sie wirklich auf Fischfang aus? Knapp über der Wasseroberfläche hocken die schmächtigen Gestalten auf einem schmalen Brettchen auf ihren Stelzen. Die beiden Beine fest um die Holzstange geklammert, halten sie die Rute in die an dieser Stelle sanfte Brandung. Unglaublich, wie geschickt sie sich im Gleichgewicht halten.

In Matara weist Toni voller Stolz auf den ausgedehnten Gebäudekomplex der Rahuna-Universität und betont, dass sie eine der angesehensten im Lande sei. Als er im Gespräch erfährt, dass wir beide auch studiert haben, ist er sehr überrascht und wir sehen ihm und Kamal förmlich an, wie sehr wir augenblicklich in beider Achtung gestiegen sind. Sri Lanka hat ein fest gefügtes Kastensystem und die Standesunterschiede sind kaum überbrückbar. Für einfache Menschen wie Toni und Kamal ist es kaum zu verstehen, dass Akademiker, Studierte wie wir, uns mit ihnen auf eine Stufe zu stellen bereit sind, dass wir freundschaftlich und kumpelhaft mit ihnen umgehen wollen. Längst haben wir beiden das Du angeboten, doch Toni bleibt auch nach Tagen noch bei dem „Mein lieber Herr" und „Meine liebe Dame" und Kamal schafft es auch nach Jahren der Freundschaft immer noch nicht, auf den Mr. und die Mrs. zu verzichten. Selbst zwischen den beiden, die sich gute Freunde nennen, gibt es Standesunterschiede. Toni steht höher als Kamal, er gehört einer anderen Kaste an und, was ebenso wichtig ist, seine Haut ist um einen Hauch heller. Unvorstellbar für uns, wie wichtig die Farbe der Haut ist. Je heller, umso schöner. Dunkle Haut bedeutet niedrige Kaste, Unterlegenheit, Armut. In allen Supermärkten gibt es Cremes zur Aufhellung der Haut zu kaufen. Einmal sagt Toni ganz empört, er habe wohl wieder nicht aufgepasst, seine Haut sei ganz dunkel geworden. Zu viel Sonne schadet dem Image.

Fremdenführer Toni de Silva hat versprochen, uns ein Sri Lanka zu zeigen, das die meisten Touristen nicht zu sehen bekommen. Wir sind gespannt.

Dondra-Head ist die südlichste Spitze der Insel. Weiter nach Süden gibt es nur noch die Antarktis. Wenige Kilometer von der Hauptstraße entfernt, über eine holprige Straße durch das gleichnamige Dorf hindurch, erreichen wir Dondra-Head. Am Ende der kleinen Landzunge gibt es eine malerische Bucht, aus der auf einem Hügel ein von Palmen umgebener Leuchtturm wie ein erhobener Zeigefinger gen Himmel ragt. Die Fingerkuppe bildet ein durch Gitter und Glas geschütztes Leuchtfeuer. Starke Scheinwerfer greifen nachts in die Dunkelheit und geben Schiffen Orientierung. Eine leichte Brise vom Meer her spielt mit einer Windfahne auf der Turmspitze. Vom Parkplatz führen Treppen zu einem Lokal hinauf. Eine alte Frau fegt Laub und Blüten von der mit roter Betonfarbe gestrichenen Freifläche und lässt sich von uns nicht im Geringsten stören. Ein Tisch und umgedrehte Stühle belegen immerhin, dass es hier manchmal Gäste gibt. Wir sind die einzigen Besucher. Der Indische Ozean schiebt seine Wellen sanft in die Bucht und außer den Geräuschen des Meeres ist kein Laut zu vernehmen. Bis das Knattern eines Fischkutters die Stille durchbricht. Das zehn Meter lange Schiffchen mit den beiden Auslegern an einer Seite und einem Bambusgerüst als Schutz für die Mannschaft kehrt vom nächtlichen Fang zurück. Die an Bord aufgehäuften Netze zeigen, dass die Arbeit beendet ist. Ein Mann an dem kleinen Motor im Heck gibt die Richtung vor. Dunkelhäutige, schmale Gestalten stehen an der Reling und einige winken uns zu. Ich denke mir, dass sie froh sind, bald wieder an Land zu sein. Wie lange mögen sie auf See gewesen sein? Hat sich der Fang gelohnt? Am gegenüber liegenden Ufer sind sie zu Hause. Sie werden ihr Schiff neben die anderen an Land ziehen und es sich bis zur nächsten Ausfahrt gut sein lassen. Eine Weile genießen wir den Zauber dieses Ortes. Es gibt sicher viele Plätze wie diesen, doch das Bewusstsein, dass, wenn wir nach Süden blicken, auf Tausende Kilometer nichts da ist als die Weite des Meeres, bis zu den Eisbergen der Antarktis, gibt Dondra-Head etwas Besonderes. Wir machen die ersten Erinnerungsfotos.

Wir fahren weiter. Die Hauptstraße verläuft küstennah und manchmal ist auch das Meer zu sehen. Wir passieren Orte, in die der Tsunami furchtbare Wunden gerissen hat. Das Leben geht längst wieder seinen normalen Gang, doch Häuserreste und zerborstene Schiffsrümpfe sind unübersehbare Zeugen dieses schlimmen Unglückstages.

Zwischen Matara und Tangalle lädt ein Schild zur Besichtigung der „Blow Hole" ein. 2003 waren wir dort, auf der Fahrt zum Yala-Nationalpark. Dieses Naturphänomen der „Blaslöcher" gibt es weltweit nur an sechs Orten und dieses im Süden Sri Lankas gehört zu den größten seiner Art. Die Blowhole ist eine Felsöffnung, die durch einen Kanal mit dem Meer verbunden ist. Der Wellengang drückt die Wassermassen in diesen Kanal und presst sie dann durch die Öffnung nach oben. Bei hohem Wellengang schießen bis zu 25 Meter hohe Fontänen in die Höhe. Natürliche Springbrunnen gewissermaßen. Wir winken ab, als Toni uns dieses Schauspiel schmackhaft machen will: „Wir waren schon da." Auch die nächste Sehenswürdigkeit haben wir schon einmal auf einer anderen Tour gesehen. Doch wir wollen Toni nicht den Spaß verderben und etwas Schönes ein zweites Mal zu sehen, macht ja auch Freude. Bei Dikwella gibt es einen spektakulären Tempel, den Wewurukannala Vihara mit einer großen sitzenden Buddhastatue. Auf einem vier Meter hohen Sockel über dem Tempelportal, neben zwei Stupas, schaut der Erleuchtete, etwa acht Meter hoch auf die Menschen herab. Das runde Gesicht mit den vollen Lippen, den halb geöffneten Augen unter den starken Brauen strahlt Ruhe aus. Den Kopf mit den stilisierten Locken ziert eine Lotusknospe, die sehr banal einer umgekippten Eistüte ähnelt. Viele Buddhatempel Sri Lankas haben etwas Bunt-Disneyhaftes. Der Farben- und Formenreichtum erscheint unserem europäischen Geschmack oft zu viel des Guten zu sein. An dezentere Farben gewöhnt, liegt uns das Grau des Mittelmaßes mehr. Barfuß betreten wir den Tempel, stehen unvermittelt vor einem vergoldeten liegenden Buddha, durchschreiten im Uhrzeigersinn die halbdunklen Gänge, an deren Wänden Reliefs die Stationen aus dem Leben des Erleuchteten zeigen: Gautama im väterlichen Palast, bei den Eremiten, unter dem heiligen Baum. Die Geschichte des behüteten Prinzen Siddharta, der, nachdem er das Elend des Lebens gesehen hat, sich auf den mühseligen Lebensweg macht, der ihn am Ende zum Buddha werden lässt, ist sicher jedem Asienreisenden vertraut. Hermann Hesse hat dieses Leben in der Erzählung ‚Siddharta‘ in klarer, schöner Sprache beschrieben. Neben dem Haupttempel befindet sich eine Höhle, in die ein Tunnel führt, in dem in einer Vielzahl von drastischen Darstellungen menschliche Sünden und deren Bestrafungen dargestellt sind. Das Eingangs-Ensemble zeigt eine zähnefletschende Gottheit auf einem Thron, die ein Zepter in der Hand hält und von zwei dunklen, grimmig blickenden, halbnackten Wächtern flankiert ist. Vor dem Gott steht bleich und verängstigt ein Menschlein und wartet auf den Richterspruch. Wird es in den Flammen schmoren müssen, die hinter dem Richterstuhl lodern oder wird ihm ein neues Leben geschenkt werden? Der erhobene rechte Zeigefinger der Richtergestalt gleicht einem Pendel, das zwischen den guten und bösen Taten hin und her schwingend nach einer Seite hin ausschlagen wird. Berühren sich in dieser naiv-plakativen Darstellung die Vorstellungen vom christlichen Jüngsten Gericht mit den hinduistisch-buddhistischen vom Übergang des einen in ein anderes Leben?

Toni hat uns „sein Sri Lanka" versprochen und bis zu einem gewissen Grad, das heißt, so lange er bei seinem cholerischen, sprunghaften Temperament dazu Lust hat, hält er sein Versprechen auch. Bei einem kleinen Straßencafé machen wir Halt, denn hier gibt es den besten Büffeljoghurt der Insel. Nur hier im Süden schmeckt er, in braunen Tongefäßen und mit Palmhonig übergossen, so kräftig und sahnig, dass man sich gut und gerne daran satt essen kann. In Süditalien gibt es den Mozzarella di Buffalo, der im Geschmack eine gewisse Ähnlichkeit mit dieser Sri Lankischen Spezialität hat. Wenig später halten wir erneut. Wir sind in der Gegend, in der die besten Mangos wachsen. Faustgroß, braun-grün, verschrumpelt und äußerlich unansehnlich liegen sie zum Kauf aus, haben ein herrliches Aroma und zerfließen fast im Mund.

Am frühen Nachmittag erreichen wir Tissamaharama, eine mittelgroße Ortschaft, die für Touristen meist der Ausgangspunkt zu den Safaris in den Yala-Nationalpark ist.

Für pilgernde Hindus und Buddhisten zweigt hier die Straße in das etwa zwanzig Kilometer entfernte Kataragama ab. Tissamaharama ist nach dem Prinzen Tissa benannt, der im 3. Jahrhundert v. Chr. hierher wegen der tamilischen Überfälle in Anurhadapura geflohen war und ein Königreich errichtete. Wie auch im trockenen Norden der Insel entstand hier ein ausgeklügeltes Bewässerungssystem, das mehrere

Ernten im Jahr und damit eine dauerhafte Besiedlung auch in diesem trockenen Teil der Insel erlaubte. Die beiden großen historischen Wassertanks stellten bis ins 12. Jahrhundert die Wasserversorgung sicher. Der Tissa Wewa, das älteste dieser Wasserreservoire ist heute ein idyllischer See. Die Zahl der Pilgerbusse, der vollgepfropften Fahrzeuge und überladenen Tuktuks, deren Ziel der Wallfahrtsort Kataragama ist, hat zugenommen und etliche von ihnen machen Halt am Ufer des Sees. Ohne sich ihrer Sarongs zu entledigen suchen die Passagiere Abkühlung im Wasser. In einer langen Reihe stehen ihre Transportfahrzeuge im Schatten zweier ausladender Schirmakazien, die im Hintergrund noch überwölbt werden von dem Kuppelbau einer schneeweißen Dagoba. Wir haben Zeit genug. Kataragama wollen wir erst am frühen Abend besuchen und so machen wir auch am Seeufer Halt. Toni besorgt ein Boot und zu viert mit angeheuertem Steuermann unternehmen wir eine geruhsame Bootspartie. Aus der Mitte des Sees ragt ein Inselchen hervor, überwuchert von Gesträuch und beherrscht von zwei gewaltigen Bäumen, deren Geäst so dicht von Vögeln bevölkert ist, dass man gar nicht mehr zwischen Blattwerk und Gefieder unterscheiden kann. Abertausende von grauen Kormoranen hocken auf den Ästen, erheben sich zu kurzen Ausflügen, um gleich darauf wieder zur Landung anzusetzen. Zwischen ihnen hocken langschnäbelig auf kurzen Beinen weiße Marabus. Wenn sie ihre Flügel ausbreiten und mit langsamen Bewegungen zum Flug ansetzen, ist man überrascht und beeindruckt von ihrer Spannweite. Auch sie fliegen nicht weit: ein paar hundert Meter und dann landen sie elegant auf ihren breiten Füßen wie auf Schlittenkufen im Wasser und spießen ihre langen Schnäbel in die Tiefe. Manchmal zappelt ein Fisch darin und dann kehrt der große Vogel schnell wieder an seinen Stammplatz zurück.

Es ist heiß, und ich würde gerne auch wie die Einheimischen ein Bad im See nehmen, doch das schickt sich für einen Touristen nicht und Toni vertröstet, dass wir ja in einer halben Stunde im Hotel sind, dort duschen können und Zeit für eine Siesta haben. Vor Jahren bei der Yala-Safaritour waren wir schon einmal im Priankara-Hotel. Es ist einfach, aber sauber und wir genießen nach der langen Fahrt die Erholung bei einer Tasse Tee.

Unsere damalige Jeeptour durch den Yala-Nationalpark ist mir noch in bester Erinnerung. Am frühen Nachmittag holte uns ein klappriger, militärgrüner Landrover ab. Die Armaturen zeigten nichts mehr an, die Kupplung hatte unglaublich viel Spiel, der Motor knatterte, doch das Vehikel nahm alle Schlaglöcher und Unebenheiten mit erstaunlicher Bravour. Wir saßen auf zwei Längsbänken, wurden durchgerüttelt und klammerten uns an das Gestänge. Kurz nach der Abfahrt begann es für kurze Zeit heftig zu regnen. Das Museum am Parkeingang war mäßig interessant: Gerippe und Schädel von allerlei Säugetieren, Vogeleier, eingelegte Schlangen, Elefanten-Stoßzähne. Eigentlich war es nur dazu da, die Zeit zu überbrücken, die der Fahrer brauchte, um die Tickets zu kaufen. Unser Chauffeur hatte viel Ehrgeiz: Er wollte zeigen, was der Park zu bieten hat: Ein Rudel Wildschweine, Graureiher, Schwarzstörche, Pelikane an den zahlreichen Tümpeln und Gewässern und an den Ufern Rotwild. Wasserbüffel suhlten sich im Schlamm, Elche standen im Schatten hoher Bäume. Nach dem Regen war die Luft unglaublich frisch, die Farben leuchteten und die Stimmung bezauberte in ihrer sonnenbeschienenen Klarheit. An Menschen gewöhnt, hatten viele Tiere ihre Scheu verloren und ließen es zu, sie aus der Nähe zu fotografieren. Nur ein Mungo zog es vor, sich ins nahe Gebüsch davonzumachen. Der erste Elefant, den wir sahen, war ein Jungbulle, der seinen gewaltigen Körper gemächlich durch das Gehölz schob, uns kaum zur Kenntnis nahm, Äste brach, Zweige mampfte und davon streunte. Unser Safari-Jeep machte an einem Strand neben anderen parkenden Fahrzeugen Halt. Als unser Chauffeur von seinen Kollegen erfuhr, wo sich eine Elefantenherde befand, ließ er uns gleich wieder aufzusitzen: „Come on! Watching elephants"! Wir schlingerten zurück über die rote Sandpiste und nach wenigen Kilometern hielten wir vor einer Elefantenkuh, einem Jungtier und einem Bullen. Es war schön, die Tiere in freier Wildbahn zu erleben, wie sie hier einen Rüssel voll Blattwerk nahmen und dort ein paar zarte Zweige brachen. Nach dem Elephant-Watching fuhren wir ans Meer zurück. Ich war steif vom Sitzen und der Rücken schmerzte von dem Gerüttel auf der Jeep-Pritsche. Einige Ausleger-Katamarane waren halb auf den Strand gezogen worden. In der Abendsonne spiegelten sich die bunten Boote im Wasser. Für ein paar Wochen im Jahr wohnen hier im Nationalpark Langusten- und Hummerfischer in einfachen Hütten. Wir trafen eine fröhliche Männergesellschaft an, die die Stippvisite der Fremden als angenehme Abwechslung empfand und sich gerne beim Netze-Flicken und Boote-Reparieren fotografieren ließ. Unsere Safari endete nicht ohne noch einen weiteren Höhepunkt: Kurz bevor wir gegen 19.00 Uhr den Park verlassen mussten, kreuzte ein leibhaftiger Leopard unser Blickfeld. Am Rande eines Weihers standen plötzlich Rehe und Böcke in eine Richtung und reckten nervös und wie auf dem Sprung die Hälse. Gebieterisch strich in einiger Entfernung die Raubkatze vorüber, umschlich das Rudel und verschwand dann im Halbdunkel der Büsche.

Bei unserer diesjährigen Toni-Tour haben wir keinen Yala-Besuch eingeplant.

den Tee mit viel Milch aus.

Der Weg zum Tempel ist gesäumt von Buden, die alle ausschließlich weiße oder bunte Blumenketten und Opferschalen verkaufen. Toni ist in seinem Element und lässt es sich nicht nehmen, eine der größten und schwersten Schalen für uns zu erstehen. Fein drapiert liegen darin auf Bananenblättern ein Bund goldgelber Bananen, eine halbierte Mandarine, ein Stück rote Melone, Papaya, Kochbanane, Mango und wegen der Optik ist das Götterpräsent mit einer regenbogenfarbenen Girlande verziert. Kamal übernimmt es, die Schale für uns zu tragen. Ein hoher eiserner Zaun trennt die Verkaufsstraßen vom Tempelbezirk. Wir passieren ein Tor und sind im heiligen Bezirk des Kataragama-Gottes. Der Hauptweg, an dessen Seiten Bettlerinnen und Bettler um eine Gabe bitten, führt über eine Brücke über den heiligen Fluss geradewegs zum Tempel. Zahlreiche Pilger haben sich zu einem reinigenden Bad in den Fluss begeben. Ohne dass die Männer sich ihrer Sarongs und die Frauen ihrer Saris entledigt haben, stehen sie bis zum Bauch im heiligen Wasser. Sie erfahren darin sowohl körperliche Erfrischung als auch seelische Reinigung. Auf Treppenstufen am Ufer sitzen ebenfalls Pilger. Sie beten, meditieren oder bereiten sich auf das Untertauchen im Wasser vor. Jenseits der Brücke beginnt der von Mauern umgebene eigentliche Tempelbezirk. Die Pilgerstraße verläuft geradewegs auf das große Tor in schönstem Kanariengelb zu, hinter dem der Gott uneingeschränkt herrscht. Zwischen zwei steinernen Elefantenwärtern hindurch, auf deren Köpfen je ein Pfau thront, betreten wir den heiligen Bereich, nicht ohne am Eingang unsere Schuhe abgelegt zu haben. Die Lautstärke der monotonen, aus Lautsprechern dröhnenden Gesänge hat längst eine erträgliche Phonstärke überschritten. Kataragama mag es laut, bunt und ungebändigt. In dem Durcheinander der vielen in schillernde Gewänder gekleideten, dunklen und sehr fremdartigen Menschen wären wir ohne Toni und Kamal verloren, wüssten nicht wohin wir uns wenden und was wir tun sollten. Ein langer, überdachter Gang, zur Innenseite hin von einem Geländer begrenzt, verläuft wie ein Korridor an den Rändern des Tempelbezirks entlang, bis er an einem Gebäude endet, in dem sich das göttliche Abbild befindet. Wir reihen uns in die Schlange der Wartenden ein. Mit Kamal an unserer Seite fühlen wir uns einigermaßen sicher. Er passt auf uns auf und trägt die Opferschale. Unsere Wünsche für den Gott Kataragama haben wir ihm schon zuvor mitgeteilt. Langsam rücken wir in der Reihe der Pilger, die alle prall gefüllte Opferschalen tragen, weiter vor. Ihre Blicke zeigen Erstaunen und Neugier, aber auch eine freundliche Aufmunterung meine ich in ihnen zu lesen. Sicherlich erfreut es die Menschen, dass auch Europäer von der Größe Kataragamas vernommen und ihm zu huldigen den weiten Weg in Kauf genommen haben. Schritt für Schritt nähern wir uns dem Tempeleingang. Nach einer halben Stunde haben wir die Pforte erreicht. Die ist sehr schmal und so nimmt hier wie in einem Trichter das Gedränge und Geschiebe beängstigende Ausmaße an. Die einen drängen nach der priesterlichen Segnung hinaus und die anderen hinein. Kamal hat Ildiko die Opferschale übergeben, ich folge ihr und unser Freund schiebt sich ebenfalls in den kleinen Innenraum. Wir verharren im Halbdunkel und senken unsere Köpfe vor der rot angestrahlten Götterfigur, die halb verborgen hinter Tüchern und bedeckt mit Blütenketten in einem Schrein steht. Zwei in rote Roben gehüllte Priester stehen davor und walten ihres Amtes. Der eine sprengt aus einer goldenen Schale heiliges Wasser über unsere Opferschale und der andere nimmt die Wünsche auf, die ihm Kamal stellvertretend für uns übermittelt. Danach werden auch wir mit einigen Spritzern geweihten Wassers gesegnet und nach einem Schwall unverständlicher Worte hinaus komplimentiert. Kataragama ist viel zu beschäftigt, um sich lange mit uns aufzuhalten. Draußen warten ungeduldig die nächsten auf die Audienz. Um es gleich vorweg zu sagen: Wenigstens einer unserer drei Wünsche ist in Erfüllung gegangen. Ob sich das Gewünschte auch so eingestellt hätte oder ob Kataragama dabei seine Hand im Spiel hatte, sei dahingestellt. Wir werden aber sicherlich noch einmal nach Kataragama kommen und dem Gott ein Dankopfer bringen. Oder vielleicht warten wir damit doch noch, bis sich auch noch ein zweiter Wunsch erfüllt. Denn dann wäre es endgültig an der Zeit, an Kataragamas Qualitäten zu glauben.

Als wir wieder außerhalb des Haupttempels auf dem großen Vorplatz sind, geschieht etwas Seltsames, das man als Zeichen für die Magie des Ortes deuten könnte. Die Dunkelheit ist hereingebrochen, Scheinwerfer fingern durch die Dämmerung, Musikfetzen und Gebete gellen aus Lautsprechern. Die Zahl der hin und her wogenden Pilger ist gewachsen. Der abendliche Puja zieht die meisten Gläubigen an und es herrscht ein teilweise bedrohliches Gedränge. Plötzlich hören wir laut und deutlich unsere Namen: „Rudiger! Ildiko!" Wir stutzen. Touristen gibt es kaum und niemand außer uns kann hier so heißen. Wen kennen wir außer Toni und Kamal? Wer weiß unsere Namen? Ein schmächtiger, dunkelhäutiger Mensch steht plötzlich vor uns, lacht, schwenkt seine Arme, weist mit dem Finger auf uns und dann auf seine ihn umgebende Familie. Ildiko erkennt ihn: Kumara, der Bruder unseres Freundes Tenni Abegunewardana. Zwei Jahre zuvor haben wir ihn in seinem Haus in Payangala besucht und seither nie mehr gesehen. Dass er uns an diesem Abend in Kataragama inmitten einer großen Menschenmenge gesehen und wiedererkannt hat, hält er für ein Wunder. Wir schütteln einander der Hände und zweifeln nicht daran, dass das Zusammentreffen ein Beweis der Macht Kataragamas ist.

171

Auf dem Rückweg zum Auto verteilen wir die von den Priestern geweihten Früchte: Die Mangos, Bananen und Papaya bekommen Bettler, dazu noch ein paar Münzen und die dann noch verbliebenen Reste sind für die heiligen Kühe am Rande des Weges.

Zurück im Priankara-Hotel in Tissamaharama wartet das Dinner in der gediegenen Atmosphäre des Restaurants auf uns. Danach möchten wir noch mit Kamal, Toni und dem Fahrer zusammensitzen, auf den Tag zurückblicken und auch mehr von ihnen über das, was wir erlebt haben, erfahren. Das geht aber zunächst nicht, denn das Personal bekommt sein Essen in besonderen Räumen und schläft in einem großen Schlafsaal. Irgendwie schaffen wir es, das Hotelmanagement zu überzeugen, dass wir unbedingt mit unseren Leuten gemeinsam planen müssen, und da sie nicht zu uns in die Gasträume dürfen, begeben wir uns zu ihnen in die Räumlichkeiten der Bediensteten. Eine halbvolle Flasche Whisky nehmen wir mit. Zwei Stunden später ist nicht nur sie leer, sondern auch die Flasche Arrak, die Toni beigesteuert hat. Der Alkohol nimmt die Hemmungen und so erfahren wir an diesem Abend auch viel Persönliches aus Tonis und Kamals Leben.

Am nächsten Morgen warten wir zur vereinbarten Zeit vergeblich auf Toni und Kamal. Offensichtlich haben wir am Abend zu lange geredet oder unsere Freunde haben mehr Alkohol konsumiert als wir und haben nun einen Kater. Nur der Fahrer ist bereit und hat schon das Auto gereinigt. Mit einer halben Stunde Verspätung erscheinen endlich ohne ein Wort der Entschuldigung unsere beiden Reisebegleiter. Toni sieht ziemlich zerknittert aus, Kamal dagegen ist wie aus dem Ei gepellt. Unser Gepäck wird verstaut und dann sind wir wieder auf Tour.

Etwa acht Kilometer nördlich von Kataragama liegt eine andere Kultstätte, ,Sella Kataragama', die den Hindugöttern Vishnu, dem Erhalter des Lebens, und Hanuman, dem Affengott, geweiht ist. Für die Gläubigen ist diese Stätte krönender Abschluss der Pilgerreise. Hier baden sie im Oberlauf des Menik Ganga, opfern Milch und Reis und geben den Armen und Bedürftigen Almosen. Wie überall befinden sich auch in Sri Lanka an Pilgerstätten Märkte und Rummelplätze. Wo viele Menschen zusammenkommen, wollen auch viele Leute Geschäfte machen. Von dem zu dieser frühen Stunde schon gut gefüllten Parkplatz aus begeben wir uns in das Gewirr des Marktes. An zahlreichen von Planen überdachten Gassen und holprigen Wegen hat sich hier am Ufer des heiligen Flusses eine ausgedehnte Ansammlung von Buden und Marktständen etabliert und jeder, der zu den Tempeln gelangen will, muss sich in drangvoller Enge seinen Weg an den Verkäufern und dem Überangebot von Waren vorbei bahnen. Es gibt kaum etwas, das man hier nicht finden kann. Bunte Ketten, grell bemalte Spardosen in Löwenform, Gewürze, Nüsse, Leckereien, Blumengirlanden, Bildpostkarten mit den verrücktesten Motiven, Kämme, Spangen, Spielzeugautos. Ein malerisches Durcheinander von Zuckerwaren, Papier, Blech, und Plastik. Es braucht einige Zeit, bis wir dank Kamals Führung zum Fluss vorgedrungen sind. Dort geht es weniger krämerisch und viel idyllischer zu: Behaglich ruht eine wiederkäuende Kuh am Ufer, Frauen stehen bis zur Hüfte im Fluss, ein heiliger Mann wäscht seine Füße und Kinder wagen sich weit hinaus auf die Felsen in der Flussmitte. Die Strömung ist reißend und Wellen brechen sich an den Steinen und kleinen Inseln im Wasser. Scharen silbriger Fische halten sich in der Strömung, springen empor und schnappen nach dem Futter, das man ihnen reichlich zuwirft. In einem heiligen Fluss sind natürlich auch die Fische heilig und ihre Fütterung ist gut für das Karma. Bis wir endlich bei den Heiligtümern angelangt sind, vergeht einige Zeit. Mit den vielen Einheimischen steigen wir die Treppen zum Vishnu-Tempel hinauf, haben jedoch kaum Zeit, mehr als einen kurzen Blick auf die Götterfigur zu werfen, weil hinter uns gedrängt und geschoben wird. Auf dem Rückweg statten wir Lord Ganesha einen Besuch ab. Schwarz, mit leuchtenden Punkten auf dem Rüssel und bekränzt mit weißen und grünen Girlanden schaut der Elefantengott zu uns herab. Ganesha, oder mit einem anderen Namen Ganapati, ist eine der beliebtesten Götterfiguren im Hinduismus. Er wird um Hilfe gebeten, wenn man Glück für eine Unternehmung braucht, er steht für Beginn und Veränderung und er verkörpert Weisheit und Intelligenz. Kaufleute betrachten ihn als ihren Schutzherrn. Kein Wunder, dass Ganesha so populär ist. Eine Statue des Elefantengottes im Haus verheißt Glück.

Neben dem Ganesha-Schrein werden wir erneut Zeugen eines seltsamen Opferrituals, das wir auch am Abend zuvor schon bestaunt haben: dem Zerschmettern von Kokosnüssen. Man erwirbt eine Kokosnuss, befestigt eine Kerze darauf, zündet diese an und tritt vor ein quadratisches, umzäuntes Gehege. Nach einem kurzen Gebet wird die Nuss so heftig wie möglich auf den Betonboden geschleudert, in der Hoffnung, dass sie aufplatzt und die Milch sich über den Boden ergießt. Entsprechend schmutzig und klebrig sind diese rituellen Plätze. Toni reicht mir eine Nuss: Ich soll es auch versuchen. Eigentlich mag ich ungern etwas tun, dessen Sinn ich nicht kenne. Doch da ich nicht kneifen will, nehme ich die Nuss, trete nahe an das Gitter, hole Schwung und werfe sie mit aller Kraft auf den Stein. Sie prallt auf, hüpft einmal kurz und rollt zur Seite. Unzerborsten und heil. Ich schäme mich, genauso, wie ich mich als Kind geschämt habe, wenn ich auf einem Rummel beim ‚Hau den Lukas' die Glocke nicht zum Klingen gebracht habe. Ob die heil gebliebene Kokosnuss ein gutes oder schlechtes Zeichen sei, möchte ich wissen, doch weder Kamal noch Toni geben mir darauf eine Antwort. Später erfahre ich, was es mit dem Kokosnuss-Ritus auf sich hat: Mit dem Zerschmettern der Nuss wird man gewissermaßen seine Wut und seinen Hass auf einen Menschen los. Man verflucht seinen Feind, wünscht ihm die Pest an den Hals und wenn die Nussschale zerbirst, geht der Fluch in Erfüllung. Ich bin froh, dass meine Nuss heil geblieben ist.

Am Rande des Pilgerweges bei Sella Kataragama

175

Wir fahren nach Norden. Am Nachmittag wollen wir Badulla erreicht haben. Die Straße verläuft schnurgerade durch flaches, trockenes Land. Hier im Südosten herrschen andere klimatische Verhältnisse als im Westen und in der Mitte der Insel. Das Klima ist trocken, die Böden sandig, die im Westen der Insel so zahlreichen Palmen fehlen fast ganz. Aus der Tiefebene geht es allmählich hinauf ins Bergland und dort wird die Fahrt auch abwechslungsreicher. Die Ortschaften, die wir durchfahren, haben so klangvolle Namen wie Kuda Oya und Wellawaya. Bei den Ravana Ella Falls machen wir Halt. Von einem steilen Felsen fallen die Wassermassen hundert Meter in die Tiefe. Alle Touren, die von Nuwara Eliya zum Yala-Nationalpark fahren, machen am Ella Wasserfall einen Fotostopp und lassen sich möglicherweise von einem der Händler am Straßenrand ein Souvenir aufschwätzen. Wir haben nach der mehrstündigen Autofahrt Bewegung nötig und nutzen die Unterbrechung, um ein Stück weit über die Felsen dem Wasserfall entgegen zu kraxeln.

Die fällige Mittagspause legen wir im Grand Ella Motel, dem historischen, englisch-kolonialen Ella Resthouse ein. Vom Garten des Hotels hat man einen herrlichen Ausblick auf die Ella-Schlucht (Ella Gap). Hier teilt sich die 1000 Meter hohe Bergkette und das Tal zwischen den beiden Flügeln geht in die Tiefebene über. Wir haben Glück: Das Wetter ist, abgesehen von einigen Quellwolken klar und schön, sodass wir die fast unbegrenzte Fernsicht genießen können. In der Ferne ist der Yala-Nationalpark zu sehen und mit etwas gutem Willen sogar der Indische Ozean. Das Ella Motel ist auf Touristen eingestellt: Es gibt für wenig Geld ein schmackhaftes Buffet.

Reis für Badulla

Je näher wir Badulla kommen, umso unruhiger wird Kamal. Er wittert Heimatluft, zeigt hier auf einen Gipfel und weist dort auf ein Tal hin, wo er vor Jahren als Elektriker gearbeitet und mitgeholfen hat, Überlandleitungen zu legen. Er schwärmt von den Schönheiten der Landschaft und kann es kaum erwarten, uns seinen Freunden und Verwandten vorzuführen.

Badulla ist mit 42.000 Einwohnern die Hauptstadt der Provinz Uva und liegt am Fluss Badulu Oya. In den umliegenden Bergen wächst der berühmte Uva-Tee, der in Badulla umgeschlagen wird. Da die Kleinstadt kaum Sehenswertes bietet, ist auch die Zahl der Herbergen begrenzt. Toni ist auf seinen vielen Touren zu den Touristenzielen Sri Lankas oft durch Badulla gekommen, hat aber hier noch nie Station gemacht und entsprechend wenig Erfahrung mit dem lokalen Hotelangebot. Er hat uns auf gut Glück im ‚Dunhinda Falls Inn' eingemietet. Als wir das am Rande der Ortschaft gelegene Hotel ansteuern und unser Gepäck im Zimmer abladen, sind wir enttäuscht. Die Herberge ist mehr als einfach: Das Zimmer ist dunkel und klamm, das Badezimmer gewöhnungsbedürftig, die Türen schließen nicht richtig und die Bettwäsche hat einen dezenten Grauschleier. Dabei ist unser Zimmer noch das beste im Haus und verfügt sogar, Gipfel des Luxus, über eine Klimaanlage. Die ist zwar völlig überflüssig, da die Temperaturen im eintausend Meter hoch gelegenen Badulla kühl sind, aber da sie nun einmal vorhanden ist, lassen wir sie auch arbeiten.

Dass das ein Fehler war, merken wir erst am nächsten Morgen, als Toni die Rechnung begleicht. Er war beim Abendessen schon sauer, aber am nächsten Morgen ist er stinksauer, auf das Hotel, den Wirt, Badulla, auf uns und die Welt als Ganzes. Er würdigt uns keines Blickes und als ich

177

ihn frage, welche Laus ihm über die Leber gelaufen sei, brummt er, dass er nach dieser Übernachtung gar nichts mehr an der Tour verdiene und sogar draufzahle. „Der Wirt ist ein Ganove, ein Gauner, ein Verbrecher! Die Zimmer sind teurer als die im Vier-Sterne-Hotel in Kandy. Und die Klimaanlage in eurem Zimmer kostet auch noch extra." Ich kann Tonis Wut verstehen, zumal das Abendessen und auch das Frühstück mehr als erbärmlich waren. „Take it easy, Toni! Heute Abend kaufen wir eine Flasche richtig guten Arrak und trinken nur auf dein Wohl." Toni lacht. Nicht, dass die Welt wieder in Ordnung ist, aber immerhin ist der Himmel hellblau und Toni freut sich darauf, uns die Dunhinda Falls zu zeigen.

Aber nun bin ich der Zeit voraus geeilt. Kamals Verwandte, die Brüder seiner Frau und seine Schwiegermutter, leben in Hali Ela, wenige Kilometer südlich von Badulla. Nach dem Check-in im ‚Dunhinda Falls Inn' steuern wir den kleinen Ort an, von dem Kamal uns so oft erzählt und in dem er die schönsten Jahre seines Lebens verbracht hat. Wir halten auf dem Marktplatz und sind im Nu von einigen Männern umringt, die Kamal umarmen und uns die Hände schütteln. Es sind wild aussehende, schwarzhaarige Kerle mit dunklen Gesichtern, weißen Zähnen und strahlendem Lächeln. Kamal stellt sie uns vor: Da ist sein bester Freund, der im Magistrat von Hari Ela eine gewichtige Rolle spielt und, was den Körperumfang betrifft, auch so aussieht. Dann lernen wir den schmächtigen Losverkäufer kennen, den Fischhändler, dessen breiter Mund von einem ganzen Bartkranz umgeben ist, den kräftigen Tuktuk-Fahrer, der uns lebenslange kostenlose Transporte verspricht und den Straßenreiniger, dessen wuschelige Haarpracht mit dem Wildwuchs des Bartes konkurriert. Am Abend werden wir sie alle am Tresen in der kleinen Vorhalle des lokalen Bottle-Shops wiedertreffen. Solche Bottle-Shops gibt es überall in

Sri Lanka und da sie meist die einzigen Verkaufsstellen für Arrak, heimischen Whisky, Gin und andere alkoholischen Getränke sind, sind sie oft auch die einzigen Lokalitäten, die nach Sonnenuntergang noch geöffnet sind. Demzufolge finden sich vor ihnen immer die entsprechenden Männergruppen. Alkohol ist durchaus ein Problem in der singhalesischen Männergesellschaft.

Zunächst müssen wir aber ‚arbeiten', das heißt, wir müssen Reis kaufen, nein, genauer: Kamal kauft säckeweise Reis und wir dürfen bezahlen. Als wir überlegten, was als Gastgeschenk am besten für Kamals Verwandtschaft geeignet sei, entschieden wir uns für Reis, das allumfassende Nahrungsmittel der Singhalesen. „Vier Säcke mit je fünfzig Kilogramm", meinte Kamal, sei genügend. Er sucht aus, greift in die offenen Säcke und lässt die Körner über die Hand rieseln. Ich habe nicht gewusst, dass in Sri Lanka fünfzehn verschiedene Reissorten geerntet werden, die sich in Form, Farbe, Geschmack und natürlich auch im Preis unterscheiden. Reis ist Reis, hatte ich immer geglaubt und allenfalls gehört, dass Basmati die beste Qualität sei.

„Müssen wir alle vier Säcke selbst transportieren und übergeben?" Meine Sorge erweist sich als unnötig. „Nein, der Reis wird vom Lieferanten an Ort und Stelle gebracht." Wir brauchen also nur noch das Dankeschön entgegen zu nehmen.

Unsere erste Station ist das Häuschen von Kamals Schwiegermutter. Mit dem Auto können wir bis zur Bahnstation von Hali Ela fahren. Von dort aus laufen wir etwa einen Kilometer über die Gleise, klettern dann einen Berghang hoch und folgen einem ausgetretenen Trampelpfad. Jeder, der uns begegnet, grüßt Kamal, der hier bekannt ist wie ein bunter Hund. Endlich erreichen wir eine Lichtung mitten im Wald und stehen vor einem Häuschen, in dem die alte Dame ganz allein lebt. Die eine Hälfte der Hütte zeigt unverputzte braune Lehmziegel, die andere ist hellblau gestrichen. Ein Wellblechdach schützt vor Regen. Immerhin gibt es Elektrizität, doch das Wasser muss aus einer Quelle geholt werden und eine Toilette suche ich vergeblich. Die alte Frau begrüßt uns herzlich und bittet uns in ihr Heim. Sie ist klein und zierlich, reicht mir gerade mal bis an die Brust, die grauen Haare sind streng an den schmalen Kopf frisiert, der schmale Mund unter den faltigen Wangen mit nur noch wenigen Zähnen ist eingefallen. In der Hütte gibt es ein Bett, einen Tisch, zwei Stühle, einen Fernseher, der nicht funktioniert, einen Hausaltar mit einem Bildnis Buddhas und eine nackte, von der Decke baumelnde Glühbirne. An der Wand über dem Bett hängt ein Plakat mit Blumen. Der Boden ist gestampfter Lehm. Es ist klamm in diesen vier Wänden. Ob sie hier alleine lebe? „Ja", antwortet Kamal für sie, „und sie kommt gut zurecht." Er sagt es so, als ob er sich entschuldigen müsse. „Wenn irgendetwas ist, sind die Töchter mit ihren Ehemännern und die Enkel ja nicht weit." Wir trinken Tee, essen ein Stück von der Biskuitrolle aus dem Supermarkt und wissen nicht, was und wie wir mit der alten Dame reden sollen. Lächeln allein genügt auf die Dauer nicht und so sitzen wir einander verlegen gegenüber. Kamal hat uns für kurze Zeit allein gelassen und als er zurückkommt, sind wir erleichtert, dass wir uns verabschieden dürfen.

Ähnlich steif geht es bei den Geschwistern von Kamals Frau zu. Deren Haus ist größer und man merkt, dass hier ein bescheidener Wohlstand zu Hause ist. Wir nehmen unbeholfen den Dank für die Säcke mit Reis entgegen, die bereits eingetroffen sind, trinken Tee und knabbern süße Palmhonig-Bonbons. Weder wir noch die Gastgeber wissen, wie wir miteinander umgehen sollen. Sie schämen sich der Einfachheit ihrer vier Wände und wir fühlen uns unwohl, weil wir diese Menschen in Verlegenheit bringen. Die Kinder

180

kommen noch am ehesten mit der Situation zurecht: Sie bestaunen uns. Die Ehefrauen ziehen sich auf ihre Hausfrauenrolle zurück, gießen uns Tee ein, und die Männer versuchen zu erklären, was und wo sie arbeiten. Kamal hört nicht auf, darauf hinzuweisen, was für gute Menschen wir seien und macht damit das Ganze noch peinlicher. Schließlich ist es Toni, der zum Aufbruch drängt und uns erlöst. Mit einem großen Paket besten Hochland-Tees und vielen frommen Wünschen verlassen wir das gastliche Haus. Kamal ist glücklich: Seine Verwandten fanden, dass wir sehr nette Menschen seien.

Zwei Stunden später stehen wir hoch über Hali Ela in den Bergen inmitten von Teeplantagen. Im Widerschein der untergehenden Sonne werden die harten Konturen der umliegenden Berge weich und zart. Über uns breitet ein riesiger Baum seine filigranen Äste aus. Es ist eine bezaubernde Stimmung, die Luft ist mild und der herbe Zauber des vergehenden Tages umfängt uns. Nach dem Verwandtenbesuch haben wir im Bottle-Shop zwei Flaschen Old Arrak und eine Flasche Lemon-Gin gekauft. Den hatte Toni empfohlen, doch ich finde ihn klebrig-süß und ziehe Arrak vor. Wir haben Kamals besten Freund mit ins Auto gepackt und sind über Feldwege den Berg hinauf gefahren, bis Kamal halten ließ und erklärte, dieser Platz sei einer der schönsten, weil man die herrlichste Aussicht auf Badulla, die Berge und die Teeplantagen habe. Zwei weitere Freunde Kamals gesellen sich zu uns. Sie sind mit dem Moped heraufgeknattert. Toni hat Pappbecher im Auto und dann gehen die Flaschen rund, und jemand hat auch noch Knabber-Chips mitgebracht. Es ist eine verwegene, laute Männergesellschaft und wahrscheinlich ist es gut, dass wir nicht verstehen, worüber die Kerle so herzhaft lachen. Ildiko ist als Frau gewissermaßen die schmückende Beigabe und genießt als Touristin Sonderrechte. Für die Singhalesen ist sie möglicherweise eine Art seltsames Zwitterwesen, denn nie würde einer Sri Lankischen Frau erlaubt werden, sich unter Männer zu gesellen und mit ihnen als gleichwertiger Partner zu reden. Noch undenkbarer ist es, dass eine Frau Alkohol trinkt. Schnaps ist Männersache! Eine Stunde lang machen die Flaschen die Runde. Kamal, Toni und die Freunde trinken mehr als ihnen gut tut und so werden die Erinnerungen und die Freundschaftsbekundungen immer überschwänglicher. Irgendwann geht der Abend in die Nacht über, der Himmel wird schwarz und der Mond hängt halb wie an einem seidenen Faden. Unser Fahrer hat sich glücklicherweise bei dem Gelage zurückgehalten und chauffiert uns sicher zurück in die Wirklichkeit des Kaffs Hali Ela. Dort ist der Bottle-Shop als einzige abendliche Anlaufstelle noch umlagert von einem halben Dutzend Einheimischer. Wie alle Männer des Ortes sind sie Kamals Freunde und damit sehr bald auch unsere. Arrak gibt es noch genug und nachdem wir miteinander angestoßen, von allen Fotos gemacht und uns umarmt haben, verabschieden wir uns von den wilden Gestalten mit brüderlichen und schwesterlichen Küssen.

Wann immer Ildiko und ich nach Hali Ela kommen, wird uns ein Empfangskomitee begrüßen, werden wir umsonst Tuktuk fahren, Fisch nach Herzenslust essen, Lose geschenkt bekommen und die Straßen werden für uns besonders gereinigt werden.

Dunhinda-Wasserfall

Am nächsten Morgen ist Toni stinksauer: Sein Kopf brummt, das Frühstück war miserabel, und die Rechnung so unverschämt, dass er befürchtet, nun endgültig Bankrott anmelden zu müssen. Kamal ist schweigsam, er hat wohl vom großen Toni sein Fett schon abbekommen. Wir halten uns zurück, freuen uns über den schönen Morgen und machen ein Abschiedsfoto vom Dunhinda-Falls Inn.

Bis zum Dunhinda Wasserfall sind es nur wenige Kilometer. Wir genießen die kurze Fahrt durch die schöne Berglandschaft und versuchen Tonis miesepetrige Laune zu übersehen. Der Parkplatz am Eingang zum Wanderpfad ist noch fast leer und wir machen uns unverzüglich auf den Weg, das heißt, wir trotten einfach hinter unseren schlecht gelaunten Begleitern her. Weder Toni noch Kamal haben uns darauf vorbereitet, dass ein drei Kilometer langer, zum Teil halsbrecherischer Fußmarsch vor uns liegt. Ildiko hat wenigstens ihre leichten Wanderschuhe an, aber ich war so naiv, mich für den vermeintlich kurzen Spaziergang meinen Pantoletten anzuvertrauen. Die mögen zwar bei Überlandfahrten oder in Hotels bequem sein, aber auf dem Pfad zum Wasserfall erweisen sie sich als völlig ungeeignete Fußbekleidung. Es geht im wahrsten Sinne des Wortes über Stock und Stein. Mal muss man sich mit beiden Händen an Felsbrocken hochziehen, mal an schmalen Felsgraten entlang balancieren, dann geht es steil bergab und über Wurzeln und schmale, geländerlose Brücken wieder bergauf. Erschwerend kommt zu der Kraxelei noch hinzu, dass der Boden feucht und glitschig ist. Mal rutsche ich leichtfüßig wie über eine Eisfläche, doch dann wieder ächze ich unter meinem Gewicht wie ein schwergewichtiger Elefantenbulle. Selbst der massige Toni scheint im Vergleich zu mir zu schweben. Sehr bald schon schwitzen wir unter den viel zu warmen Klamotten. Der Wanderpfad endet auf einer halbrunden Plattform und lange, bevor wir diese erreichen, schwillt das ferne Rauschen der herabstürzenden Wassermassen zu einem alles übertönenden Donnern an. Die Luft ist geschwängert vom Nebel Abertausender kleinster Wassertröpfchen und über der Landschaft liegt ein Film von feuchtwarmer Schwüle.

Die Dunhinda Fälle, die von dem Badulu Oya, einem

Nebenfluss des Mahaweli gespeist werden, sind die gewaltigsten in diesem an Wasserfällen nicht gerade armen Land. Der singhalesische Name bedeutet ‚Rauschende Wasser' und wenn man vor den dreiundsechzig Meter tief stürzenden Wassermassen wie vor einem gigantischen, rauschenden Vorhang steht, kommt man sich sehr klein vor und hält den Atem an.

Der Sage nach war einst das Badulla-Tal wegen eines wuchernden Rankengewächses überschwemmt. Der damals regierende König gab den Auftrag, die Ranken zu beseitigen. Drei Monate dauerte diese Arbeit und sie hatte die Geburt des Wasserfalls und die Rettung des Tals zur Folge.

Verschwitzt und glücklich bewundern wir eine Weile das Naturschauspiel. Einige junge Männer bieten aus großen Kannen Mandarinensaft zum Verkauf an und durstig wie wir sind, nehmen wir gerne die Erfrischung an. Tonis Laune hat sich inzwischen gebessert. Das liegt wohl nicht zuletzt daran, dass er heftig und erfolgreich mit einer hübschen Singhalesin flirtet. Auf der Plattform im Angesicht der rauschenden Wasserfälle tauschen die beiden heiße Blicke. Toni will zeigen, was für ein toller Kerl er ist und gibt plötzlich die Parole aus: „Los, auf geht's, runter bis zum Becken am Fuße der Fälle!" Eigentlich will ich das ganz und gar nicht, aber da Ildiko, wieder einmal willens, die Extreme auszuloten, Toni schon auf den Fersen ist und Kamal leichtfüßig den Steilhang herunter turnt, muss ich wohl oder übel folgen. Es wird eine wahre Foltertour: In glitschigen, inzwischen klatschnassen Sandaletten fast senkrecht über einen schmalen Pfad herabhangelnd, sicherheitshalber meterweise auf dem Hosenboden rutschend, mit den Händen an überhängenden Wurzeln Halt suchend, den Blick in die drohende Tiefe vermeidend, gleite ich zwischen Wut und Angst hin und her gerissen in die Tiefe. Sprühende Nebelschwaden, donnerndes Dröhnen und über allem ein tiefblauer, wolkenloser Himmel. Irgendwann komme ich unten an, verdreckt, verzweifelt, zermatscht und natürlich als letzter. Kamal, Toni und auch meine Frau sind aufgekratzt, fröhlich und ohne irgendwelche Zeichen von Erschöpfung. Ich platziere mich mitsamt meiner vor einer Stunde noch hellen, jetzt aber lehmfarbenen Hose auf einen grün bemoosten Felsen und betrachte meine von Erde und Schlamm verkrusteten Füße. „Doch, doch", bestätige ich: „Es ist ein tolles Erlebnis, hier runter geklettert zu sein." Allerdings weigere ich mich standhaft, mich für ein Gemeinschaftsfoto in Pose zu stellen.

Zum Glück ist der Aufstieg weniger kraftraubend und abenteuerlich. Bergauf geht es ja meistens leichter. Ich freue mich schon darauf, am Ende der Wanderung wieder in die bequemen Sitze unseres Autos zu sinken und zu mir zurückzufinden. Irgendwie war Dunhinda wundervoll und ich kann diese Wasserfälle jedem Sri Lanka-Reisenden nur wärmstens empfehlen. Besonders mit leichten Sandalen oder Badelatschen sind sie ein erinnerungsträchtiges Ziel.

Ich sollte vielleicht doch auch noch kurz berichten, wie sich Tonis Flirt weiter entwickelte. Die hübsche Singhalesin, kein junges Mädchen, sondern eine reife Frau von vielleicht dreißig Jahren, hatte Tonis und unseren Abstieg in die Tiefe eine Weile verfolgt und sich dann mit ihrer Gruppe auf den Rückweg begeben. Allerdings gingen sie so langsam, dass wir sie irgendwann einholten. Toni zeigte uns den einen oder anderen herrlichen Ausblick, sodass das Objekt seiner Begierde uns überholte und danach wir wieder an ihr vorbei die Spitze übernahmen. Das ging so eine Weile hin und her und es war nicht zu übersehen, dass zwischen Männlein und Weiblein zärtliche Blicke hin und her flogen. Nicht nur Kamal machte sich über Tonis brünstigen Elan lustig. Immerhin war der ja glücklich verheiratet und Vater dreier halbwüchsiger Kinder. Als ich wagte, ihn daran zu erinnern bekam ich zur Antwort: „Darum geht es doch nicht. Das macht einfach Spaß!" Und er fügte stolz hinzu, dass er beim anderen Geschlecht schon immer einen Stein im Brett hatte. Irgendwann bei den diversen Überholmanövern schaffte es Toni tatsächlich, der Angebeteten einen Zettel mit seiner Handynummer zuzustecken. „Wetten, dass sie mich anruft!" sagte er, als wir wieder im Auto saßen. Und tatsächlich, am Nachmittag klingelte sein Handy und nach einem längeren Gespräch, das Kamal ein Schmunzeln entlockte, erklärte uns Toni, dass sie das gewesen sei, die hübsche Frau vom Dunhinda Wasserfall. Ich habe keine Ahnung, was aus der Affäre geworden ist. Toni jedenfalls meinte, bei dem Anruf werde es wohl bleiben. „So ist das nun einmal in Sri Lanka. Man flirtet mit den Augen und hat seinen Spaß miteinander und das war's dann. Sex? Nein, das gibt es nur, wenn man miteinander verheiratet ist." So gesehen passten die tiefen Blick sehr gut zu den tiefen Wassern der Dunhinda Fälle.

Bei den Wedda

Ziel des dritten Tages unserer ‚Toni-Tour' ist Kandy. Dort hat Toni im Hotel Thilanka ein Zimmer für uns reserviert. „Ein sehr schönes Zimmer, in einem sehr guten Hotel. Nicht so wie in Badulla!" Auf der Weiterfahrt nach Norden erhole ich mich von den Wasserfall-Strapazen, Ildiko liest, Kamal döst und Toni? Dem hat sich nach besagtem Telefongespräch das Stimmungstief in ein strahlendes Hochdruckgebiet gewandelt. Sein breites Gesicht leuchtet und uns wird ordentlich warm davon. Da passt es genau zu der gelösten Stimmung, dass wir an ausgedehnten Sonnenblumenfeldern vorbeikommen. Wie ein Heer gelbgesichtiger Paradesoldaten strecken uns die mannshohen Blumen ihre tellergroßen Strahlenkränze entgegen. Diesmal ist es Toni, der einen Fotostopp verordnet. Er besteht darauf, inmitten der Blütenpracht fotografiert zu werden. Sein dunkles Mondgesicht

ragt aus dem goldgelben Blütenmeer und die strahlend weißen Zähne wetteifern mit dem Blumenglanz um die Wette.
Glücklicher Toni im Sonnenblumenfeld! Wie kann er uns
am Überschwang seines Glücks teilhaben lassen?
Ob wir den Wedda einen Besuch abstatten wollen? fragt
er plötzlich. „Wedda?" Ich musste zugeben, mit dem Begriff
‚Wedda' rein gar nichts anfangen zu können. Das ist wieder
einmal Tonis Chance, sich als Spitzen-Reiseleiter zu präsen-
tieren.
„Die Wedda sind die Urbewohner Sri Lankas. Sie sind
klein von Statur, von dunkelbrauner Farbe, haben welliges
Haupthaar und meist einen langen Bart. Früher haben sie in
Felshöhlen gewohnt und Männer und Frauen waren fast
nackt. Heute leben sie in kleinen Hütten."
Inzwischen weiß ich, dass diese Urbevölkerung der Insel
genetisch mit den Aborigines verwandt ist und mit nur etwa
sechshundert Menschen eine winzige Minderheit und vom
Aussterben bedroht ist.
Ich bin nicht sicher, ob Tonis Erklärungen bei Ethnologen
auf Zustimmung stoßen würden, für uns aber sind sie gut
genug, um sofort das Reiseleiterangebot anzunehmen. „Ja,
diese seltsamen Menschen wünschen wir durchaus zu
sehen!"
In Mahiyangana machen wir Mittagspause: Reis und
Jackfruit-Curry auf Plastiktellern. Für die Touristen gibt es
sogar Gabeln, die Einheimischen schaufeln wie üblich den
Reis mit den Fingern in den Mund.
Von Mahiyangana ist es nicht mehr weit zum Siedlungs-
gebiet eines Weddastammes. An der Hauptstraße in Richtung Maha Oya weist ein Schild auf eine Nebenstraße, die
zum Weddadorf führt. Eine Schranke bezeichnet den Eingang zum Reservat. Toni bezahlt den Eintritt und ein junger
Begleiter, der uns in die Welt der ‚wilden Menschen' führen
wird, steigt zu. Der Name Wedda ist aus dem Sanskrit

hergeleitet und bedeutet soviel wie Jäger. Lebten die Vorfahren der Wedda vor langen Zeiten einmal als Wildbeuter von dem, was sie mit Pfeil und Bogen zur Strecke brachten, so fristen sie heute ihr Leben in den ihnen verbliebenen Reservaten von dem, was die Neugier der Touristen einbringt. Auf den etwa zehn Kilometern über den unbefestigten Waldweg zum Dorf begegnen uns immer wieder Angehörige des Stammes. Frauen und Kinder sitzen in Gruppen im Schatten hoher Bäume, blicken dem Fahrzeug entgegen und manchmal winkt uns ein Kind zu. Bärtige Männer mit langen krausen Haaren, nackt bis auf einen Lendenschurz bieten Pfeil und Bogen, Steinäxte und Speere feil. Wir halten auf einer Lichtung mitten im Wald. Einige Minibusse parken bereits dort. Für die Singhalesen sind die Wedda genau so exotisch wie für uns und so sind sie zu einem Ausflug hierher gekommen, um die urzeitlichen Mitbewohner und ersten Siedler ihrer Heimat aus nächster Nähe zu betrachten.

Über eine schmale Brücke erreichen wir das Dorf, das aus einigen wenigen fensterlosen, mit Reisstroh gedeckten Häusern besteht. Die Wände aus getrockneten Lehmquadern sind schachbrettartig von Quer- und Längsstreben durchzogen. Eigentlich sind es in ihrer Einfachheit wunderschöne Behausungen, die manchen europäischen, ökologisch angehauchten Architekten begeistern würden. Jedes Haus unterteilt sich in einen dunklen, infolge der Lehmbauweise kühlen Hauptraum, in dem die Bewohner schlafen und einen zur Front hin offenen Vorraum, in dem die Frauen die Hausarbeiten verrichten, die Kinder spielen und wo die Familien beisammensitzen, reden und essen. Bei unserem Besuch ist in einem dieser Vorräume eine junge Frau dabei, frische Mangos zu sortieren, in einem anderen spielen zwei Kinder. Sie sind es gewohnt, besichtigt und fotografiert zu werden und halten uns keines Blickes für würdig.

Für jeden Dorfbesucher ist die Besichtigung des Hauses

des Häuptlings ein Muss. „Er ist der König der Wedda und ihr müsst ihm mit Ehrfurcht gegenüber treten." Toni ist stolz darauf, den berühmten und weit gereisten Mann persönlich zu kennen. Tatsächlich begrüßen sich die beiden mit Handschlag, wobei Toni leicht sein Haupt senkt. Die Audienz gestaltet sich durchaus beeindruckend. Der König, ein dunkelhäutiger, hagerer und hochgewachsener Mann von etwa fünfzig Jahren begrüßt uns mit einem Nicken. Der Oberkörper ist nackt und um die Hüfte ist ein bis zu den Waden reichender Sarong gewunden. Der schmale Kopf ist von krausem Haar bedeckt, unter der hohen Stirn und den buschigen Brauen blicken wache Augen, ein lichter Schnurrbart und ein langer, grauer Vollbart umrahmen Mund und Kinn. Audienzen wie diese sind für den Herrscher dieses seltsamen Reiches offensichtlich Alltag. Seine Durchlaucht ist so gnädig, uns in seinen Gemächern zu empfangen und erweist Ildiko sogar die Ehre, sich mit ihm auf der Regierungsbank ablichten zu lassen. Als Insignum der Macht hält er eine kurze Bambusstange wie ein Zepter in den Händen. An den braunen Wänden des Raumes hängt in Rahmen eine stattliche Anzahl von Fotos, die den Wedda-Chef auf seinen vielen Reisen zeigen und sein Zusammentreffen mit berühmten Menschen dokumentieren. Er weiß seine Wichtigkeit durchaus zur Schau zu stellen. Toni bedeutet uns diskret, dass es allmählich an der Zeit ist, uns zu verabschieden. Wie verabschiedet man sich von einem König? Am besten im Rückwärtsgang. Zuvor aber weisen uns die Untertanen des Herrschers noch auf den möglichen Kauf Gesundheit und ein langes Leben versprechender Wedda-Heilkräuter und Tinkturen hin. Nachdem wir höflich, aber bestimmt abgelehnt haben, werden wir in Ehren entlassen. Der König weiß, was sich gehört.

Dass die Audienz tatsächlich denkwürdig war, lesen wir einige Wochen später in einer deutschen Zeitung auf der

Seite ‚Buntes aus aller Welt': Der Häuptling der Wedda verstarb unerwartet im Alter von 55 Jahren. Sein Sohn, den wir bei unserem Besuch ebenfalls fotografieren durften, hat inzwischen die Herrschaft übernommen. Er wird, da bin ich sicher, genau so hoheitsvoll wie sein Vater die Besucher des Dorfes empfangen.

Nach Kandy

Die schönste Panoramastraße Sri Lankas liegt vor uns, knapp siebzig Kilometer von Mahiyangana nach Kandy. Nach mitteleuropäischen Vorstellungen ist das keine nennenswerte Entfernung. Doch erstens handelt es sich bei dem Straßenkleinod um eine Bergstrecke und zweitens gelten, was den Verkehr betrifft, für Sri Lanka eben andere Regeln. Eine davon lautet: Fasse dich in Geduld und plane mindestens dreimal so viel Zeit ein, wie du es gewohnt bist.

Wenige Kilometer hinter Mahiyangana geht es aus dem flachen Land in die Berge. Die Straße steigt stetig, wird kurvenreich und windet sich in Serpentinen bergan. Und sie wird schmaler. Seitenbegrenzungen gibt es kaum noch, stattdessen klaffen an den Straßenrändern tiefe und scharfe Löcher. Der vertraute und Sicherheit gebende Mittelstreifen fehlt ganz. Hin und wieder gibt es Warnschilder, die auf Kurven, Steigungen und Gegenverkehr hinweisen und als Höchstgeschwindigkeit Tempo fünfzig angeben. Ich empfinde das fast als Hohn: Straße und Verkehr gestatten bestenfalls ein Stundenmittel von dreißig Kilometern. Daran ist nicht zuletzt auch das unglaubliche Verkehrsaufkommen Schuld. Schwer beladene LKWs, die meisten davon sind bunt bemalte, wie Bulldoggen aussehende indische Tatas, ramponierte Busse und Minibusse wie der unsrige, kämpfen gegeneinander und mit den Gegebenheiten der Straße. Jedes Überholmanöver ist für den Fahrer eine Herausforderung und Beweis seiner Fahrkünste. Ich halte jedes Mal den Atem an, wenn wir uns an einem schwarzen Rauch absondernden, röhrenden und überladenen Laster vorbeiquälen. Dass wir alle Überholmanöver heil überstehen, grenzt bisweilen an ein Wunder. Unser Toyota schnauft und rattert die Berge hoch, schlingert seitlich über Unebenheiten und an Abgründen vorbei, verfehlt um Zentimeter die ausufernde Ladefläche eines Sechstonners, fädelt sich dann wieder in die Straßenmitte ein, bis der nächste Schwertransporter von neuem zu gewagten Ausweichbewegungen zwingt. Als verkehrsgewohnter Autofahrer kann ich gar nicht anders als mitzuleiden. Doch jedes Leiden hat irgendwann seine Grenzen, das heißt, ich beginne mich nach etwa zwei Stunden lebensgefährlicher Fahrt in mein Schicksal zu fügen. Wenn es ganz besonders bedrohlich wird, schließe ich die Augen und zähle bis zehn. Wenn ich danach noch lebe, ist wieder einmal das Schlimmste überstanden und ich kann für kurze Momente die Schönheit der Landschaft bewundern, die Ausblicke auf das tief im Tal liegende gigantische Mahaweli-Stauprojekt und die vielfältigen Grünabstufungen der Wälder. Die schönste Panoramastraße Sri Lankas zieht nicht nur jeden Autofahrer in ihren Bann, sie reißt auch jeden Landschaftsliebhaber, wenn er denn die Verkehrstortur lebend übersteht, zu Begeisterungsstürmen hin.

Um 15.00 Uhr sind wir gestartet und um 19.00 Uhr sehen wir die ersten Lichter Kandys in der Ferne. Die letzte halbe Stunde war nur noch eine einzige, dunkle Qual. Panoramastraße ade, Kandy sei Dank! Wir sind durchgerüttelt und erschöpft, danken sowohl dem lieben Gott als auch unserem Fahrer und freuen uns, dass das gebuchte Hotel nicht wie bei unserem Aufenthalt vor einigen Jahren hoch über der Stadt liegt, sondern ganz nahe am Zentrum.

Damals waren wir nur sehr kurz in Kandy, haben das übliche Programm mit Botanischem Garten und Zahntempel

191

absolviert und einen Stadtbummel gemacht. Kandy gilt als die schönste Stadt Sri Lankas. Von 1592 bis 1815 war sie die Hauptstadt des singhalesischen Königsreiches. Davon sieht man heute kaum noch etwas, doch mit der landschaftlichen Schönheit der Umgebung, seiner Lage an einem bezaubernden, künstlich angelegten See und dem berühmten botanischen Garten, ist Kandy tatsächlich eine sehenswerte Stadt, für die man sich Zeit nehmen sollte.

Ein Spaziergang durch den botanischen Garten ist nicht nur für Naturliebhaber lohnenswert. Man schlendert durch Alleen von bis zu dreißig Meter hohen Talipot-Palmen, früher das Grundmaterial für die Palmblatt-Manuskripte, über Wege, die gesäumt sind von hohen Flaschenbäumen, bleibt bewundernd vor den Eisenholzbäumen stehen, deren dunkelrotes, hartes Holz zum Brückenbau verwendet wird. Die weißen, aromatisch duftenden Blüten dieses ‚National-Baumes‘ werden bei Opferzeremonien verwendet.

Im 14. Jahrhundert stand auf dem Areal des botanischen Gartens ein Palast der Könige von Gampola, umgeben von einem Lustgarten. Botanischer Garten ist das Gelände seit 1816. Da, wo vielleicht einst ein König mit Gefolge lustwandelte, in der Mitte des Parks, breitet sich heute ein ‚Fikus Benjamini‘ von gewaltigen Ausmaßen aus. Die Luftwurzeln sehen wie die Stützpfeiler einer großen Zeltanlage aus, das Blätterdach ist so dicht, dass man auch bei heftigsten Regengüssen darunter kaum nass wird.

Der ‚Dalaga-Maligawa‘, der ‚Tempel der Zahn-Reliquie‘ an der Nordostseite des Kandy-Sees ist eines der wichtigsten Heiligtümer des Landes. In einem Schrein im ersten Stock des Tempels, geschützt und ummantelt von Panzerglas wird der rechte Backenzahn Buddhas aufbewahrt. Im Januar 1998 verübten die Tamil Tigers auf dem Vorplatz des Tempels ein Bombenattentat. Seitdem ist das Gelände weiträumig abgesperrt und vor dem Eintritt wird jeder Besucher von Sicherheitsposten abgetastet und nach Waffen durchsucht.

Jedes Jahr im Juli oder August findet das elftägige Kandy Perahera statt, das größte und farbenprächtigste Fest Sri Lankas. Dabei wird die Nachbildung der Zahnreliquie auf einem Elefanten durch die Stadt getragen.

Toni hat ein Zimmer im Hotel Thilanka gebucht. Dort kennt man ihn und er hat die allerbesten Beziehungen. Unser Zimmer liegt im neunten Stock und ist eine Wucht, eine Sensation, der absolute Luxus. Nicht nur, dass wir einen fantastischen Blick auf die Stadt, den See, den großen, am Abend angestrahlten Buddha am gegenüberliegenden Berghang haben, nein, wir verfügen auch über ein riesiges Zimmer mit separatem Salon, getrenntem Badezimmer und Toilette und dazu noch einem Vorraum. Die Betten sind mehr als ‚Kingsize', sie sind eine Liegelandschaft. Und was das Verrückteste ist: Vor den Fenstern wächst der Urwald mit gewaltigen Bäumen, auf denen neugierige Affen sich tummeln. „Beware of the monkeys and don't open the windows!" steht auf einem Schild am Fenstersims. Wir halten das zunächst für einen eher witzigen Hinweis. Doch ganz plötzlich stehe ich Auge in Auge einem prächtigen Affenmann gegenüber. Nur eine dünne Glasscheibe trennt uns voneinander. Ich nehme an, dass der Affe weniger erschrocken ist als ich, denn er ist es ja gewohnt, den Hotelgästen in die Koffer zu schauen. Ich bin froh, dass ich Ildiko davon abgeraten habe, die Fenster zu öffnen. Wer weiß, was Affe alles gebrauchen kann. Ein Affe kommt selten allein und so sehen wir uns bald von mehreren Seiten aus vielen Augen beobachtet. Eine Weile brauchen wir schon, uns an dieses Affentheater zu gewöhnen. Es ist beruhigend, dass offensichtlich das Affenvolk sich nach Anbruch der Dunkelheit ins Laubbett begibt und uns in Ruhe lässt. Wir ziehen die Vorhänge zu und verbringen eine ungestörte Nacht. Zuvor bitten wir allerdings noch, was natürlich nicht erlaubt ist, Kamal und Toni in unseren Salon. Zumindest Kamal hat noch nie eine solche Hotelsuite gesehen und kann sich vor Bewunderung und Staunen kaum halten.

Am nächsten Morgen brauchen wir nicht allzu früh aufstehen, denn die Strecke von Kandy nach Anuradhapura beträgt nur 138 Kilometer und führt über gut ausgebaute Straßen. So haben wir am frühen Morgen noch genügend Gelegenheit, uns mit den Affen bekannt zu machen und uns von ihnen in aller Freundschaft zu verabschieden.

Wenn man weiß, dass Fahrer und Beifahrer und in unserem Fall natürlich auch Toni in sogenannten Fahrerunterkünften der Hotels, die bisweilen sehr schäbig sind, übernachten, kann man schon ein schlechtes Gewissen haben. Nachdem wir im Thilanka in solch einer Luxus-Suite die Nacht verbracht haben, haben wir das Gefühl, ganz besonders nett und liebenswürdig zu unseren singhalesischen Freunden sein zu müssen. „Good morning Kamal, guten Morgen Toni. Welch ein wunderschöner Tag. Die Sonne scheint und wir freuen uns auf Anuradhapura."

Anuradhapura

Auf der Fahrt nach Norden wird uns wieder einmal bewusst, dass wir uns in einem Land im Kriegszustand befinden. Zuerst fallen die zahlreicher werdenden Soldaten kaum auf. Doch je weiter wir nach Norden kommen, umso unübersehbarer sind die schwer bewaffneten Soldaten in ihren Tarnanzügen. Sie sind zu zweit am Straßenrand postiert, junge Männer, die eine kurze Strecke hin und her patrouillieren und in Sichtweite zum nächsten Zweierposten bleiben. Sie sollen die Bewohner der Häuser und Dörfer entlang der Hauptstraße vor Überfällen der Tamil Tigers schützen. Das erscheint mir als eine kaum lösbare Aufgabe. Wie sollen sich so Anschläge der Guerilla aus dem Hinterhalt verhindern lassen? Die jungen Soldaten tun mir Leid. Selbst wenn das Leben in den Dörfern seinen gewohnten Gang geht, habe ich kein gutes Gefühl dabei, gewissermaßen an der Front zu sein. Toni wischt meine Bedenken mit einer lockeren Handbewegung fort: „That's nothing. Das ist normal!" Nach zwei Stunden sind wir auf dem Parkplatz an einem der Eingänge des historischen Anuradhapura. Toni teilt uns mit, dass er und Kamal uns bei der Besichtigung nicht begleiten wollen. „Es ist zu teuer!" sagt er und ich muss dieses Argument akzeptieren, obwohl ich eher glaube, dass Toni wieder einmal einen schlechten Tag hat, an singhalesischer Geschichte nur wenig interessiert ist und lieber mit Kamal ,abhängen' möchte. Egal. Machen wir uns eben allein auf die Besichtigungstour durch die älteste singhalesische Vergangenheit.

Das historische Anuradhapura wurde 437 v. Chr. gegründet, war Hauptstadt des buddhistischen Reiches und blieb Residenz von 119 singhalesischen Königen, bis sie 1000 n. Chr. verlassen und die Hauptstadt nach Polonaruwa verlegt wurde. Die Stadt verfügte über ein kunstvolles, ausgeklügeltes Bewässerungssystem, das teilweise im ersten und zweiten Jahrhundert vor unserer Zeitrechnung entstand. Heute ist die ausgedehnte Ruinenstadt Ziel vieler Buddhisten, die neben dem Besuch verschiedener Klosterbauten mit Dagobas und Wasserbecken vor allem zu dem heiligen Bo-Baum pilgern, der angeblich ein Sprössling des Baumes ist, unter dem Buddha erleuchtet wurde. Ein Samenkorn dieses Baumes soll im 3. Jahrhundert v. Chr. von Indien nach Sri Lanka gebracht worden sein, als sich der Buddhismus auf der Insel ausbreitete.

Sicherlich ist Anuradhapura eine mehrtägige Besichtigung wert. Wer archäologisch interessiert ist, sollte sich Pläne der alten Stadt besorgen, ein Fahrrad mieten und das ausgedehnte Areal auf den vielen Rad- und Wanderwegen erkunden. Wir haben nur einen knappen Tag zur Verfügung und das ist sehr wenig angesichts der Fülle von Sehenswürdigkeiten. Doch es ist ein wunderschöner, wolkenloser und nicht einmal zu heißer Tag und wir freuen uns darauf, ohne Zwang und feste Pläne über die Hauptwege der alten Stadt zu spazieren und uns wenigstens von ihrer Aura einfangen zu lassen. Die erste Station unserer Stippvisite ist der Ruwanveli Seya, der größte und vielleicht auch schönste der zahlreichen Stupas in Anuradhapura. Ursprünglich war ein Stupa einfach ein halbkugelförmiger Erdhügel, der über den Überresten einer toten Person errichtet wurde. Im Laufe weniger Jahrhunderte entwickelte sich der schlichte Grabhügel zu der Grundform der heutigen Stupas mit einer quadratischen Plattform als Basis, dem halbkugeligen Kuppelgewölbe, manchmal mit einer Reliquienkammer und der Spitze, die mit einer ,Krone' abgeschlossen ist. Aus dem Stupa entwickelte sich in Sri Lanka seit dem 2. Jahrhundert v. Chr. die Dagoba. Von der Ruwanveli Seya heißt es, sie entspreche der Idealform einer Dagoba.

Wir umrunden die riesige ,Käseglocke', deren strahlendes Weiß unter dem wolkenlosen Himmel die Augen blendet. Überall flattern bunte Gebetsfahnen im leichten Wind, ein Mönch im orangenen Gewand huscht vorüber, Gläubige beten im Schatten des Bauwerks. Wir bleiben bei der übermannshohen Statue stehen, die den ersten Herrscher der Stadt darstellen soll. Ein eckiger, aus Stein gehauener Körper, blicklose Augen in einem kantigen Gesicht, die Hände sind in Gebetshaltung vor der Brust aneinandergelegt. Aus ehrfurchtsvoller Distanz betrachten wir die beeindruckende, archaische Steinfigur.

Anuradhapura ist ein weites Feld, auf dem es ungeheuer viel zu entdecken gibt. Ich spare mir eine Beschreibung der Sehenswürdigkeiten, denn die kann man in jedem Reiseführer nachlesen. Ich habe und hatte nie die Geduld, den Grundrissen alter Bauten nachzuforschen, die Bedeutung von Symbolen bis ins letzte Detail zu erfassen oder mich in die Historie zu versenken. Ich gestehe mir ein gewisses Banausentum zu, das sich damit zufrieden gibt, den Genius Loci, die Stimmung und Atmosphäre des Ortes auf mich wirken zu lassen. Und Anuradhapura verfügt über eine gewaltige Ausstrahlung. Natürlich führt uns der Weg auch zu dem berühmten, heiligen Sri Maha Bodhi, dem ältesten existierenden Baum und direkten Nachfolger des Baumes, unter dem Buddha vor 2500 Jahren seine Erleuchtung erlebte. Der Baum erhebt sich auf einem erhöhten Plateau und ist von einem Eisenzaum mit vielen spitzen Zacken umgeben, die ihn vor jeglicher Zudringlichkeit bewahren. Nur die zahlreichen Affen, die auf den Mauern des Tempelgeländes und den hohen Bäumen ihr Unwesen treiben, könnten es schaffen, zum Baumheiligtum vorzudringen. Am Eingang zum Tempel, zwischen zwei imposanten Wächterfiguren, überreicht ein junger Mann Ildiko eine zartrosa Lotusblüte, die sie sich in ihr von der Sonne der letzten Wochen goldgelb getöntes Haar steckt. Ich mache eines der schönsten Fotos meiner Frau und bitte Lord Buddha darum, dass sie mir nicht nur als Reisegefährtin noch viele Jahre erhalten bleiben möge. Eine ganze Stunde lang sitzen wir im Schatten der hohen Bäume im Innenhof der Tempelanlage, träumen, reden miteinander und lassen die Zeit verstreichen. Nur das Kreischen der Affen und ihr ruheloses Herumtoben stört den Frieden des Ortes und steht in krassem Gegensatz dazu: Machogehabe eines Oberaffen, der einfältig-majestätisch sein Gefolge im Auge behält, ängstliche Unterwerfung der Weibchen, Willfährigkeit junger Affendamen gegenüber dem Paarungstrieb von Jungmännern. Der äffische Nachwuchs tollt schreiend und johlend über Mauern und Gesimse. Eine wilde, unzivilisierte Gesellschaft in den heiligen Hallen.

Beim Verlassen des Tempels zünden wir zwei Öllämpchen an, bitten um Frieden für dieses Land und gedenken derer, die uns lieb sind. Dann schlendern wir weiter und kommen zu einem großen, historischen Badebecken. Auf den Stufen, die zu dem dunklen, brackigen Wasser hinabführen, ruht eine Schildkröte. Schwarz-glänzender Panzer, schwarze, kurze Beine und dunkler Kopf. Reglos bewacht sie das Wasser. Wir rätseln darüber, ob das Tier lebt oder vielleicht nur steinernes Symbol der Zeitlosigkeit ist.

Eher zufällig kommen wir bei unserem Streifzug an dem Mondstein am Eingang des ‚Queen's Pavillon' vorbei. Der Mondstein ist ein ‚Edelstein' besonderer Art: Eine halbrunde, verzierte Steinplatte, die häufig den Eingang zu einem buddhistischen Tempel schmückt. Der Mondstein von Anuradhapura gilt als der schönste seiner Art. Er ist ein Dreiviertelrelief und symbolisiert die buddhistische Vorstellung vom menschlichen Leben. Schwäne sind auf dem Stein abgebildet, in ihren Schnäbeln tragen sie eine Lotosblüte. Symbolische Bedeutung hat auch die Halbkreisform des Mondsteins. Ein Teil des Steins liegt unter der Treppe versteckt und stellt den Teil der menschlichen Existenz dar, die sich der Kontrolle entzieht. „Zwei Seelen wohnen, ach, in meiner Brust". Die Dualität menschlichen Seins ist hier thematisiert.

Welch eine Ruhe strahlt die berühmte Statue des Samadhi-Buddhas aus, die wir am Ende unseres Anuradhapura-Tages bewundern. Die Hände im Schoß verschränkt, aufrecht im Schneidersitz thronend, blickt die Gestalt tief nach innen und zugleich, Harmonie aus dem ebenmäßigen Gesicht verströmend, in eine unendliche Ferne. Nichts vermag sein In-sich-Sein zu stören. Wir betrachten diesen schönsten aller Sri Lanka-Buddhas eine Weile und danach ist es Zeit, dass wir uns wieder zurück in die heutige Welt begeben, in der Toni und Kamal auf uns warten.

Mihintale

Für Toni ist ganz offensichtlich mit Anuradhapura der Abschluss der Reise erreicht. Zwar haben wir noch eine Übernachtung vor uns, aber Toni zieht es nach Hause. Er hat keine Lust mehr, uns weitere Srilankische Highlights vorzuführen. Als ich ihn frage, ob wir nicht noch den berühmten Aukana-Buddha besichtigen können, bekomme ich ein sehr eindeutiges „Nicht möglich" zur Antwort. So weit kenne ich inzwischen Toni, um zu wissen, dass auch härtestes Verhandeln nur schlechte Laune, aber kein Einlenken zur Folge haben würde. Er hat das Gefühl, uns bei der Tour einen Extra-Sonder-Freundschaftspreis gemacht zu haben und wir unsererseits finden, dass wir ganz ordentlich geblecht haben. Doch um des lieben Friedens willen: Kein Aukana-Buddha! Aber einen Abstecher nach Mihintale kann uns der Reiseleiter schlecht abschlagen. Immerhin sind es von Anuradhapura nur sieben Kilometer bis zur ‚Wiege des srilankischen Buddhismus' und damit zu einem der bedeutendsten Pilgerorte der Insel. Hier auf dem Missakaberg wurde König Devanampia Tissa 243 v. Chr. von dem Mönch Mahinda zum Buddhismus bekehrt und ließ daraufhin auf dem Hügel eine große Klosteranlage mit einer beeindruckenden Dagoba errichten.

Mahinda wurde im dritten Jahrhundert v. Chr. als Sohn des indischen Kaisers Ashoka geboren. Im Alter von zwanzig Jahren wurde er Mönch und von seinem Vater zusammen mit vier Begleitern nach Sri Lanka gesandt, um dort die Lehren Buddhas bekannt zu machen. Gemäß den alten Chroniken traf die Gruppe während des Vollmondes auf der Insel ein. Der König war gerade auf der Jagd und verfolgte einen Hirsch, als Mahinda und sein Gefolge durch die Lüfte kommend, plötzlich vor ihm stand. Der überraschte Herrscher begrüßte die Gäste und Mahinda trug geistesgegenwärtig eine Sutra, eine Lehrrede Buddhas, mit den Worten „So habe ich es gehört …" beginnend, so überzeugend vor, dass König Devanampiya Tissa sich unverzüglich zum Buddhismus bekehrte. Die Mönche wurden nach Anuradhapura in die Residenz eingeladen und legten dort den Grundstein zur Verbreitung der buddhistischen Lehre auf der Insel.

Soweit die sagenhafte Überlieferung. Für uns ist der Hügel von Mihintale noch einmal eine Herausforderung und selbst bei dreißig Grad nachmittäglicher Hitze ist der Ort die Kraxelei wert. Eigentlich sind es drei verschiedene, schweißtreibende Aufstiege, bis man endlich den Gipfel erklommen hat. Zunächst geht es über einen langen Treppenaufgang zur Klosteranlage. Dort am Eingang muss man natürlich die Schuhe zurücklassen. Der sandige Boden erleichtert das Barfusslaufen, trotzdem pickst es ab und zu an den Füßen beim Weg zu der großen Dagoba. Sie liegt auf einem der drei Hügel und von oben hat man einen wunderschönen Blick auf eine blendendweiße, neuzeitliche Buddhastatue auf einem zweiten Hügel. Die makellose Gestalt des lehrenden Buddhas auf rotbraunem Felsgrund vor einem tiefblauen Himmel vermittelt das Bild erhabener Ruhe. Vielleicht war die Stimmung so ähnlich, als einst der Mönch Mahinda dem jagenden König durch die Lüfte entgegen kam. Wir hinterlassen im Kloster unseren Opferobolus und machen uns auf den dritten und beschwerlichsten Aufstieg zum Aussichtsfelsen. Wie von Riesenhand auf ein Felsplateau gesetzt, ragen drei gewaltige Felsbrocken in den Himmel. In den Stein gehauene Stufen führen zunächst steil aufwärts bis zur Höhe des Plateaus. Der Boden ist heiß und ich wünsche mir, ich hätte wie Ildiko auch meine ‚Tempelsocken' angezogen. Links gibt ein Metallgeländer ein wenig Sicherheit, rechts geht es ungeschützt in die Tiefe. Auf dem Plateau beginnt dann der letzte Aufstieg. Der windet sich über einen schmalen Grat auf einer engen Treppe um den

Felsen herum bis zur Spitze, auf der, von rostigen Geländern geschützt, etwa zwanzig Menschen Platz finden. Die Treppe ist so schmal, dass immer nur eine Person sie begehen kann und die Tritthöhen sind so unterschiedlich, dass man sehr bald die Muskeln spürt. Ildiko war mir seit jeher bei Bergbesteigungen überlegen. Ich habe Angst vor der Tiefe und jeder Schritt gibt mir das Gefühl, es könnte der in den Abgrund sein. Was die Gipfelstürmerei betrifft, bin ich ein Angsthase. Doch irgendwie schaffe ich es auch hier wieder und wenngleich mir in so lichter Höhe nicht ganz wohl ist, muss ich doch zugeben, dass der Rundblick atemberaubend ist. Unter uns liegt inmitten üppiger Vegetation die Tempelanlage und der Blick in die Ferne verliert sich in der Weite des Sri Lankischen Nordens. Statt der Palmenwälder der südöstlichen Küsten herrscht hier eine savannenähnliche Landschaft vor, die nur aufgebrochen wird von den blauen Wasserflächen der Tanks, jenen Bewässerungsseen, die vor zwei Jahrtausenden von den Königen angelegt, das Land besiedelbar machten und die noch heute für Fruchtbarkeit sorgen. Wir lassen uns eine Weile den frischen Wind um die Ohren pfeifen und ich freue mich darüber, dass zwei junge Männer unbedingt mit meiner Frau zusammen fotografiert werden wollen.

Wieder einmal ist glücklicherweise der Abstieg viel leichter. Es wird Zeit, dass wir zurück zum Auto kommen, wo Kamal und Toni uns schon mit einem leichten Vorwurf erwarten. Doch dann überwiegt doch ihre Freude über unsere Begeisterung und der Stolz auf ,ihr' Mihintale. Warum sie nicht mitgekommen seien? Toni meint, er sei schon sehr oft dort gewesen und Kamal entschuldigt sich damit, dass er Toni Gesellschaft leisten musste.

Eine Stunde später, noch vor Einbruch der Dunkelheit, sind wir in unserem Hotel an der Hauptstraße in der Nähe Dambullas.

Heim nach Bentota

Toni und Kamal sind lustlos und müde. Sie wollen nach Hause und vielleicht sind sie ja auch unser ein wenig überdrüssig. Sechs Tage mit zwei bisweilen anstrengenden Deutschen, die oft zuviel wissen wollen und manchmal alles besser wissen! Das ist nicht ganz einfach. Wahrscheinlich sind wir alle froh darüber, den letzten Abend nicht wieder in deutsch-singhalesischer Gemeinschaft verbringen zu müssen. Toni verabschiedet uns nach der Ankunft im Hotel an der Hauptstraße nahe Dambulla bis zum nächsten Morgen um 9.00 Uhr, Kamal und der Fahrer verschwinden einfach und wir genießen nach ein wenig Körperertüchtigung im Pool das Dinner bei Vollmond.

Etwa 250 Kilometer Heimreise haben wir am nächsten Tag vor uns, quälerische Kilometer, die nur durch ein paar Stopps unterbrochen werden. Vom trockenen Norden sind wir nach ein paar Stunden wieder im feuchtwarmen Südwesten, vom Bergland zurück ins flachere Midland. Kurunegala, Kegalla, Avissawella sind die größeren Orte, die wir passieren. Colombo wird wieder einmal weiträumig umfahren und dann geht es über schmale und schlechte Landstraßen, bis wir bei Kalutera wieder auf die Küstenstraße stoßen. Die letzten achtzig Kilometer sind die längsten und schlimmsten. Bei einem Stundenmittel von dreißig Kilometern und schlechten Straßen hat man das Gefühl, kaum voran zu kommen. Durchgeschüttelt, müde und lustlos sehnen wir die Ankunft in Bentota herbei. Toni aber scheint seltsamerweise diesen letzten Tag zu genießen. Er redet ununterbrochen, entweder mit Kamal auf Singhalesisch oder er erklärt uns Dinge, die wir längst wissen oder gar nicht wissen wollen. Da wir sein Repertoire an Witzen inzwischen kennen, können uns auch die Jokes, über die er selber am lautesten lacht, nicht mehr aufmuntern.

Immerhin schenkt uns der Chef auf der Heimfahrt noch eine wirklich schöne Unterbrechung. Gegen Mittag halten wir an einem unscheinbaren Straßenrestaurant. Toni kennt die Besitzer und die kennen ihn. Begrüßung, Wangenküsschen, Hallo. Zum Restaurant gehört eine große Ananasplantage und natürlich müssen wir die zunächst einmal anschauen. Der Besitzer, ein grauhaariges Männchen, führt uns zwischen den Pflanzen umher. Sein Englisch ist gut, doch viel lieber würde er Italienisch mit uns sprechen. Er hat etliche Jahre als Angestellter in der Sri Lankischen Botschaft in Italien verbracht, hat dort gutes Geld verdient und als er auf seine alten Tage nach Sri Lanka zurückkehrte, reichte das aus, sich Grund und Boden zu kaufen und ein Haus an der Straße zu bauen. Er war fleißig und die Ananasplantage liegt so günstig, dass immer wieder Touristenbusse zur Besichtigung anhalten und Geld da lassen. Seine Frau und die beiden Söhne kümmern sich um Restaurant, Verkauf und Landwirtschaft. Es ist mehr als nur bescheidener Wohlstand, den wir zu sehen bekommen. Während Ildiko und ich mit dem quirligen Alten durch die Plantage streifen, hat Toni schon den Tisch decken lassen. Dann sitzen wir zu Fünft an einer reich gedeckten Tafel, jeder hat einen prall gefüllten Teller Reis vor sich und auf der Tischmitte stehen Schalen mit den allerschönsten Curries: Linsen, Bohnen, Jackfruit, alles heftig scharf, und daneben Hühnerschenkel, Fisch und Rindfleisch. Wir greifen zu wie echte Singhalesen, mischen mit der bloßen rechten Hand Curry in den Reis, manschen ein wenig darin herum und führen zwischen Daumen und zwei Fingern eine Portion zum Munde. So perfekt wie unsere Freunde können wir natürlich nicht mit den Fingern essen, doch die haben ihre Freude daran, uns bei dieser, wie sie meinen, wohlschmeckendsten Art der Speiseaufnahme zuzusehen.

Am Abend eines langen Autotages sind wir nach sechs

Tagen durch Sri Lanka zurück im Lihiniya und haben das gute Gefühl, wieder zu Hause zu sein.

Mihintale

Bis ans Ende der Welt – Horton Plains (2007)

Was für eine fantastische Aussicht! Ein unansehnliches Geländer, Fragment einer Sicherheit bietenden Barriere, steht zwischen uns und der Tiefe. Wir befinden uns am Ende der Welt. Wo der Pfad auf einem groben Betonplateau endet, öffnet sich einer der landschaftlich schönsten Ausblicke, den ich je gesehen habe: ‚World's End', der spektakuläre Felsabsturz. Fast fünf Stunden sind wir gewandert, wie es so schön heißt, über Stock und Stein, vom Eingang des Horton Plains Nationalparks, dem einzigen Park Sri Lankas, in dem das Wandern auf Schusters Rappen erlaubt ist, bis uns diese Aussicht fast den Atem nimmt. In 2100 Meter Höhe, am Rande einer kühlen, von Wind und Wetter geprägten Hochebene lassen wir unsere Blicke in die Tiefe schweifen, vorbei an den spärlichen Sträuchern und den rotbraun schimmernden Blüten, deren Wurzeln sich in die fast senkrecht abfallende Steilwand klammern, bis zu den Teeplantagen, die 900 Meter unter uns im Tal liegen. Die Augen verweilen an den Bergketten, die wellengleich die Weite durchziehen, entdecken filigrane Wasserfälle in der Ferne, glitzernde Seen und das satte Grün von Reisfeldern, bis sie endlich ganz weit weg die im Sonnenlicht flimmernde See bei Hambantota erahnen. Man müsste Vogel sein, sich in die Lüfte schwingen, singen, jubilieren!

Was für eine herrliche Aussicht!

Wir staunen, wir lachen, wir ruhen uns aus, genießen die Ruhe, die Sonnenwärme, den jungen Tag. Und auf einmal geschieht etwas Wunderbares, Magisch-Geheimnisvolles: Aus der Tiefe schieben sich weiße Wolkenballen heran, schweben wie riesige Wattebäusche die Felswand empor, breiten sich aus, werden dichter und dichter und legen sich als dicke Daunendecke über das Tal. Innerhalb weniger Minuten füllt sich die Weite mit Nebelschwaden. Weiße Fahnen wabern an der Felswand entlang und wo eben noch eine Welt zu unseren Füßen lag, ist nur noch wattiges Nichts. Selbst der blaue Himmel hat sich ein milchig-graues Nebelhemd angezogen.

Das Schauspiel ist zu Ende. Es hat sich bewahrheitet, was man uns am Abend zuvor in Nuwara Eliya gesagt hatte: „Ihr müsst früh aufstehen und spätestens um 10.00 Uhr am World's End sein, denn danach kommen die Nebel und am Nachmittag wird es regnen."

Oktober 2006, Hotel Lihiniya, Bentota. Dieses Mal wollen wir wirklich in die Horton Plains. Am 27.12. 2004 hatten wir alles für diese Tour vorbereitet, doch dann kam der Tsunami und alle Pläne waren hinfällig. Nach der erlebnisreichen Sechs-Tage-Tour vom letzten Jahr haben wir wieder bei Toni de Silva nachgefragt, ob er Zeit und Lust hat, uns zu fahren. „Natürlich, mein lieber Herr!" lächelt Toni und lässt uns eine Tasse Tee bringen. Wir setzen uns zusammen, falten die Landkarte auseinander und Toni rechnet und überlegt und rechnet erneut und dann nennt er einen Preis für die Zwei-Tage-Tour, der absolut unannehmbar ist. „Die Spritpreise sind gestiegen." „Der Jeep, den wir von Nurelia aus brauchen, ist teuer." „Das Hotel ...!" „Toni, lass es gut sein, mach' einen fairen Preis und wir fahren. Okay?" Nach einer Stunde sind wir uns einig: Die Herberge in Nurelia wird sehr einfach sein, Kamal begleitet uns und wir bringen eine fast volle Flasche Whisky als Wegzehrung mit. Wir reichen einander die Hand. Abgemacht!

Das war am Donnerstag. Am Samstagmorgen soll es losgehen. Unklar ist noch, ob wir zu zweit oder zu viert sein werden. Wie das?

Petra und Jürgen sind Freunde von uns, denen wir mit unseren Sri Lanka-Schwärmereien die Ohren so lange heiß geredet haben, bis sie endlich drei Wochen Bentota buchten. Am Freitagvormittag würden sie eintreffen. Am Donnerstagabend rufe ich Petra in Deutschland an: „Könntet ihr euch vorstellen, gleich am Tag nach eurer Ankunft eine Tour mit uns zu machen? Horton Plains ist ganz toll. So wie schottisches Hochland, mit vielen Tieren und eine tolle Landschaft und überhaupt ...." Petra und Jürgen sind nicht nur mutig, sondern auch entscheidungsfreudig. Ich rufe Toni an: „Bestell' Zimmer für vier Leute!" Als Petra und Jürgen müde und geschafft am Freitag eintreffen, zeigen wir ihnen das Meer, erklären ihnen, wie man die Wellen unterschwimmt, überreden sie zu einem Strandspaziergang und raten ihnen, am Abend früh zu Bett zu gehen, denn am Samstagmorgen geht es bereits um 6.00 Uhr in der Frühe los. Ein bisschen habe ich schon das Gefühl, dass wir die beiden überrumpelt haben und vielleicht etwas überfordern. Doch das sei vorweg gesagt, wir waren ein tolles Vierergespann und Petra und Jürgen haben die Tour keinesfalls bereut.

Am nächsten Morgen ist Toni pünktlich zur Stelle, Petra und Jürgen, die behaupten, sie seien richtig gut ausgeschlafen, lernen Kamal kennen, der sich auch gleich bemüht, kraft seiner geübten Massagehände die letzte Morgensteife an Jürgens Rücken wegzumassieren und dann sind wir auch schon unterwegs. Bis Kalutera über die Küstenstraße, danach geht es querfeldein über schlechte Nebenstraßen, auf denen wie üblich zu dieser frühen Stunde schon reges Treiben herrscht. Einmal lässt Toni halten, um uns die wunderschönen Blüten eines Kanonenkugelbaumes zu zeigen, ein zweites Mal ist die Attraktion eine schmale Hängebrücke über einen Fluss, an dessen Ufer wir wenig später auch die Pause für ein spätes zweites Frühstück einlegen. Nach vier Stunden Fahrt sind wir im Hochland angelangt. Die Wasserfälle, die Aberdeen und Saint Clair Falls, die wir von weitem sehen, rauschen um diese Jahreszeit noch wasserreich zu Tal. Petra und Jürgen, die zum ersten Mal Teeplantagen sehen, sind begeistert. Die Straße schlängelt sich in Kurven und Serpentinen bergan, zwischen den wie Landart anmutenden grün bewachsenen Hügeln. Jede dieser Teepflanzungen ist kunstvoll gestaltet: Kreisförmig angelegt, mit schmalen Korridoren für die Pflückerinnen dazwischen, ziehen sich die Reihen der hüfthohen Sträucher spiralig, sich zum Gipfel hin verjüngend, bergan. Auf einigen Plantagen sind Pflückerinnen bei der Arbeit. Die bunten Gewänder der Tamilenfrauen leuchten im Sonnenlicht. Es ist ein friedliches, schönes Bild, das nichts von der Mühsal der Teeernte ahnen lässt. Hin und wieder in die Täler eingebettet erblicken wir auch die lang gestreckten Baracken, in denen die Familien der Teetamilen leben. Im 19. Jahrhundert von den Engländern als Plantagenarbeiter aus Südindien, aus Tamil Nadu, hierher gebracht, verrichten sie seit mehr als einem Jahrhundert die gleiche Arbeit. Im Zuge der Selbstständigkeitswerdung des singhalesischen Staates bot ihnen die Regierung an, sich zu entscheiden, in Sri Lanka zu bleiben oder zurück nach Tamil Nadu zu siedeln. Nur ein knappes Drittel zog die ‚Heimkehr' nach Indien der harten Arbeit auf den Plantagen vor. Die Namen der Plantagen sind englisch geblieben, obwohl längst nicht mehr die Briten die Besitzer sind, sondern mehrheitlich der singhalesische Staat. Doch im Leben der Tamilen hat sich nur wenig geändert: Die Männer arbeiten in den Teafactories und die Frauen pflücken die jungen Teetriebe in ihre Kiepen und liefern sie abends voll gefüllt an den Sammelstellen ab.

Am frühen Nachmittag besichtigen wir eine dieser großen Teefabriken. Die Ernte jedes Tages wird sofort nach Eintreffen über beheizten Bändern getrocknet, nach Qualität sortiert und eingesackt. Keine vierundzwanzig Stunden vergehen, bis aus den frisch gepflückten Blättern der fertige Ceylontee geworden ist, der in schweren Säcken mit Gütesiegel versehen auf Lastern zu den Großhändlern nach Colombo transportiert wird. Wir sind etwas enttäuscht von der Fabrik, denn als wir die Besichtigung antreten, ist eigentlich die Tagesarbeit schon getan und wir bekommen eine sehr theoretische Erklärung des Tee-Entstehungsprozesses. Nichtsdestotrotz kaufen wir natürlich ein Kilo des preisgünstigen, vor Ort erzeugten Ceylontees.

Es hat leicht zu regnen begonnen und je näher wir Nuwara Eliya kommen, umso mehr nimmt der Regen zu. In Nuwara Eliya, oder Nurelia, wie es der Einfachheit halber genannt wird, regnet es, bis auf die extrem heißen und trockenen Monate April und Mai, fast immer. Eingebettet zwischen den hohen Bergen bekommt der Ort in 2000 Meter Höhe meist in den Nachmittagsstunden seine kräftige Portion Regen ab. Schade, wir hatten uns zumindest freundliches Wetter erhofft. Unsere Ängste, ob es denn am nächsten Morgen wenigstens schön sein werde, beschwichtigt Toni: „Morgen früh wird die Sonne scheinen! Wahrscheinlich." Tonis Worte in Buddhas Ohr! Kamal, der sich mit dem Wetter im Hochland besser auskennt, zeigt ehrliche Skepsis. „Vielleicht haben wir Glück. Man weiß nie." Wir checken erst einmal in unserer Herberge ein: Sehr einfach, sehr rustikal, bestenfalls zwei landesübliche Sterne. Aber wir haben es ja nicht anders gewollt. Immerhin liegen dicke Wolldecken auf den klammen Betten und das ist gut so, denn es ist empfindlich kühl und die Räume sind ungeheizt. Bei einer Tasse Tee warten wir in dem kleinen Aufenthaltsraum, dass der Regen vielleicht doch aufhört. Tatsächlich tröpfelt es am späten Nachmittag nur noch leicht, sodass wir einen kleinen Abstecher ins Zentrum von Nurelia machen können. Ein großer Platz mit der Markthalle in der Mitte und einigen Seitensträßchen, die zu beiden Seiten von kleinen Geschäften und Buden flankiert sind. Es mag an diesem trüben Nachmittag vielleicht zwölf, dreizehn Grad kalt sein, doch ich habe den Eindruck, dass wir uns in einem Wintersportort kurz vor Einbruch des ersten Schnees befinden. In allen Geschäften gibt es eine riesige Auswahl an Winterklamotten: Markenanoraks von Bogner bis zu Helly Hanson, Daunenjacken, Stiefel, Wollmützen, Handschuhe, Wanderrucksäcke und Schlafsäcke, die aussehen, als seien sie nordpoltauglich. Ich versuche mir klarzumachen, dass wir uns im tropischen Sri Lanka befinden. Doch das ist relativ schwer, da alle Menschen um uns in dicke Wintersachen gehüllt sind und einschließlich Toni und Kamal entsetzlich frieren. Ich versuche zu erklären, dass wir als Mitteleuropäer frühestens ab zehn Grad frösteln und uns erst bei Minusgraden in Daunenjacken hüllen. Unsere Freunde schauen uns nur ungläubig an und frieren ostentativ noch mehr. Wüsste ich nicht, dass unsere Koffer beim Rückflug schon übervoll sind und dass außerdem der nächste Winter noch in weiter Ferne ist, hätte ich sicher einen tollen Anorak gekauft, denn die Preise sind unglaublich verlockend.

Das Dinner im Guesthouse lässt zu wünschen übrig, doch, wie gesagt, wir wollten ja sparen und haben es nicht anders gewollt. In Nurelia gibt es eine Menge vier- und sogar fünfsternige Hotels, doch Toni hatte uns ja gewarnt. Spätestens am Abend wird es aber gemeinsam mit den singhalesischen Freunden richtig gemütlich und heiß. Unsere Flasche Whisky ist bald leer, doch Toni hat wohlweislich für genug anderen Stoff gesorgt und bevor wir spätabends unter die feuchten Wolldecken kriechen, sind zwei Arrakflaschen geleert. Verteilt auf sechs Personen ist das eine ordentliche Leistung. Die Gespräche und Themen an diesem langen Abend sind vielfältig und irgendwann, erinnere ich mich, nähert sich die Konversation auch einem sehr kontroversen Höhepunkt. Sowohl Ildiko als auch Petra sind emanzipierte Frauen, denen die Rolle der Frau in der Gesellschaft ein allzeit und überall wichtiges Anliegen ist. Ildiko kann es denn auch nicht lassen, auf die ihrer Meinung nach, unterdrückte Rolle der Frau in Sri Lanka hinzuweisen. Petra, die eigentlich noch gar keine eigene Erfahrung haben kann, pflichtet ihr bei. Und beide kommen dabei bei Toni an den richtigen Mann.

Ildiko: Warum versteckt ihr eure Frauen in der Küche?

Toni: Das tun wir gar nicht. Wir lieben und achten unsere Frauen.

Ildiko: Aha! Und warum dürfen sie dann nicht mit den Gästen essen und wo sind die Frauen in der Öffentlichkeit. Ich sehe immer nur Männer in den Kneipen.

Toni: Das ist eben so. Frauen gehören ins Haus. Da sind sie Chef.

Petra: Und du bist sonst überall Chef, nicht wahr?

Toni: (lacht) Genau! (Sagt Kamal etwas auf Singhalesisch. Kamal lacht.)

Ildiko: Was hast du eben gesagt?

Toni: Nichts. Nichts Wichtiges.

Ildiko: Ich will es aber wissen.

Toni: Dass du gar nichts über unsere Frauen weißt. Du hast keine Ahnung.

211

Petra und Ildiko: Wir sind selber Frauen. Wir wissen alles über uns. Und eure Frauen sind auch nicht anders.

Toni: Sri Lanka Frauen sind sauberer. Nicht verdorben.

Ildiko: Willst du damit sagen, dass wir...!

Toni: Nein, liebe Dame. Sie verstehen nicht. Das ist anders bei uns.

Ildiko: Wieso siezt du mich auf einmal?

Toni: Ist eben so. Ich mache Geschäft mit euch.

Ildiko: Na und?

Toni: Ich liebe meine Frau und meine Kinder. Mach alles für Familie.

Petra: Deshalb sperrst du deine Frau ein?

Ildiko: Wieso machst du dann immer andere Frauen an? Am Dunhinda-Wasserfall hast du die junge Frau angebaggert, als ob du lange keine Frau mehr hattest.

Toni: Das ist andere Geschichte. Männer und Frauen in Sri Lanka machen gerne Augenkontakt. Macht Spaß. Toni war immer gut bei Frauen. (Grinst selbstgefällig).

Ildiko: Und dann betrügst du einfach deine Frau. Findest du das gut.

Toni: Niemals betrügen. Immer nur Augenkontakt und lachen. Vielleicht Hände halten.

Petra: Du willst doch nicht sagen, dass da sexuell nichts läuft!

Toni: Nie. Immer nur Spaß. Sex nur, wenn verheiratet.

Ich: Willst du damit sagen, dass alle Frauen unberührt in die Ehe gehen?

Toni: Freilich, mein lieber Herr. Wenn bei Frau Häutchen kaputt, dann zurück zu Eltern.

Ildiko: Das ist ja wohl ein Witz. Das weiß doch jeder, dass das kein Beweis ist. Das Häutchen kann kaputt gehen beim Sport oder Berührung oder....

Toni: Nichts kaputtgehen. Wenn Frau nicht zu, dann muss zurückgeben und keine Heirat.

Ildiko: Das kann doch nicht wahr sein. Was seid ihr denn für Machos! Euch müsste man....
(Toni hat mehrmals während des Gesprächs sein Glas gefüllt. Er wird zunehmend unruhiger.)
Ich: (stoße meine Frau an, leise). Hör auf!
(Jürgen hat nur zugehört, rettet jetzt die gefährlich ausufernde Situation.)
Jürgen: Wann müssen wir morgen früh eigentlich losfahren?
Toni: Müssen früh aufstehen. Jeep kommt um 5.00 Uhr und dann eine Stunde Fahrt bis Parkeingang von Horton Plains.
Der Abend ist gerettet. Wir verstehen uns alle wundervoll, trinken die Reste Schnaps auf unser Wohl und nehmen uns vor, weiterhin nett zueinander zu sein.

Am nächsten Morgen um 5.00 Uhr ist der noch dunkle Himmel sternenklar. Es ist so kalt, dass ich froh bin, unter meine Windjacke noch einen Pullover angezogen zu haben. Der Jeep ist ein grasgrüner, in die Jahre gekommener englischer Landrover. Die Fahrerkabine ist von der mit einer Plane überdeckten Pritsche getrennt. Darauf sind in Längsrichtung zwei mit Plastik überzogene Bänke befestigt. Beim Einsteigen stoße ich mir den Kopf an dem niedrigen Holm, krabbele nach vorne, ein Plastikfenster im Rücken und fühle mich noch viel zu müde für jegliches Abenteuer. Die Nacht war kurz, und dass der Kopf brummt, liegt sicherlich nicht nur an den Einsteigeschwierigkeiten. Toni hat sich vorne neben den Fahrer gesetzt, ist offensichtlich so muffig, dass er kaum ein „Guten Morgen" schafft. Wir vier schweigen uns im Fond an. Nur Kamal ist bester Morgenlaune und beginnt nacheinander, unsere Hals- und Nackenmuskulatur durchzukneten. Wie schön, einen geübten Masseur mit auf Reisen zu haben.
Wir sind auf dem Weg in die Horton Plains. Im Jahre 1834 erhielt die Hochebene ihren Namen, als zwei englische

Offiziere sie nach dem damaligen Gouverneur von Ceylon, Sir Robert Wilmot Horton benannten. Die Horton Plains sind Sri Lankas einziger Gebirgs-Nationalpark und das Beispiel eines tropischen Gebirgs-Nebelwaldes. Die waldreiche Hochebene ist auch die Quelle und Wasserscheide von Sri Lankas mächtigsten Flüssen, dem Kelani und dem Mahaweli, die größte Teile der Insel mit Wasser versorgen. Häufige Regenfälle und aus dem feuchten Tiefland aufsteigende Nebelwolken haben auf der über 2000 Höhenmeter gelegenen Ebene eine einzigartige Flora entstehen lassen. Alles Leben hat sich den Bedingungen der Höhenlage angepasst. So hat sich hier eine Vielfalt endemischer Flora und Fauna entwickelt. Einige Tierarten wie die kleinen Loris, eine Affenart, oder die Langkrallenspitzmaus, finden sich nur hier. Sambarhirsche (Cervus unicolor) sind häufig anzutreffen und die Chance, einen Leoparden zu erblicken, ist hier größer als anderswo. Früher lebte auch eine besondere, kleinwüchsige Spezies von Elefanten in beachtlicher Zahl auf der Hochebene. Für Beobachter seltener oder gar endemischer Vogelarten sind die Horton Plains darüber hinaus ein wahres Paradies. 1988 wurde die Hochebene zum Nationalpark erklärt und damit erhielten diese einzigartige Landschaft und seine Lebewesen endlich den ihnen gebührenden Schutz. Einzige Ausnahme ist das Forellenfischen, das noch erlaubt ist. Natürlich ist World's End am Südende des Parks die wichtigste touristische Attraktion. Doch wer wandern will, findet zahlreiche einsame Pfade und Wege, die zu Wasserfällen und Gipfeln führen.

Wir haben, wenig genug, nur einen halben Tag Zeit für die Horton Plains und das reicht nicht für mehr als die Wanderung zum World's End.

Der Höhenunterschied zwischen Nurelia und dem Parkeingang ist kaum bemerkenswert, wenig mehr als einhundert Meter. Dennoch rattert der Jeep sehr langsam und bisweilen mühsam über die schlechte Straße, an der zu beiden Seiten ärmliche, kleine Siedlungen und vereinzelte Hütten stehen. Trotz der frühen Stunde sind schon zahlreiche Menschen, winterlich angezogen, unterwegs. Kinder winken uns zu, Hunde jagen kläffend hinter unserem Fahrzeug her. Einmal machen wir einen kurzen Fotostopp und versuchen die ungeheure Weite der Landschaft einzufangen.

Auf den letzten Kilometern geht es durch dichten Hochwald und die Straße ist so schlecht und steil geworden, dass außer einem Jeep kein anderes Fahrzeug sie schaffen würde. Selbst unser Wagen hat Mühe, die Haarnadelkurven in einem Anlauf zu bewältigen. Kurz nach Sonnenaufgang sind wir am Ausgangspunkt der Wanderung. Ein Eingangstor, das ,Farr Inn', eine kleine Hütte, in der es Tickets, Getränke und Knabbereien zu kaufen gibt, etwas entfernt auf einem Hügel ein sogenanntes Museum, in das wir nach der Rückkehr einen kurzen Blick werfen. Das ist alles. Außer den Rangers des Wild Life Department und den Leuten vom Farr Inn lebt niemand hier oben.

Toni hat beschlossen, zu bleiben und versucht vergebens, Kamal zu überreden, mit ihm auf uns zu warten. Kamal kommt mit auf die Wanderung und außerdem begleitet uns ein ortskundiger Guide, ein schmächtiger Mensch unbestimmbaren Alters, dessen Haare noch schwärzer und dessen Haut noch dunkler ist als die von Kamal, und das will durchaus etwas heißen. Ich werfe Toni einen letzten, verachtungsvollen Blick zu und dann ziehen wir zu sechst los.

Eine weite, wie von grünem Moos und niedrigen Pflanzen bewachsene Bergwiese öffnet sich vor uns. Ein markierter Wanderpfad windet sich durch von kleinen Blumen gesprenkeltes Grasland, zerzauste Büsche kuscheln sich in Kuhlen und Senken, vom starken Regen des gestrigen Tages steht noch Wasser in Pfützen und zwischen den Steinen glitzern Lachen in der Morgensonne. In einiger Entfernung steht niedriger Wald dunkel vor dem blauen Himmel. Zwischen dem Grün der Senke und dem Waldrand schimmert der Boden in einem eigenartigen Rotviolett, das in seiner Farbigkeit an die weiten Lavendelfelder Südfrankreichs erinnert. Landschaften zu vergleichen, ist immer fragwürdig und dennoch wage ich es, zumindest dieses erste Stück unserer Wanderung der kargen Landschaft der schottischen Hochmoore anzunähern.

Es dauert nicht lange, da erblicken wir tatsächlich am Rande eines dichten Rhododendronwaldes zwei Sambarhirsche im kniehohen, grau glänzenden Gras. Die Ricke lässt sich beim Äsen nicht stören, der Hirsch aber, mit stolzem Geweih auf dem schmalen Kopf, äugt uns aufmerksam entgegen. Andere Tiere, das sei vorweg gesagt, haben wir auf der Wanderung nicht gesehen, wohl aber viel Vogelgezwitscher gehört. Der Guide geht voran und Kamal macht den Abschluss unserer kleinen Gruppe. Bald geht der offene Pfad in ein steiniges, halbwegs trockenes Bachbett über, das sich durch einen kaum zu durchdringenden niedrigen Wald windet. Ganze Waldstücke allerdings ähneln Baumfriedhöfen. Wissenschaftler rätseln über die Ursachen dieses Waldsterbens. Vielleicht ist es der weltweite Klimawechsel, die starken Temperaturunterschiede, vielleicht tragen auch die Waldrodungen in den unteren Regionen die Schuld oder die Abnahme des Grundwasserspiegels. Knorrige, kahle Äste verwirren sich mit solchen, die dichtes, rötlich glänzendes Laub tragen, Gelb- und Grüntöne mischen sich in die Farbigkeit und wenn das Walddach über uns einmal eine Lücke hat, glänzt darüber die makellose Bläue des jungen Tages. Das Blattwerk der Bäume glitzert noch ledrig vom Regen der Nacht und die Spitzen enden in einem Rotbraun, das aussieht wie ein Meer von Weihnachtssternen. Wir wandern wie durch einen Tunnel über einen glitschigen Boden, dessen rötliche Steinquader und vom ständigen Regen und Wasserfluten ausgewaschene Stufen bei jedem Schritt höchste Aufmerksamkeit erfordern. Wir reden wenig miteinander. Jeder konzentriert sich auf seine Schritte, nimmt die einzigartige Landschaft in sich auf und lässt den Gedanken freien Lauf. Ich habe davon gelesen, wie sehr die Engländer diese Landschaft in Besitz genommen, sie benannt und letztendlich auch geprägt haben. Ich fühle mich zurück versetzt in die Zeiten der englischen Kolonialmacht. In den heißen Sommermonaten Januar bis April verbrachte die Gentry ihre Zeit mit Vorliebe im Hochland. In den Landhäusern in Nurelia war es angenehm kühl, das Klima erinnerte an die englische Heimat. Selbst die häufigen Regenfälle weckten heimatliche Gefühle. Man spielte Golf, besuchte die Trabrennen, setzte am Totalisator auf die Pferde der reichen Lords, die aus Colombo angereist waren. Und ab und zu begab man sich zur Jagd in die nicht allzu weit entfernen, favorisierten Jagdgründe der Horton Plains. Parties von mit Jagdflinten bewaffneten Sportsmen ritten über die unberührten Pfade, begleitet vom Gebell ihrer Hunde, die Bluebeard, Lucifer und Bran hießen. Wild gab es in Hülle und Fülle. Man jagte Sambars, Eber und gelegentlich auch Leoparden. Wer auf abseitigen Pfaden wandert, findet vielleicht auch an einer Felswand am Kirigalpotta, dem zweithöchsten Gipfel des Landes (2313 m), die Gedenktafel, die an den Tod des englischen Pflanzers Hubert Arthur Grigg erinnert. Grigg hatte oft in den Hortons gejagt und sein am meisten geliebter Hund war von einem Leoparden gerissen worden. Es war Griggs Wunsch, einst neben seinem Hund begraben zu werden. Nach seinem Tod 1931 wurde seine Asche nach Ceylon geflogen und von Mitgliedern des Horton Plains Hunt Club an der bezeichneten Stelle beigesetzt.

Da gab es auch einen Engländer namens Samuel Baker, der in seinem späteren Leben als großer Nil-Forscher berühmt wurde. In Sri Lanka war er am besten bekannt für seine Jagd-Metzeleien und seinen lokalen Ruhm erwarb er hauptsächlich als einer der größten Elefanten-Killer seiner Zeit. Ein Wasserfall wurde nach ihm benannt. Am Ende unserer Wanderung schaue ich mir im Museum Bilder dieses Menschen an: Wie er breit übers ganze Gesicht strahlend seinen rechten Fuß auf den niedergestreckten Elefanten stützt und die Flinte quer über den Bauch hält. Ein stolzer Jäger vor seiner Trophäe! Wie viele Elefanten schaffte dieser prächtige Waidmann an einem Tag. Wie lange brauchten er und seine Genossen, bis alle Elefanten der Horton Plains ausgerottet waren? England kann stolz auf seine Landsleute sein.

Ziemlich genau nach vier Stunden haben wir Little World's End erreicht, ein Vorspiel für den gewaltigen Ausblick des großen World's End. Von da ab geht es immer nahe am Rande des Steilabfalls entlang, bis wir nach einer knappen Stunde unser Ziel erreicht haben. Glückliche Momente auf dem Höhepunkt der Wanderung: Über uns die Weite des Himmels, unter uns die Tiefe, in der Ferne der Ozean. Und dann steigen wie weiße Gespenster die Wolken an den Wänden empor. Wir müssen zurück, bevor uns der Nebel einhüllt und den Weg noch beschwerlicher macht. Vielleicht gibt es ja auch Regen. Einen Moment überlegen wir noch, ob wir den Umweg über die Baker Falls nehmen sollen, doch der Blick auf die Uhr gemahnt uns daran, dass es Zeit wird zurückzukehren, denn am Abend wollen wir schließlich wieder in Bentota sein. Also wandern wir den gleichen Weg zurück. Unterwegs kommen uns Wanderer entgegen und wir bedauern sie im Stillen, denn der Blick in die Tiefe wird ihnen verwehrt bleiben. „Wer zu spät kommt...“! Zurück geht es schneller. Nach drei Stunden hat Toni uns wieder. Eine Stunde später holen wir eiligst unsere Klamotten aus dem Guesthouse und es geht auf die Heimfahrt. Das Wetter hat gehalten, sodass wenigstens die ersten Fahrstunden durch die abwechslungsreiche Landschaft des Hochlandes noch angenehm sind. Doch irgendwann beginnen wir unter dem ständigen Gerüttel des Fahrzeugs, den Kurven, dem unablässigen Gegenverkehr zu leiden. Toni meint, uns aufmuntern zu müssen, doch seine Witze sind abgestanden und einige hören Ildiko und ich bereits zum dritten Mal. Die Dunkelheit bricht ein und jeder Kilometer kommt einem noch länger vor. Um 21.00 Uhr sind wir endlich in unserem Hotel, müde und voll von Eindrücken.

Horton Plains war wundervoll, doch eigentlich sollte man sich für die Tour drei Tage Zeit nehmen und einen vollen Tag auf der Hochebene verbringen.

Unterwegs in den Horton Plains

219

Polonaruwa (1999)

Es gibt ein neues und ein altes Polonaruwa. Das neue ist uninteressant. Man fährt durch und vorüber. Das alte aber, die imponierende Ruinenstadt, lässt auch heute noch ahnen, dass sie einst neben Anuradhapura die bedeutendste Königsstadt des Landes war. Wann die Stadt gegründet wurde, ist unbekannt. Hauptstadt aber wurde sie zum ersten Mal im 8. Jahrhundert und blieb danach viele Jahre lang zumindest Ersatzhauptstadt.

Wir besichtigten Polonaruwa bei unserem ersten Sri Lanka-Aufenthalt mit einer geführten Tour: In drei Tagen zu den Highlights der Insel. Es war eine anstrengende Reise, für vieles war die Zeit zu knapp, das Wetter war wechselhaft und dennoch bekamen wir einen guten Eindruck von den Schönheiten der Insel.

Als wir damals das antike Polonaruwa erreichten, war der Himmel grau. Ein leichter Nieselregen bestäubte die Luft, die gesättigt war von schwüler Feuchte. Wir waren unentschlossen, ob wir uns bei dem Wetter zwischen die Ruinen wagen sollten. Zwar hatten alle Regenbekleidung und Regenschirm dabei, aber dennoch ...? Der Reiseleiter nahm uns die Entscheidung ab: „Wir besichtigen die Überreste der Königstadt!"

Mir geht es wie bei vielen zuvor besichtigten Ruinen: Man klettert über Fundamente, steigt über zerfallene Stufen, liest die eine oder andere erklärende Tafel, blickt auf Audienzhallen und Ratskammern, versucht sich den alten Königspalast vorzustellen und scheitert doch. Meine Phantasie reicht oft nicht aus, mir vorzustellen, wie vor mehr als einem Jahrtausend dieses riesige Gelände ausgesehen haben mag, mit den Freitreppen, Tempeln und Palästen, von denen heute nur noch Grundmauern und Fragmente zu sehen sind. Die

Menschen, die in dieser Residenz lebten, sahen möglicherweise ähnlich aus wie die heutigen und wie sie in den Gassen und Sträßchen ihren Geschäften nachgingen, unterschied sich wahrscheinlich auch nicht allzu sehr von dem heutigen Treiben in einer singhalesischen Stadt.

Wir schlendern an den Resten antiker Mauern vorüber, auf denen Eidechsen vor uns in Spalten fliehen, stehen vor umgestürzten Säulen, betreten das, was von der Halle eines einst herrschaftlichen Hauses übrig geblieben ist und hören mehr oder weniger aufmerksam den Erklärungen unseres bemühten Führers zu.

Einmal steht Ildiko vor einer großen Buddhastatue in den Ruinen eines ehemals großen Tempels. Ich hebe die Kamera und will ein Foto machen: ‚Ildiko vor Buddha'. Was Touristen eben so einfällt. „No, please not!" Unser Guide ist entsetzt und ich schäme mich, weil ich vergessen habe, welch eine Entweihung es ist, den Erleuchteten mit einem weiblichen Wesen zusammen abzulichten. „Entschuldigung! Ich habe nicht daran gedacht." Innerlich bin ich empört: Wäre unser buddhistischer Begleiter auch eingeschritten, wenn ich als Mann vor der Statue abgelichtet worden wäre?!

Ruinen haben ihren Reiz: Ich mag das Fragmentarische, das so viel Raum bietet, sich seine eigenen Bilder zu schaffen. Manchmal streift mich beim Anblick einer umgestürzten Statue oder eines Treppenaufgangs, dessen einstige Pracht noch zu erahnen ist, eine vage Idee von der vergangenen Größe und der überragenden Bedeutung der Ruinenstadt. Unser Führer bemüht sich redlich und in holprigem Englisch, Polonaruwa zum Leben zu erwecken. Er zeigt uns das einst von zwei Löwenfiguren flankierte königliche Bad, das ‚Hatadage', das Haus der sechzig Reliquien, in dem auch die heute in Kandy gehütete Zahn-Reliquie Buddhas aufbewahrt worden sein soll und führt uns zur ‚milchweißen Vihara', einer 24 Meter hohen Dagoba. Hellweiß verputzt hat dieses pagodenartige Gebäude relativ unbeschädigt die Jahrhunderte überdauert. Nördlich dieser Dagoba führt uns der Weg zu dem beeindruckenden Fels-Tempel. Dieser Komplex umfasst vier aus einem Granitfelsen gehauene Buddhafiguren, von denen die größte vierzehn Meter lang ist und einen auf seiner rechten Seite liegenden Buddha zeigt, gerade in dem Moment, in dem er ins Nirwana übergeht. Eine Art von ruhevoll-harmonischer Erhabenheit strahlt von der gewaltigen Statue aus, die mir als stärkste Erinnerung an Polonaruwa bleiben wird. Wir sitzen auf einer Steinmauer und betrachten die beeindruckende Gestalt. Plötzlich kommt ein winzigkleiner Hund hinter einigen Büschen hervor. Erbärmlich abgemagert, mit kaum noch Fell auf dem knochigen Körper, ist er ein Bild des Jammers. Er streckt sich auf allen Vieren vor dem majestätischen Buddha aus, ist nur ein grauer Fleck, gleichsam ein Schandfleck vor der anbetungswürdigen Heiligkeit. Was für ein Mensch mag das Hündchen im vorigen Leben gewesen sein und womit hat er solch ein trauriges Hundeleben verdient?

Auf dem Rückweg zum Bus kommen wir an einem Teich vorüber. Graue Wasserbüffel stehen bis zu den Schultern in dem dunklen Gewässer. Auch sie geben ein Bild ab, das Ruhe und Harmonie vermittelt. Glutrot versinkt eine zart verschleierte Sonnenscheibe hinter den fernen Bergen. In ihrem Nachglanz überzieht sie den Horizont mit einer orangefarbenen Decke, bis kurze Zeit später der nachtgraue tropische Abend hereinbricht.

Die Höhlentempel von Dambulla (2000)

Wie in allen Reiseländern gibt es auch in Sri Lanka die Orte und Stationen, die jeder Reiseveranstalter auf den Rundreisen anläuft. Kaum ein Sri Lanka-Urlauber, der Dambulla nicht einen Besuch abstattet. Wir haben diesen Ort bereits beim ersten Aufenthalt ‚abgehakt'. Vom 6. Jahrhundert v. Chr. bis ins 11. Jahrhundert n. Chr. war Anuradhapura die Hauptstadt des singhalesischen Königreiches. Bis ins 14. Jahrhundert waren jedoch die singhalesischen Könige unter dem Druck tamilischer Invasionen aus Südindien und kriegerischer Auseinandersetzungen mehrfach gezwungen, ihre Residenz zu verlegen. So wurden Polonaruwa und Sigiriya zeitweilig die Hauptstädte des Reiches und auch Dambulla beherbergte kurzzeitig einen vertriebenen Herrscher.

In den Höhlen von Dambulla lebten bereits vor 2200 Jahren Mönche. Politisch bedeutsam wurden sie aber erst im Jahre 102 v. Chr., als der König Valagama Bahu bei ihnen Zuflucht vor den Tamilen fand, die Anuradhapura besetzt hatten. Vierzehn Jahre lebte der König hier und als er sein Exil verlassen und wieder auf den Thron zurückkehren konnte, ließ er aus Dankbarkeit ein Kloster und einen großen Tempel errichten. Die Statuen und Malereien, die jeweils im 11., 12. und 18. Jahrhundert erneuert wurden, stammen aus dieser Zeit. In den fünf großen Höhlentempeln erwarten neben den historischen Malereien, die das Leben Buddhas darstellen, 153 Buddhastatuen, drei Statuen von Königen und vier von Göttern, darunter die Hindugötter Vishnu und Ganesha, die Besucher.

Um zu dem Weltkulturerbe zu gelangen, bedarf es einiger Mühe. Vom Fuße eines goldenen Buddha führen 600 Stufen zu den Tempeln hinauf, die sich in einem etwa 150 Meter hohen Granitfelsen befinden. Während des Aufstiegs sind wir ständig in unterschiedlichster Gesellschaft. Affenfamilien begleiten uns von Stufe zu Stufe. Es sind sogenannte Ceylon-Hutaffen und an ihnen vorbeizukommen, gleicht fast einem Spießrutenlaufen, weil sie überall auf den Treppen sitzen und die Besucher aufdringlich um Futter anbetteln. Gibt man einem der niedlichen Jungtiere etwas, muss es ganz schnell die Beute vor den gierigen Herren des Affenvolkes in Sicherheit bringen und zum Lohn für die gute Tat wird man die Bande nun gar nicht mehr los. Immerhin gibt sich das Affenvolk im Gegensatz zu den Bettlern, mit denen man auch zu tun bekommt, mit Erdnüssen und Bonbons zufrieden. Fliegende Händler haben ihre Waren am Rande der Treppen ausgebreitet, strubbelige Kinder bitten mit herzerweichendem Augenaufschlag um Money, Bonbons oder Kugelschreiber und hin und wieder blickt uns ein schläfriger Hund entgegen.

Hinter dem Kassenhäuschen lassen wir unsere Schuhe zurück und nehmen die Mützen vom Kopf. Gesittet gekleidet mit bedeckten Schultern und langen Hosen sind wir sowieso. Der Boden des Felsplateaus ist glatt und heiß. Zum Glück haben wir unsere Socken angelassen. Ohne sie wäre es kaum möglich, auf einer Stelle stehen zu bleiben. Von hier oben hat man einen atemberaubenden Blick über die weite Ebene, aus der sich einzelne Felskegel wie Mahnmale erheben. Einer davon ist in nordöstlicher Richtung der imposante Monolith von Sigiriya.

Rechterhand am Fuße des granitenen Felsüberstandes sind die weißen Eingangstore zu den Tempeln. Der erste beherbergt einen aus Granitfelsen gemeißelten vierzehn Meter langen liegenden Buddha, kurz vor dem Übergang ins Nirwana. Zu seinen Füßen sieht man die Figur des Lieblingsschülers Ananda. In dem schummrigen Halbdunkel kann man an der niedrigen Decke die 700 Jahre alten Gemälde, die Stationen aus Buddhas Leben zeigen, nur schwach erkennen.

In der zweiten und größten Höhle sind die kostbarsten Statuen, darunter allein sechzig Buddhas, in allen Positionen zu sehen. 1500 farbenprächtige Szenen aus dem Leben des Erleuchteten schmücken die Decke. Aus einem kleinen Hohlraum im Deckengewölbe tropft ständig Wasser in eine Schale. Als heiliges Wasser wird es für religiöse Zwecke verwendet. Im dritten Höhlengewölbe sieht der Besucher die Statue des letzten Kandy-Königs Rajasingha und weitere Buddha-Figuren aus Marmor, Sandel- und Ebenholz. Im vierten Gewölbe soll die kleine Dagoba einst den Schmuck der Gattin von König Valagama enthalten haben und im letzten Höhlentempel schließlich gibt es neben weiteren Abbildern des Erleuchteten und Wandmalereien auch Statuen von Kataragama und Vishnu.

So sehr sich die fünf Tempel gleichen, so unterschiedlich sind doch die Eindrücke durch die jeweils anderen Lichtverhältnisse, die Schattenwürfe, Adern und Linien im Fels. Durch die Wiederholung des scheinbar Gleichen entsteht eine eigenartige Vielfalt.

Nicht zuletzt durch die Tatsache, dass Buddhafiguren und hinduistische Götter in schöner Eintracht nebeneinander stehen, ist Dambulla auch ein Beweis toleranter Religiosität.

Voll von Eindrücken und um eine Anzahl von Fotos reicher, lassen wir am Schluss noch einmal Dambulla als den größten Tempelkomplex des Landes auf uns wirken: die üppige Vegetation der näheren Umgebung, die steile Felswand mit den Höhleneingängen, die kreischenden Vögel, die ständig an den Felsen entlang fliegen, ihre Nester in den Felsüberhängen und nicht zuletzt den herrlichen Ausblick. Gegen eine kleine Aufmerksamkeit bekommen wir am Tempelausgang auch unsere Schuhe wieder und mit ihnen an den Füßen geht der Abstieg zum Parkplatz zwischen

225

Affen, Händlern, Bettlern und Kindern hindurch recht schnell vonstatten.

Sigiriya (2000)

Ich wache auf und nehme verwundert ein gleichmäßiges Rauschen wahr. Ich öffne den Vorhang und traue meinen Augen nicht: Ströme von Wasser ergießen sich aus einem schwarzen, wolkenschweren Himmel. Es ist 5.30 Uhr und nach der kurzen Nacht im piekfeinen Fünf-Sterne-Bungalowhotel Culture Club, nicht weit entfernt von Dambulla, würde ich mich angesichts des Sauwetters am liebsten wieder auf die andere Seite drehen und weiterschlafen. Doch bei einer Gruppenreise ist das unmöglich. Um 6.00 Uhr sollen wir uns zum Frühstück einfinden, denn je früher wir am Felsen von Sigiriya sind, desto besser. Draußen ist es schwül wie in einer Waschküche Bei diesem wolkenbruchartigen Regen tue ich keinen Schritt nach draußen. Ein Meter und ich bin triefnass. Woher einen Regenschirm nehmen? Ein Hotelgast kommt mit einem großen Sonnenschirm vorüber und ruft uns zu, wir sollen warten, er werde uns einen Regenschutz bringen. Wenig später erscheint der nette Mensch tatsächlich mit einem zweiten Schirm. Natürlich dauert das Frühstück bei so einem Hundewetter länger als geplant. Wofür auch beeilen? Doch der Reiseleiter drängt: „Besser, wir warten am Fuße des Felsens von Sigiriya", sagt er und treibt uns in den Bus. „Vielleicht hört ja der Regen auf."

Eine knappe Stunde Busfahrt später haben wir das Ziel vor Augen: Mitten aus der Ebene ragt rechteckig ein klobiges Felsungetüm wie eine schwarze Kiste 185 Meter hoch empor. Sigiriya, 1982 von der UNESCO zum Weltkulturerbe erklärt, ist eine der im wahrsten Sinne des Wortes herausragenden Sehenswürdigkeiten Sri Lankas.

Der Regen hat nachgelassen und kurze Zeit später nieselt

es nur noch. Auf geht's! Mit dem Regenumhang um die Schultern gelingt es sogar überzeugend, die aufdringlich-liebenswürdigen singhalesischen Boys abzuwehren, die uns unbedingt einen Regenschirm samt ihrer Begleitung andienen wollen. Wir durchqueren die Ruinen der alten Königsstadt zu Füßen der Bergfestung. Ihre Entstehung geht zurück auf die bluttriefende Geschichte zweier Männer, die sich im fünften Jahrhundert fürchterlich befehdeten.

Der eine war Kassapa, Sohn einer Nebenfrau des Königs, der andere Mogallana, sein Halbbruder und der rechtmäßige Thronfolger. 473 n. Chr. brachte Kassapa den König Dhatusena von Anuradhapura um und sicherte sich so die Thronfolge. Mogallana floh nach Süden, weil auch er die Ermordung durch den Usurpator fürchtete. Aus berechtigter Furcht vor der Rache Moggalanas, ließ Kassapa auf dem monolithischen Felsen eine Festung erbauen und verschanzte sich darin. Wie alle Diktatoren hatte er einen Hang zur Prachtentfaltung und so muss der Palast, nicht nur was Statik und Architektur betrifft, ein Wunderwerk gewesen sein. Die natürlichen Gegebenheiten der schwer zugänglichen steilen Höhe ermöglichten eine leichte Verteidigung und machten das Bauwerk fast uneinnehmbar. Von hoch oben konnte man die ganze Ebene überblicken. Wachsame Augen erkannten jede feindliche Annäherung schon von weitem. Die Wachen mussten seinerzeit auf schmalen Felsvorsprüngen stehen, und nur die Furcht, vor Übermüdung einzuschlafen und in die Tiefe zu stürzen, hielt sie munter.

Zum Glück geschieht es in der Weltgeschichte doch bisweilen, dass das Gute siegt und die Gerechtigkeit ihren Lauf nimmt: In einer Schlacht im Jahre 491 besiegte der gute Königssohn Moggallana den Bösewicht Kassapa, der sich aber der verdienten Strafe entzog, indem er sich selbst die Kehle durchschnitt. Mogallana regierte bis zum Jahr 508, ohne allerdings die Felsenfestung von Sigiriya noch zu nutzen. Er gab das Gelände den buddhistischen Mönchen zurück, die es bis ins 14. Jahrhundert als Meditationszentrum nutzten.

Die großen Regenpfützen umgehend, kommen wir an kleinen Wasserbecken vorüber, in denen vor langer sogar Springbrunnen sprudelten und während wir die ersten, teilweise mit einer grünen Moosschicht bedeckten Stufen hinaufsteigen, sehe ich vor meinem inneren Auge die Kämpfe und Gemetzel der gegnerischen Horden. Der leichte Nieselregen hat inzwischen aufgehört, ein silbrig schimmernder Dunst liegt über dem Gelände und verleiht dem Ort eine eigenartige Magie.

Schon nach dem ersten Drittel der insgesamt 1200 Treppenstufen steht mir der Schweiß auf der Stirn und im Nacken. Gut, dass der Himmel bedeckt ist, sonst wäre es noch heißer. Links und rechts an den steil aufragenden Felswänden sind die Spuren treppenartiger Stützen zu sehen, auf denen Dächer und Balustraden ruhten. Kleinpaläste, Häuser, Gemächer von Ministern und Beamten ragten hier einstmals aus dem Fels. Die erste Stufenetappe endet an einer Wendeltreppe. Vorsichtig die Schritte setzend gelangen wir zu einer überhängenden Plattform. Beim Blick in die Tiefe wird mir fast schwindlig. Doch der Blick zur anderen Seite stimmt mein Männerherz froh: Hier befinden sich an den Wänden die Fresken der berühmten barbusigen Frauengestalten. Auf dem Alabastergrund der Felswand strahlen die Naturfarben wie eh und je. Etwa um das Jahr 465 herum zeichneten unbekannte Künstler die barbusigen Mädchen, deren Oberkörper aus den Wolken ragen und die daher den Namen ‚Wolkenmädchen‘ erhalten haben. Die Damen ohne Unterleib sind hübsch anzusehen. Mit Blumen im Haar, Ohrgehängen und prachtvollen Halsketten über den üppigen Brüsten zieren sie die Mauer und blicken die Besucher mit züchtig gesenkten Blicken an. Ursprünglich gab es einmal fünfhundert solcher Fresken. Kaum zu glauben, dass noch im Jahr 1976 viele von ihnen mutwillig zerstört wurden. Heute sind nur noch einundzwanzig erhalten.

Es klingt wie ein Witz und ist doch vielleicht bezeichnend für die Art und Weise srilankischer archäologischer Rettungsversuche: Bei der Restaurierung fanden die Künstler die Busen einiger Mädchen zu schlaff. Also versetzten sie einfach die Brustwarzen etwas nach oben, sodass die Brüste wieder prall und aufrecht aussahen. Bei einem der Mädchen vergaß man dabei, die verblasste alte Warze ganz weg zu retuschieren. Armes Wolkenmädchen! Nun muss es zeitlebens drei Brustwarzen zur Schau tragen.

Ich verabschiede mich von den Wolkenmädchen und weiter geht es über eine steile Treppe. Wieder einmal plagt mich meine Höhenangst, als ich notgedrungen nach unten gucken muss. Hundert Meter sind keine Höhe, ich weiß, aber die Vorstellung, hundert Meter tief herunter zu fallen, verursacht mir Schweißausbrüche. Ich bin schließlich kein Vogel. Die Treppe ist so schmal, dass halbwegs sicher immer nur eine Person herauf oder herunter kann. Wir können dem Wetter nur dankbar sein, dass es heute so durchwachsen ist, sonst würden sich an dieser Stelle die Besucherscharen stauen. So sind wir fast allein.

Wenig später versperrt die sogenannte Spiegelmauer aus dem fünften Jahrhundert den Blick in die Tiefe. Auf dieser zwei Meter hohen, mit poliertem Kalkstein überzogenen Mauer, die bis heute ihren Glanz nicht verloren hat, haben sich Jahrhunderte lang Besucher mit Kritzeleien verewigt und so gilt sie als ältestes Graffiti Sri Lankas. Über steile Stufen gelangen wir zur Löwen-Terasse. Hier befand sich einmal ein riesiger, aus Stuck und Ziegelsteinen gefertigter Löwe, von dem nur noch die riesigen Pranken erhalten sind. Zwischen ihnen begann die Treppe, die durch das geöffnete Maul des Raubtiers zum Eingang des Herrscherpalastes führte. Der Aufgang ist dem Zahn der Zeit zum Opfer gefallen. Heute führen Eisentreppen und Planken serpentinenartig in einem schwindelerregenden Aufstieg in die Höhe. Die Stufen sind so schmal, dass gerade mal zwei Füße nebeneinander passen. Ich habe das Gefühl, über dem Abgrund zu schweben und bin nur ein einziges Mal so verwegen, nach unten zu blicken. Zum Glück haben die Treppenerbauer Aufstieg und Abstieg getrennt, sodass es wenigstens keinen Gegenverkehr gibt. Ein abgegriffenes Eisengeländer bietet ein Minimum an Halt und Sicherheit.

Die Regenwolken hängen tief, feuchte Nebel schweben über dem Plateau, Windböen treiben milchige Schwaden um den Felsen und für Momente hängen wir Treppensteiger wie Gespenster im Dunst. Geisterhaft umweben uns die uralten Geheimnisse dieses magischen Ortes.

Dann ist es geschafft. Auf dem Gipfel-Plateau des Monolithen weht ein heftiger Wind und trocknet die schweißnasse Stirn. Der Blick schweift in die Weite der vom Regen noch schimmernden, grünen Ebene. Dem einfachen Volk war es zu Kassapas Zeit verboten, diesen Teil der Festung zu betreten. Und so residierte hier oben der König allein mit seinem engsten Hofstaat und mag von der stürmischen Höhe Ausschau gehalten und sich vor dem Tag gefürchtet haben, an dem sein Halbbruder anrücken und das Königreich zurück erobern würde.

Wir erkunden die Überreste des Palastes, die Versammlungshalle, das Bad, den Tanzplatz und den Thron. Obwohl die Sonne die dichte Wolkendecke nicht durchdringt, ist es heiß und die feuchte Schwüle ist auch nicht dazu angetan, sich besonders wohl in seiner Haut zu fühlen. Es ist bald an der Zeit, an den Abstieg zu denken. Es geht die gleiche Himmelsstiege hinab und aus Angst, ich könnte das Gleichgewicht verlieren, konzentriere ich mich bei jedem Schritt auf meine Füße. Als wir wieder in den Gärten am Fuße des Felsens angelangt sind, habe ich das gute Gefühl, nicht nur ein überragendes historisches Denkmal besichtigt, sondern mich selbst überwunden und auch eine ordentliche physische Leistung vollbracht zu haben. Mein Kreislauf und meine Gelenke haben die Strapaze überstanden.

Dank der UNESCO, dass sie Sigiriya zum Weltkulturerbe erklärt hat und dass damit gewährleistet ist, dass es in seiner Einmaligkeit erhalten bleibt. Sigiriya ist ein Ort, von dem zu träumen sich lohnt.

Wasserfälle im Hochland (bei Nuwara Eliya

Nurelia und Adam's Peak - Tee und Muskelkater

Die Weltlage ist problematisch zu Ostern 2002. George Bush Junior schwadroniert über die Achse des Bösen, Amerika investiert mehr Geld in die Rüstung als je zuvor, der Irak gerät ins Fadenkreuz der Rambo-Generale und ein Krieg ‚mit kleinen Atomwaffen' ist wieder denkbar geworden. Kein Wunder, dass unter solchen Umständen die Reiselust allgemein und die Fluglust in ferne Länder insbesondere gedämpft sind. Bin Laden lebt und der 11. September 2001 ist in aller Gedächtnis.

Wir reisen. Jetzt erst recht.

Dieses Mal haben wir uns vorgenommen, Nurelia zu besuchen und den Adam's Peak zu besteigen. In und um Nurelia, oder mit vollem Namen Nuwara Eliya, im kühlen, regenreichen und bergigen Zentrum der Insel schufen sich die Engländer ihr ‚Little England'. Wenn es an der Küste brütend heiß war, entspannte man sich hier bei Golf und Pferderennen.

Adam's Peak ist mit 2343 Metern der vierthöchste Berg Sri Lankas. Sein spitzer Kegel ragt unverkennbar und weithin sichtbar aus dem Gebirgsmassiv heraus. Adam's Peak heißt in der Landessprache Sri Poda und ist nicht nur den Buddhisten ein heiliger Berg. Bevor Buddha ins Nirwana übergegangen ist, hat er auf dem Gipfel einen riesigen Fußabdruck hinterlassen. Für die Hindus stammt der Fußabdruck von Shiva, für die Christen vom heiligen Thomas und die Moslems schließlich glauben, dass Gott Adam und Eva nach der Vertreibung aus dem Paradies auf diesem Berg leben ließ, denn Sri Lanka war der Ort auf Erden, der dem Paradies am nächsten kam.

Tenni Abegunewardana wird unser Fahrer für die Tour sein. Mit ihm haben wir schon mehrmals gute Erfahrungen gemacht. Am Dienstag, den 26. März um 6.00 Uhr geht es los und am Mittwochnachmittag werden wir wieder zurück sein.

Auch frühmorgens herrscht auf der Galle Road schon dieser verwirrende Alles-Durcheinander-Verkehr. Kurz hinter der großen Dagoba in Kalutera verlassen wir die Hauptstraße und nehmen die Landstraße nach Horana, zum Teil im Schneckentempo hinter Bussen her, vorbei an King Coconut-Verkäufern, Kühen am Straßenrand, weiß gekleideten Kindern auf dem Weg zur Schule. Die Straße ist so schmal, dass sie jedes entgegenkommende Fahrzeug zu Ausweichmanövern zwingt. Auf der ,Main road' Richtung Ratnapura und über Avissavella bis nach Hatton geht es dann etwas schneller. Dort angekommen haben wir etwa 150 Kilometer zurückgelegt, vom Low-County durch das Mid-Country ins Up-Country, das zentrale Hochland. Sieben Stunden für 150 Kilometer. Tenni fährt vorausblickend und defensiv. Hinter Avissawella beginnen die Berge. Die Steigung vom Mid-Country, bis 900 Meter Höhe ins Up-Country, wo die Berge bis 2500 Meter aufragen, ist stetig. Über Serpentinen geht es bergauf, und plötzlich sind wir inmitten von Teeplantagen. So weit das Auge reicht, die Hügel hinauf, die Hänge hinab, in Stufen, Terrassen, in ringförmigen Kegeln, überall leuchtet das zarte Grün der hüfthohen Sträucher. Alle sind auf gleiche Höhe gestutzt und es sieht aus, als sei die Landschaft mit einem dicken Teppich bedeckt, den in gleichen Abständen dunkle Fäden durchziehen. Auf diesen Fäden, schmalen Pfaden zwischen den Pflanzungen, zupfen die tamilischen Teepflückerinnen die frischen Teeblätter in große Kiepen. Die meist jungen Frauen sind schwarzhaarig, die Haare glänzen vom Kokosöl und die bunten Kleider leuchten zwischen den Grünabstufungen der Sträucher. Fünf Stunden vormittags und fünf am Nachmittag leisten die Pflückerinnen ihre schwere Arbeit, bis sie am

Abend die Tagesernte, zu den Sammelstellen tragen. Der berühmte Ceylontee, der OPB, Orange Pekoe Blend ist Sri Lankas wichtigster Exportartikel. Am Tea-House der St. Clair Plantation halten wir: Tenni will für die Familie einkaufen. Hier sei der Tee am besten und billigsten. Natürlich versorgen wir uns auch und nach einer Kostprobe geht es weiter auf dem Weg nach Nurelia: Wasserfälle zu beiden Seiten der kurvenreichen Straße, steile Berge, sanfte Hügel und überall das zarte Teegrün. In die Täler gekuschelt, an Flüssen und Bächen liegen die wellblechgedeckten Ansiedlungen der Teetamilen.

Gegen Mittag sind wir in Nuwara Eliya. Längst ist die Klimaanlage im Wagen ausgeschaltet, im Up-Land ist es kühl wie an einem deutschen Junitag. Nurelia begrüßt uns mit Kolonialhäusern, prunkvollen Hotels im Landhausstil und rustikalen Fachwerk-Gasthäusern. Alles ist hübsch, aber ein bisschen verkommen: Little England mit singhalesischem Touch. Nur die Namen der Teeplantagen, der Straßen und der Hotels sind noch englisch. Eine Besichtigung des Grandhotels ist touristisches Muss. „All tourists want to see it", sagt Tenni und fährt uns ungefragt dorthin. Das ‚Grand' ist über 150 Jahre alt und beeindruckt durch seine imperiale Strenge. Elegante Gediegenheit und kühle Vornehmheit erwarten uns in der Lobby und den Gängen. Ein freundlicher, dezenter Butler führt uns durch die Räumlichkeiten, zeigt uns die Bar, den Billiard-Room, und sogar die Präsidenten-Suite. Wir schreiten über dicke Teppiche durch holzgetäfelte Kühle. Unser Guide bekommt ein angemessenes Trinkgeld und fragt am Schluss, ob wir auch im ‚Grand' zu lunchen wünschen. Wir ziehen das einfache indische Restaurant in der Nähe vor. Dort bestelle ich, trotz eindringlicher Warnung des Kellners, mein bis dato schärfstes Essen und bereue es prompt: Schon nach den ersten Bissen fließt der Schweiß aus allen Poren und die Mundhöhle brennt lichterloh. Der nette Kellner lächelt weniger schadenfroh als mitleidig. Zum Glück überlebe ich diese Mahlzeit und rate hiermit allen Europäern vom Genuss eines echten ,Vingaloo-Currys' ab.

Wir lassen uns zum botanischen Garten, etwa zwanzig Kilometer außerhalb Nurelias, fahren. Dank des milden Klimas im Hochland wachsen hier auf Terrassen an den Talhängen alle Arten Gemüse. Jede deutsche Hausfrau hätte ihre Freude an den prächtigen Blumenkohlköpfen, Zucchinis und Paprikas. Ein kurzer Spaziergang durch den botanischen Garten und dann wird es Zeit, dass wir uns von Nurelia verabschieden.

Bis Hatton ist der Weg der gleiche wie auf der Hinfahrt. Eine gute Stunde Fahrzeit und danach liegen noch 39 Kilometer bis zum Ausgangspunkt unserer Bergbesteigung vor uns. Unterwegs machen wir noch eine kurze Teepause, doch da ist Tenni schon sehr nervös: „Es ist schon beinahe sechs Uhr und um halb sieben geht die Sonne unter. Es ist noch weit." Auf der schmalen Bergstraße von Hatton zum Pilgerzentrum am Fuße des heiligen Berges zieht unvermittelt Nebel auf. Mir wird bange zu Mute. Worauf haben wir uns da eingelassen! Wir haben kein Hotel gebucht, wollen stattdessen bis nach Mitternacht auf unbequemen Autositzen den richtigen Zeitpunkt für den Aufstieg verdösen, und jetzt nimmt auch noch Nebel die Sicht. Tenni sucht den Weg durch die immer dichter werdenden Schwaden. Seit fünf Uhr am Morgen sitzt er am Steuer und man sieht ihm an, wie er gegen die Müdigkeit ankämpft. Wir hätten uns den botanischen Garten schenken sollen. Der Nebel ist streckenweise so dicht, dass man keine zehn Meter weit sehen kann, die Straße so eng, dass jedes entgegenkommende Fahrzeug eine Gefährdung bedeutet. Darüber hinaus muss Tenni auch noch auf Fußgänger, die manchmal mitten auf der Straße spazieren, achten und unbeleuchteten Radfahrern ausweichen. Es geht stetig bergan. Das Dunkel zu beiden Seiten

235

der Straße ist undurchdringlich. Urwald oder Teeplantagen? Auf der Rückfahrt am nächsten Tag, nehme ich die üppige Vegetation, die Dörfchen, die Stauseen und die Plantagen wahr. Doch da bin ich zu kaputt, um die Schönheiten der Landschaft würdigen zu können.

Gegen 20.00 Uhr kommen wir endlich in Dalhousie, dem Ausgangspunkt für die meisten Sri Poda-Pilger, an. Der Nebel hat sich gelichtet und dunkel ragen die Zweitausender in den klaren Nachthimmel. Meine Augen suchen den Berg und finden eine Lichtergirlande, die sich steil himmelwärts windet und sich unter den Sternen verliert. Irgendwo dort oben ist der Gipfel des Sri Poda.

Tenni hat unseren Plan, die Stunden bis zum Aufbruch im Bus zu verbringen, von Anfang an nicht für gut gehalten. Er hat eine bessere Idee und hält vor einer kleinen Herberge. Ein junger Mann bietet uns an, bis zum Wecken um 1.30 Uhr ein Zimmer zu nehmen. Ein gutes kostet 1500 Rupien, ein einfaches 850. Der Vorstellung, ein paar Stunden in einem richtigen Bett zu schlafen und nach Bergbesteigung und Abstieg zu duschen, ist zu verlockend. Wir nehmen das billigere Zimmer. Tenni ist erleichtert: Er kann in Ruhe im Bus schlafen und ist die Verantwortung für uns los. Das Zimmer ist sehr einfach, aber sauber, aus der Dusche kommt nur kaltes Wasser und für spärliches Licht sorgt eine von der Decke baumelnde nackte Glühbirne.

Um 1.30 Uhr holt uns ein kräftiges Klopfen gegen die Holztür aus dem Schlaf. Wir sind schnell marschbereit: Stiefel und warme Anoraks anziehen, die gepackten Rucksäcke auf den Rücken und los geht es. Sri Poda, wir kommen! Wir sind die einzigen, die sich zu dieser Stunde auf den Weg machen. Die beiden jungen Deutschen, die wir am Abend noch getroffen haben, sind entweder schon vor uns aufgebrochen oder starten später. Die Nacht ist klar und die Luft mild. Vor uns ragt der Berg steil und rabenschwarz in den Vollmondhimmel. An der Flanke, in einer gezackten Linie, blinken entlang des Aufstiegs Hunderte Lichter wie die Sterne der Milchstraße. Wo die Leuchtpunkte in der Höhe aufhören, ist unser Ziel, der Gipfel und auf ihm das buddhistische Kloster. Sieben Kilometer lang ist der Fußmarsch zum Gipfel und er überbrückt etwa eintausend Höhenmeter. Schon nach kurzer Zeit wird uns warm und wir ziehen die Jacken aus. Unser Hotel liegt am Ortsrand und bis zur Dorfmitte ist es nicht weit. Dort reihen sich Buden und Verkaufsstände aneinander. Alle sind hell beleuchtet und ein Musikbrei aus vielen Lautsprechern durchdringt die Stille der Nacht. Ein paar Dutzend Busse steht leer in Reih und Glied. Wo sind die Pilger, die mit ihnen kamen? Wir sind fast allein auf dem Weg. Pfeile weisen die Richtung, die bunten Buden zu beiden Seiten nehmen kein Ende und allmählich geht es auch bergan. Wir kommen an einem großen liegenden Buddha vorüber, Ganesha, der Elefantengott grüßt und auch Krishna mit seiner Flöte. Ein Mönch tupft uns einen roten Farbklecks auf die Stirn und segnet uns. Danach beginnt hinter einem großen Tor der eigentliche Aufstieg. Allmählich begegnen uns Pilger, die am Abend aufgestiegen sind und nun in der Kühle der Nacht auf dem Abstieg sind. Alle grüßen freundlich und, wie ich finde, ein wenig mitleidig. Im Gegensatz zu uns wissen sie, was vor uns liegt. Schal, Windjacke, Trinkflasche, Kamera sind im Rucksack verstaut und obwohl der nicht schwer ist, drückt er doch bald. Nach einer halben Stunde ist mein T-Shirt schweißnass. Wir sind dem Gipfel kaum näher gekommen. Die Zahl der Verkaufsstände nimmt allmählich ab. Dafür kommen wir häufiger an offenen Unterständen mit einem Dach auf Betonpfeilern vorüber, unter denen Pilger die Nacht zugebracht haben. Etwa 4000 Treppenstufen führen auf den Gipfel, anfangs leicht, dann Kraft raubender und schließlich atemberaubend steil. Da die Tritthöhe unterschiedlich ist, sind die Schritte oft sehr anstrengend. Wir versuchen nicht zu viele Pausen einzulegen, aus Furcht, aus dem Rhythmus zu kommen. Ich vermeide es, nach oben zu blicken, schaue stattdessen auf meine Füße und zähle die Schritte. Nach jeweils dreißig Schritten beginnt mein Puls zu rasen und ich muss rasten. Den Schweiß abzuwischen, habe ich aufgegeben. Ich bin klatschnass. Bald stelle ich fest, dass wir zu wenig Wasser mitgenommen haben. Zum Glück gibt es immer noch Stände, an denen man viel zu teuer vor allem süße Getränke kaufen kann. Wir löschen unseren Durst mit Lemon Tea und Cola. Nach einer weiteren Stunde machen wir auf einer der vielen Bänke Rast und beobachten den inzwischen rege gewordenen Verkehr auf dem Pilgerweg. Die heitere Freundlichkeit der vielen jungen, aber auch alten Menschen ist umwerfend. Da sind Greise, die von Enkeln geführt, wahrscheinlich zum letzten Male in ihrem Leben den heiligen Berg erklimmen, alte Frauen stützen sich gegenseitig und gehen mit einem Lied auf den Lippen gegen die Erschöpfung an, Schwangere begegnen uns und Mütter mit Kleinkindern im Arm. Die auf- und abstrebenden Ströme begegnen einander, man grüßt und tauscht Worte aus. Touristen sind kaum unterwegs. Immer steiler wird der Weg, immer schmaler werden die Stufen und die Tritthöhen zu schaffen kostet immer mehr Kraft. Längst habe ich meinen Rhythmus gefunden: Langsam, Schritt für Schritt, fünfzig Stufen, eine kurze Pause, damit der Puls sich erholt und dann die nächsten fünfzig Stufen. Die letzten hundert Höhenmeter sind höllisch: Griffrohre teilen eine steile Treppe in zwei Hälften, eine für Aufsteigende, die andere für Absteigende. Beide Hände am Geländer ziehen wir uns Meter für Meter empor. Die Anziehsachen sind schweißnass. Ungeschützt in fast 2000 Meter Höhe bläst uns ein kalter Wind um die Nase, wir frieren und schwitzen zugleich. Ich wickele meinen Sarong um Kopf und Hals. Die Windjacke will ich erst ganz oben anziehen, sie ist das einzige trockene Kleidungsstück, das ich noch habe. Auf dem letzten Plateau gibt es noch einmal einen Verkaufsstand mit heißem Tee und Getränken. Ein junger Mann sieht uns die Erschöpfung an und spricht uns Mut zu: „Nur noch 190 Stufen." Er fügt hinzu, dass die Sonne um 5.49 Uhr aufgehen werde. Es ist 5.20 Uhr. Wir sind mehr als vier Stunden unterwegs. Jetzt keine Pause mehr. 190 Stufen! Jeder Schritt ist eine Stufe weniger. Noch hundert, noch fünfzig, zwanzig, zehn, dann sind wir fast am Ziel. Unterhalb des Klosters wollen wir auf den Sonnenaufgang warten. Wir kuscheln uns in einer windgeschützten Ecke eng aneinander. Ich wickele mich in meine trockene Jacke ein und ziehe die Mütze tief in die Stirn. Es ist 5.40 Uhr, doch noch lässt die Sonne auf sich warten. Trotzdem verlassen wir unser geschütztes Fleckchen und steigen die letzten Stufen zum Gipfelplateau mit dem kleinen Tempel hinauf. Die Schuhe müssen wir ausziehen und die Kopfbedeckung abnehmen. Bunte Fahnen stehen steif im kalten Wind, dumpfe Trommelschläge vermischen sich mit dem grellen Klingklang aus Lautsprechern. Feierlich kann man diese Stimmung nicht gerade nennen. Menschen drängen sich auf dem engen Platz und Stimmengewirr erfüllt die zu Ende gehende Nacht. Um 6.15 Uhr färbt sich der Himmel rötlich. Wölkchen bekommen lila Backen und gewaltige Wolkenhaufen werden zu drohenden Feuerfratzen. Den Bergen unter uns wachsen Konturen. Ein Stausee glänzt im Tal wie mattes Altsilber. Von Rot bis Lila-Violett changiert die Farbskala am Morgenhimmel. Ganz unvermittelt steigt die gleißende Sonnenscheibe aus der Tiefe des Horizonts zu voller Pracht empor.

Der magische Moment ist so schnell vorüber, wie er gekommen ist. Der Tag ist da und der Abstieg beginnt. Es ist wie im Kino: Wenn die Vorstellung zu Ende ist, stürzt alles zum Ausgang. Treppab stauen sich die Menschenmassen.

239

Wir kommen nur langsam abwärts. Vielleicht ist es gut, dass wir uns wenigstens zu Beginn des Abstiegs Zeit lassen müssen. Vielleicht wäre sonst das Ende noch schlimmer geworden. Hat der Aufstieg vor allem Schweiß gekostet, so kostet nun der Abstieg Kraft. Als wir nach Mitternacht starteten, waren wir ausgeruht und fühlten uns fit. Der Weg zum Gipfel war mühsam, aber wir hatten das Gefühl, ihn recht ordentlich bewältigt zu haben. Nun, da wir Schritt für Schritt abwärts steigen, merken wir erst, wie viel Kraft wir verloren haben. Die Knie beginnen zu schmerzen, die Muskeln in Oberschenkeln und Waden verspannen sich immer mehr. Sind wir nach dem ersten engen Steilstück noch relativ zügig abgestiegen, werden wir allmählich langsamer und machen häufiger Pausen. Bis zur Hälfte des Weges geht es noch einigermaßen, dann aber beginnt der Leidensweg. Ildikos lädiertes Knie macht zunehmend Probleme und bald schmerzt auch ihre Hüfte. Sie kann die Stufen nur noch seitlich nehmen. Ich stütze sie mit meinem rechten Arm, doch wird dadurch auch die Last auf meinen Beinen größer. Den Rucksack mit den zum Teil überflüssigen Sachen verfluche ich schon lange. Der Morgen ist schnell so heiß geworden, dass ich mir die Kühle der Nacht zurückwünsche. Eine kleine Gruppe singhalesischer Jugendlicher hat Spaß daran, sich über uns lustig zu machen: Sie nennen uns „bad couple" und „lazy couple". Offensichtlich sieht man uns sehr deutlich an, wie kaputt wir sind. Immer mehr Pilger überholen uns und bald sind wir fast allein beim Abstieg. Der Weg scheint endlos zu sein. Wenn ich glaube, dass wir unten sind, liegen weitere Treppen vor uns. Jeder Schritt wird zur Qual und die Abstände zwischen den Pausen werden immer kürzer. Irgendwann ist es dann so weit, dass auch die Unterbrechungen kaum noch helfen. Ich bin mit meinen Kräften am Ende und fühle mich wie ein Häufchen Elend. Endlich wird der Weg flacher und wir wechseln uns mit dem Tragen des

Rucksacks ab. Meine Beine sind butterweich und ein paar Mal drohe ich zusammenzuklappen wie eine Gummipuppe. Nur der Wille, den nächsten Schritt aufrecht zu überstehen, treibt mich vorwärts. Irgendwie erreichen wir das Pilgertor und sind bald darauf im Dorfzentrum. Ich sehe nicht aus wie ein erfolgreicher Bergbezwinger, sondern wie jemand, den Sri Poda geschafft hat. Wie zum Hohn erklingt laute Tanzmusik aus zahlreichen Lautsprechern und fröhliche Radiostimmen brüllen uns Sri Lankische Werbebotschaften in die Ohren.

Ildiko erblickt Tenni sofort. Er hat lange auf uns gewartet, sich Sorgen gemacht und ist uns mit dem Wagen entgegengekommen. Lord Buddha sei es gedankt! Als ich überglücklich einsteigen will, überfällt mich ein Krampf im Oberschenkel. Tenni weiß Rat. Er hat für alle Notfälle das singhalesische Allheilmittel Siddhalapa dabei und massiert meine strapazierten Muskeln. Trotzdem dauert es schmerzhafte Minuten, bis sich die Verkrampfung löst.

Die kalte Dusche in unserem Nachtquartier ist ein Segen. Wir frühstücken und dann machen wir uns auf den Heimweg. Noch vier Mal im Laufe der fünfstündigen Rückfahrt überfallen mich Muskelkrämpfe. Am späten Nachmittag sind wir zurück im Hotel, erschöpft, glücklich und auch stolz. Wir haben Adam's Peak bezwungen! Wem immer wir in den folgenden Tagen von unserem Ausflug erzählen, und wir berichten vielen davon, der belohnt uns mit bewundernden Blicken. Auch in der Achtung unserer singhalesischen Freunde sind wir merklich gestiegen. Jeder von ihnen hat die Sri Poda-Tortur schon einmal hinter sich gebracht. Samantha ist es, der den Aufstieg zum heiligen Berg auf den Punkt bringt: „Wer einmal Adams Peak besteigt, ist heilig, wer es mehrmals tut, ist ein Idiot." Der fürchterliche Muskelkater hält noch vier Tage lang an und schon der Anblick einer Treppe lässt mich noch nach einer Woche erschauern.

IV. Erlebnisse

Kande Vihara
und die Geburtstagsfeier am Fluss (2007)

Zu Ehren Buddhas

Zum zweiten Mal findet nun schon mein Geburtstag im Mai fern von zu Hause statt. Im letzten Jahr auf der indonesischen Insel Flores und in diesem in Bentota auf Sri Lanka.

Mit zunehmendem Alter werden Geburtstage immer weniger wichtig und so kommt auch dieser beinahe unbemerkt heran. Das Wetter meint es seit Tagen gut mit uns: Sonnenschein vermischt mit ein paar Haufenwolken, die aber schnell landeinwärts ziehen. Vom Meer drückt ständig ein mittelstarker Wind mächtige Wellen ans Ufer. Der sonst so breite Strand ist geschrumpft und bei Flut kaum noch vorhanden. Ildiko und ich wagen uns bei der gefährlichen Brandung und den unberechenbaren Strömungen nur noch vorsichtig ins Meer. Dennoch gilt die Regel: ‚No risk no

242

fun!' Einmal erwischt mich eine Welle, ich habe zwei Tage lang Ohrenschmerzen und Taubheitsgefühle. Westliche Medikamente aus dem ‚Pharmacie-Shop' helfen nicht. Ich klage Kamal mein Leid und der bringt mich zum Ayurweda-Doktor. In einem kleinen Zimmerchen darf ich mich auf eine Liege lagern und ein freundlicher Doktor träufelt mir Kräuteröl ins Ohr. Es schäumt und gurgelt gewaltig und nachdem der Medizinmann die Salbung noch ein zweites Mal vorgenommen und im Ohr herumgepult hat, gibt er mir türkisfarbene Tabletten für vier Tage mit und entlässt mich. Tatsächlich sind Ohrdruck und Hörprobleme am nächsten Tag vorüber.

Obwohl ich meinen Geburtstag bewusst unspektakulär zu verbringen gedachte, freue ich mich doch über den morgendlichen Kuss meiner Frau und über den wolkenlosen, blauen Geburtstagshimmel. Beim Frühstück gratuliert das Hotelpersonal und am Nachmittag kredenzt man mir eine große Torte. Meine einheimischen Freunde haben zu einem Tempelbesuch inklusive Opfergabe anlässlich des Geburtstages geraten und den Empfehlungen seiner Freunde soll man folgen. So kommt es, dass wie verabredet, Samantha uns am Nachmittag mit seinem Tuktuk zu einem Besuch des Kande Vihare-Tempels in Aluthgama abholt.

Seit fünf Jahren entsteht dort eine Kolossalstatue Buddhas. Mit vierzig Metern Höhe wird dieser Buddha nach seiner Vollendung der größte sitzende Südostasiens sein. Im Mai 2006 fand die Einweihung der riesigen Statue statt. Wenn sie endgültig vollendet sein wird, werden die Innenräume mit Szenen aus Buddhas Leben bemalt sein und eine Treppe wird innen bis zum Haupt des Erleuchteten führen. Dann wird man von hoch oben den Tempelbezirk und die ganze Weite der angrenzenden Palmenhaine überschauen können.

Der Kande Vihara war auch vor dem Bau des Buddha

einer der wichtigsten Tempel Sri Lankas und nicht nur zu Vollmond- und Feiertagen Anziehungspunkt der Gläubigen. Auch an diesem Tag herrscht auf dem Tempelvorplatz die übliche Atmosphäre von geschäftiger Gläubigkeit. Der Kande Vihara wird in den Broschüren der Reiseveranstalter nicht erwähnt und ist deshalb nur wenig von Touristen besucht. Vor Jahren sagte mir ein österreichischer Tourist enttäuscht, dass er in Sri Lanka die in anderen asiatischen Ländern anzutreffende Frömmigkeit vermisse. Wir fuhren gemeinsam zum Kande Vihara und er revidierte sehr schnell sein Sri Lanka-Bild.

Wie immer sind viele Einheimische in der Tempelanlage. Ganze Familien hocken auf dem Boden beisammen, singen und murmeln Gebete vor einer der szenischen Buddha-Darstellungen oder entzünden Ölkerzen an einem verrußten Eisengerüst. Wie in den meisten Sri Lankischen Tempeln gibt es im Kande Vihara neben dem Buddha-Tempel auch die Schreine der Hindu-Gottheiten. Da Buddha kein Gott und somit auch nicht für Bittgesuche zuständig ist, halten sich die Srilanker an die alten Hindu-Götter, denen man sein Leid klagen und opfern kann und die im Gegenzug möglicherweise Heilung bringen oder Wünsche erfüllen. Einer der wichtigsten Schreine im Kande Vihara ist der des Hindugottes Shiva. In dem engen Nebenraum des Haupttempels ist der Andrang der Gläubigen meist am größten. Aber neben Shiva hat auch der elefantenköpfige Gott Ganesha sowie der mächtige Kriegsgott Kataragama einen eigenen Tempel und eigene Priester. An den Mauern des Bodhi Gara, des Rundtempels, der um einen heiligen Bo-Baum gebaut ist, hängen die Fahnen in den diese Götter symbolisierenden Farben

Wir sind nicht zum ersten Mal im Kande Vihara, doch zum ersten Mal spielen wir die ungewohnte Rolle von gläubigen Bittstellern. Natürlich haben wir keinen Schimmer, wie man sich in dieser Rolle richtig verhält. Doch zum

Glück ist ja Samantha bei uns. Unter seiner Anleitung kaufen wir je eine Schale voller Früchte und Blumen, eine in Blau für Shiva und eine in Rot für den Gott Kataragama. Drei Pakete Räucherstäbchen sowie Öl und Dochte für die Öllämpchen gehören zur Grundausstattung und dann brauchen wir natürlich auch noch die weißen Tempelblumen für Buddha. Wie es sich bei jedem Tempelbesuch gehört, streuen wir die duftenden Blüten zuerst zu Buddhas Füßen aus, um damit dem Erleuchteten unsere Ehrerbietung zu erweisen. Von dem großen Raum, dessen gesamte Breite von der ruhenden Buddhafigur eingenommen wird, sind es nur wenige Schritte in einen Nebenraum, in dem, in blaues Licht getaucht, die wenig ansehnliche Figur des Gottes Shiva hinter einem zur Hälfte geöffneten Vorhang hockt. Eigentlich sollte man meinen, dass ein Gott thront. Doch bei der kleinen, von Blumengirlanden, Flitter und Geheimnis umflorten Gestalt passen eher die Verben kauern oder hocken. Wir reihen uns unter die Wartenden ein und nähern uns schrittweise einem, fast ein Drittel des Raumes einnehmenden und mit Blumen und Opferschalen bedeckten Tisch, neben dem zwei Priester auf den richtigen Verlauf der Opferzeremonien achten. In ihrer Zuständigkeit liegt es, die Opferschalen entgegenzunehmen, sie mit ein paar Spritzern heiligen Wassers zu weihen, den Spendern zurückzureichen und deren Begehren der Gottheit zu übermitteln. Als wir an der Reihe sind, stellt Ildiko die blaue Opferschale mit den Früchten auf den Tisch vor die hinter Schleiern halb verborgene, geheimnisvolle Götterfigur und ich lege als Zeichen meiner Wertschätzung einige Rupien-Scheine auf die Kokosnuss in unserem Obstkorb. Ich achte darauf, dass sie nicht zwischen Bananen und Mangos rutschen und möglicherweise von den weiß gekleideten Priestern übersehen werden. Doch meine Sorge ist überflüssig: Einer der beiden bringt die Geldscheine sogleich in Sicherheit. Da wir vorher

245

Samantha unsere Wünsche mitgeteilt haben, kann der sie unverzüglich dem zuständigen Shiva-Diener übersetzen, der sie ebenso unverzüglich der in blaue Lichtschwaden gehüllten Gottheit mitteilt. Der Wunschtransfer dauert erstaunlich lange und ich beginne mich, während wir ein wenig unbeholfen herumstehen, zu fragen, ob möglicherweise unsere Anliegen zu weitschweifig oder vielleicht sogar so anmaßend sind, dass der Hindugott sich davon überfordert fühlt. Mit Erleichterung nehme ich schließlich nach einem schier endlosen und unverständlichen Monolog unsere Opferschale von dem Gottesmann entgegen, der uns mit einer gnädigen Handbewegung bedeutet, es sei nun an der Zeit, den Platz für andere Bittsteller frei zu machen.

Bei dem Gott Kataragama in einem Nebentempel geht es ähnlich zu: Präsentation der roten Opferschale, Wunschäußerung, Übersetzung in die Landessprache für den rot-gewandeten Priester und Weitergabe im altertümlichen Pali an den Kriegsgott. Eine große Pfauenfeder, die über unsere Köpfe geschwungen wird, gibt uns den endgültigen Segen.

Nachdem wir nun alle Schritte eines Geburtstagsopferganges absolviert, die Früchte, wie es sich gehört, auf dem Tempelgelände an Gläubige verteilt oder selbst verzehrt haben, fühle ich mich ausreichend von Transzendenz erfüllt und im Stande, mich der eigentlichen Geburtstagsfeier zu widmen. Wir reinigen unsere schmutzigen Füße, schlüpfen in die Sandalen und verlassen in Samanthas knatterndem Tuktuk den Kande Vihara, nicht ohne von unten dem Erleuchteten noch einen dankbaren Blick zu schenken.

Am Busbahnhof von Aluthgama sind wir mit Kamal und seinem Freund Chirath verabredet. Kamal, der selbst tagtäglich als freischaffender Ayurveda-Masseur um seine finanzielle Existenz und das Wohlergehen seiner fünfköpfigen Familie kämpfen muss, findet dennoch immer noch andere Menschen, denen zu helfen er sich bemüht. Als Buddhist denkt er dabei natürlich auch an die Bonuspunkte für die nächste Wiedergeburt, die sich als Folge guter Taten in einem transzendenten Rabattalbum ansammeln. Als seine Freunde bezieht uns Kamal in seine Karma-Berechnungen ein: Wir haben seiner Meinung nach das nötige Geld und er zeigt uns, wie wir es ,karmagünstig' investieren können. Zur Feier meines Wiegenfestes scheint es ihm angemessen, dass ich den relativ geringen Betrag von fünfzig Euro dafür verwende, eine Grundschulklasse im fernen Hochland mit Arbeitsmaterialien zu versorgen.

In Aluthgama gibt es alles zu kaufen: Arrak, T-Shirts, Uhren, Schmuck, Masken, Obst, Gemüse, Schuhe, Koffer und neben vielen weiteren Dingen natürlich auch Hefte, Stifte, Radiergummis und dergleichen. Wir betreten einen kleinen, bis an die Decke mit Waren vollgestopften Laden und entlocken dem Inhaber sofort, als er vernimmt, dass es sich um eine größere Marge handelt, ein strahlendes Lächeln. Für fünfzig Euro kann man eine ganze Menge Schulsachen kaufen: Drei große Kartons voll mit Buntstiftkästen, Schreib- und Rechenheften mit und ohne Rand, Bleistiften inklusive Spitzer, Radiergummis, hölzerne Lineale und sogar Zirkel. Die Grundausstattung für vierzig Kinder. Über uns rotiert der Ventilator und trotz der Warmluft-Umverteilung tropft der Schweiß von den Stirnen und macht unsere Feiertagskleidung feucht und fleckig. Meine Erfahrung in der Verrichtung guter Werke ist recht gering, doch so anstrengend hatte ich mir das nicht vorgestellt. Bis wir alles beisammen haben, vergeht eine halbe Stunde. Kamals Freund, der Lokalpolitiker aus Hali Ela wird am nächsten Tag die Waren einschließlich eines Koffers voller von deutschen Freunden gespendeter Brillen per Bus ins Hochland mitnehmen.

Nach so vielen rechtschaffenen Mühen ist es endlich an der Zeit, zur Geburtstagsfeier überzugehen und die soll in

Kamals Garten stattfinden. Kamals Behausung liegt, etwa fünf Kilometer von der Galle Road und dem Touristen-Bentota entfernt, am Fluss. Das idyllische Stück Land ist Kamals ganzer Stolz und Reichtum. Dank unserer Hilfe und der Geldspenden wohlmeinender Freunde wohnt die fünfköpfige Familie inzwischen in einem soliden Steinhaus auf einem aufgeschütteten Hügel. Der Fluss kann ihnen nun auch zu Monsunzeiten nichts mehr anhaben. Obwohl es in und an dem Haus noch an vielem fehlt, sind Kamal und wir auch glücklich über den erreichten, spartanischen Wohnkomfort. Die alte, löchrige und muffige Holzhütte ist nur noch Erinnerung an schlechtere Zeiten.

Chiraths Tuktuk bringt uns in die Temple Road zu Kamals Haus. Zuvor gibt es aber noch einen Stopp am Getränke-Shop. Das ist ein Lädchen auf einem schmutzigen, einer Müllhalde ähnlichen Grundstück, in dem hinter Eisengittern auf Regalen Batterien alkoholischer Getränke, von einheimischem Gin bis zu Whisky und Wodka und natürlich auch Bier auf Konsumenten warten. Meist lungern einige dunkle Gestalten um den Laden herum. So ein Abend am Fluss kann lang sein und gegen Durst hilft auch in Sri Lanka am besten Bier. Durch eine kleine Luke im Eisengitter reicht uns der Verkäufer die eisgekühlten Biere, Marke Lion. Da wir zünftig feiern wollen, kaufe ich neben den fünfzehn Flaschen Bier auch noch zwei Flaschen Arrak. Arrak ist der aus den Blüten einer Kokospalme destillierte Schnaps, der eine gewisse Ähnlichkeit mit Weinbrand hat und wenn er lange genug gelagert ist, mild wie Cognac schmeckt.

Kamal hat am Bentota-Fluss bereits alles für die Party vorbereitet: Zu den eigenen vier grauen Plastiksesseln hat er sechs weitere sowie einen Tisch von Nachbarn entliehen. Zu den einheimischen Freunden, mit denen ich meinen Geburtstag feiere, gehören neben Kamal, Chrirat, und Samantha auch noch ein paar Kumpel von Kamal, die ich erst an diesem Abend kennen lerne und die ich von nun an zum erweiterten Freundeskreis hinzuzählen darf. Ildiko fühlt sich wieder einmal als einzige Frau unter Männern recht wohl. Kamals Frau wirft aus der Küche ab und zu einen scheuen Blick zur Geburtstagsrunde herüber. Frauen haben zu kochen und bei Tisch nichts zu suchen. „So ist das nun einmal in Sri Lanka", sagt selbst unser welterfahrener Freund Samantha. Im Laufe der mehrjährigen Freundschaft mit Kamals Familie ist es Ildiko immerhin gelungen, Kamals Frau wenigstens für kurze Zeit in die Runde einzubeziehen. Meist sitzt sie dann lächelnd ein wenig abseits und fühlt sich in der ungewohnten Rolle nicht sonderlich wohl.

Pünktlich mit dem Einbruch der Dämmerung machen sich von den hohen Bäumen am gegenüberliegenden Flussufer die Fliegenden Hunde auf ihre nächtliche Nahrungssuche. Geräuschlos schweben sie über das Wasser und verschwinden hinter den dämmrigen Baumkulissen. Immer wieder tauchen neue Schwärme aus dem Halbdunkel auf und gleiten schwerelos auf ausgebreiteten Flügeln über uns hinweg Es ist eine Stimmung voll harmonischer Schwere, ein Schweben zwischen Tag und Nacht und am liebsten würde ich die Luft anhalten und erst wieder ausatmen, wenn der Abend sich endgültig in die Nacht verwandelt hat. Die Dunkelheit bricht schnell ein und über uns glänzt ein unglaublicher Sternenhimmel.

Die Männerrunde mit der einen Frau sitzt um den Gartentisch, die Gläser sind randvoll und wir stoßen an, auf den Abend, unsere Freundschaft, Gesundheit und auf das Geburtstagskind. Chirath, der ein hervorragender Koch ist, hat ein Krabbengericht gezaubert, das gerade so feurig ist, dass man es mit kaltem Bier noch löschen kann, und so schwätzen wir uns in jener Kauderwelsch-Mischung aus Englisch, Deutsch, Mimik und Gestik durch den Abend. Bis es an der Zeit ist, das Nachtmahl einzunehmen. Als Tafel ist eine Massage-Liege in dem unverputzten Rohbau-Raum von Kamals Haus gedeckt und eine gelbe Plastikdecke mit roten Blümchen verleiht ihr ein festliches Gepränge. Es gibt Reis, Salat, Thunfisch und zur Feier des Tages für Ildiko und mich als Ehrengäste Hummer.

Es ist Mitternacht, als wir aufbrechen, satt, glücklich und im Bewusstsein, einen wunderschönen Abend verbracht zu haben. Ich bin wieder ein Jahr älter.

Bei Kamal am Bentota Ganga

Hochzeit auf Singhalesisch (Februar 2006)

Schon auf der Fahrt vom Flughafen nach Bentota rufe ich Samantha an: „Hallo, wir sind gut gelandet und freuen uns auf vier Wochen Sri Lanka!" Vor einem Jahr habe ich mir erstmals eine singhalesische Dialog-Simcard gekauft und bin seither auf der Insel ‚handy-autonom'. Verglichen mit den europäischen Preisen des mobilen Telefonierens sind die Tarife in Sri Lanka ein Klacks. Telefonate nach Deutschland kosten für zehn Minuten je nach Tageszeit etwa einen Euro und lokale Gespräche sind spottbillig. Je nach Bedarf lade ich mein Handy mit 1000 Rupien auf, bin damit für die Freunde erreichbar und kann sie auch jederzeit anrufen. Samantha, der als erster von unserer Ankunft erfährt, freut sich und teilt mir mit, dass er uns am Nachmittag im Hotel begrüßen wird.

Um 16.00 Uhr sitzt er mit einem großen Blumenstrauß in der Rezeption. Umarmung, Wangenkuss, „Wie geht es euch? Wie geht es dir?" Und dann, nach den Willkommensritualen fragt Samantha, ob wir Lust haben, am nächsten Tag an einem ‚Alms-giving' für die Mönche, dem sogenannten ‚Dhane', anlässlich der bevorstehenden Heirat seines Freundes Jante teilzunehmen. Natürlich wollen wir das und wir wollen auch gerne bei der Eheschließung am darauf folgenden Tag dabei sein.

Samantha holt uns am späten Vormittag ab und wir fahren eine Weile über die verschlungenen Neben- und Seitensträßchen Bentotas zum Anwesen der Eltern des Bräutigams. Wie die meisten Häuschen der singhalesischen Mittelschicht liegt es inmitten eines Gartens, in dem wuchernde Farne mit Blumen wetteifern und schlanke Palmen in den Himmel greifen. Eine Mauer umgibt das Gelände und ein schmiedeeisernes Tor verschließt die Einfahrt. Heute ist es weit geöffnet und die Hausfrau und Brautmutter begrüßt uns mit großer Herzlichkeit. Wir sind nicht die ersten Gäste, doch als Exoten werden wir begierig herumgereicht, bestaunt und ausgefragt. Manche Fragen lassen sich auf Englisch beantworten, doch meist ist Samantha gefordert und er übersetzt und berichtet, wie oft wir schon in Sri Lanka gewesen und wie gerne wir hier sind. Mit Reiskuchen, Tee und Bananen gut versorgt, nehmen wir im Garten auf den bereitgestellten Stühlen Platz und sind neugierig, wie es weitergehen wird.

Es ist alles für den Besuch der Mönche vorbereitet: Der Weg vom Tor zur Terrasse ist gefegt, von dort bis in den größten Raum des Hauses ist eine blau gemusterte Stoffbahn als Teppich ausgelegt und dort sind zwölf Stühle im rechten Winkel aufgestellt. Zwischen ihnen ist in der Ecke eine Art Altar vorbereitet und in der Mitte des Raumes steht ein Tisch voller gut verpackter Geschenke.

Der Ruf „Sie kommen" verbreitet sich im ganzen Haus in Windeseile und die aufgelockerte Stimmung während des Wartens verwandelt sich in eine gewisse Anspannung. Fünf Tuktuks sind vorgefahren und aus ihnen steigen zwölf Mönche unterschiedlichen Ranges, Alters und Statur. Vom dicken Kahlkopf bis zum schlanken Asketen, vom Jüngling bis zum Greis ist alles dabei. Die leuchtenden, orangefarbenen Tuchbahnen sind so um die Körper gewunden, dass sie nur die rechte Schulter und den rechten Arm freilassen, die Köpfe sind kahl geschoren oder stoppelhaarig und die bloßen Füße stecken in einfachen Badelatschen. Aus einem der Tuktuks wird eine kleine, mit einem orangeroten Tuch bedeckte Buddhastatue gehoben und von einem Regenschirm beschützt ins Haus getragen, wo sie auf dem Altar ihren Platz findet. Der Statue folgt die Prozession der Mönche in hierarchischer Reihenfolge. Voran der höchste und älteste Würdenträger, ihm folgen die jüngeren bis hin zum jüngsten, der es vielleicht gerade mal auf zehn Lebensjahre bringt. Auf der Terrasse ist alles zur rituellen Fußwaschung des heiligen Personals vorbereitet: Die Mönchschlappen bleiben vor dem Eingang stehen, dann übergießt der Hausherr die Füße mit geweihtem Wasser, ein Verwandter trocknet sie ab und einer nach dem anderen schreiten die Würdenträger über den Teppich und nehmen auf den Stühlen Platz, rechts vom Altar die älteren und links der Nachwuchs. Die kahlköpfigen Diener Buddhas haben einen gesunden Appetit mitgebracht, sodass nun erst einmal ihre Speisung erfolgt. Jeder bekommt einen Teller gereicht und männliche Familienmitglieder verteilen darauf Reis und verschiedene Curries. Während die Mönche genüsslich speisen, schauen alle anderen ihnen geduldig zu. Zum Glück halten sich die Gäste mit der Nahrungsaufnahme nicht allzu lange auf, sodass man zügig zum Überreichen der Gaben schreiten kann. Jeder Mönch bekommt sein Päckchen, je nach Würde und Wichtigkeit ein großes oder kleines.

Es ist üblich, dass jede Dorfgemeinschaft in Sri Lanka ihr Kloster und ihre Mönche unterstützt, ihnen all das bereitstellt, was sie zum Leben brauchen, von Lebensmitteln über Bekleidung, Körperpflege bis hin zum Luxus eines Mobiltelefons oder eines Fernsehers. Arme Dörfer gönnen ihren Mönchen weniger, reiche mehr. Die Mönche kümmern sich dafür um das Seelenheil der Anvertrauten, stehen ihnen in ihren Nöten bei, sorgen sich teilweise um die Erziehung der Kinder und sind vor allem für alle anstehenden Rituale wie bei Geburt und Tod, Erwachsenwerden und Heirat zuständig. Wie der Reis zum täglichen Leben singhalesischer Familien gehört, so auch die Mönche. So ist auch hier bei den Eltern des Bräutigams Rante das Almosengeben vor der Eheschließung samt der Einladung der nächsten Nachbarn, Verwandten und Freunde eine unverzichtbare und für die Familie nicht gerade billige Zeremonie. Nach dem Mahl und der Geschenkübergabe folgt der zumindest für uns anstrengendste Teil der Veranstaltung: das Gebet. Wie die meisten Europäer habe ich Probleme mit der bei den Asiaten üblichen Hockhaltung. Das starke Anwinkeln der Knie schmerzt und so sitze ich sehr unorthodox mit ausgestreckten Beinen auf dem Boden der Terrasse, habe aber wenigstens daran gedacht, meine Beine nicht in Richtung der Mönche oder gar der Buddhastatue auszustrecken. Fast eine Dreiviertelstunde lassen wir fremdartig-eintönige Gesänge und Sermone über uns ergehen. Ich übe mich in Geduld und Toleranz und gerade, als meine Beine sich anschicken, endgültig einzuschlafen und ich zu verzweifeln beginne, ist die Gebetsphase zu Ende und kurz darauf erfasst eine allgemeine Unruhe die Gemeinde. Der buddhistischen Frömmigkeit ist Genüge getan. Man darf aufstehen und sich wieder frei bewegen. Nun folgt noch das Ritual des Bändchenbindens: Der Obermönch hat eine Rolle dicken, weißen Garns vor sich liegen, schneidet jeweils einen Faden davon ab und bindet ihn um die Handgelenke der einer nach dem anderen Vortretenden. Ich bekomme mein Bändchen genauso verpasst wie alle anderen und es ziert mein Gelenk, obwohl ich es wahrlich nicht pfleglich behandelt habe, fast ein Jahr lang.

Dieses buddhistische Bändchen ist auch Anlass und Titel einer kleinen Geschichte, die ich an dieses Kapitel anfüge.

Nach dem Bändchenbinden bricht der mönchische Hofstaat auf und die zwölf orangeroten Herren sind weitaus schneller verschwunden, als sie gekommen sind. Nun gibt es endlich für alle zu essen und zu trinken.

Ildiko und ich verbringen noch ein paar Stunden in anregender Unterhaltung mit Samantha, seinen Freunden und der Familie des jungen Mannes, der am nächsten Tag das Joch der Ehe auf sich nehmen will.

Wir verabreden, dass Samantha uns um 9.00 Uhr abholen und zum Haus der Braut bringen wird. Wir werden uns in unser allerfeinstes Outfit werfen und hoffen, dass wir als

Hochzeitsgäste auch alles richtig machen.

Bevor ich von dem Tag der Tage für Samanthas Freund Jante und seine junge Frau berichte, will ich kurz die singhalesischen Regeln und Bräuche einer Eheschließung darstellen.

Natürlich passiert es auch in Sri Lanka im 21. Jahrhundert, dass ein junger Mann und ein junges Mädchen sich verliebt haben und zu heiraten wünschen. Oft, wenn die beiden jungen Leute der gleichen Kaste angehören und wenn es keine ernsthaften Hindernisse gibt, werden die Eltern ihre Einwilligung und ihren Segen zu einer solchen Liebesheirat geben. Im traditionellen Dorf jedoch sind solche Heiraten eher die Ausnahme. Üblicherweise wird die Heirat von den Eltern und häufig mit Hilfe von Vermittlern, wie etwa älteren Verwandten oder Freunden, arrangiert. Manchmal ist es im Stadium der Eheanbahnung aus irgendwelchen Gründen den beiden Parteien nicht möglich, miteinander in Kontakt zu treten. In solchen Fällen übernimmt es ein älterer Verwandter oder Freund der Familien, Vorschläge zu überbringen oder Verhandlungen zu führen. Der Heiratsvermittler, der auch eine außenstehende Person sein kann, bringt die beiden Familien zusammen und überzeugt sie davon, dass ihre Vereinigung von Vorteil ist. Für seine Dienste wird er unterschiedlich entlohnt. Die Mitgift, normalerweise in Form von Geld, ist einer der wichtigsten Aspekte bei der Eheschließung und ihr Zugeständnis für den Bräutigam vor der versammelten Verwandtschaft ist von zeremonieller Bedeutung.

Die Eheschließung findet erst dann statt, wenn sich die beiden Parteien über die Horoskope und den sozialen Status, zum Beispiel die Kastenzugehörigkeit, geeinigt haben, wobei Bräutigam und Braut der gleichen Kaste angehören müssen. Die Horoskope werden verglichen und wenn sie als

255

passend angesehen werden, beginnen die Vorbereitungen für die Eheschließung. Wenn die beiden Parteien den Horoskopen zustimmen, besuchen sie einander. Die Partei des Bräutigams mit dem Bräutigam und einigen ausgewählten Verwandten besucht das Haus der Braut und wird dort bewirtet. Danach findet der Gegenbesuch der Leute der Braut im Hause der Bräutigams statt. Bei diesen Besuchen werden alle Angelegenheiten und Vereinbarungen diskutiert und entschieden. Wenn die Dienste eines Heiratsvermittlers in Anspruch genommen werden, begleitet er die Parteien bei diesen Besuchen.

Am Tag der Eheschließung ist die ‚Poruwa-Zeremonie' die wichtigste Zeremonie. Die ‚Poruwa' ist ein zeremonielles, mit Kokusnussblättern geschmücktes Podium aus hölzernen Bohlen. Blumen, Reis, Getreide oder Betelnussblätter werden darauf gestreut. An den vier Seiten werden ‚Punkalas', Tontöpfe aufgestellt, dekoriert mit Kokosnuss oder Arecanuss-Blüten. Die ‚Poruwa' ist bedeckt mit weißen Tüchern, und Kokosnuss-Öllampen beleuchten sie von allen Seiten. Mit dem Singen segnender Verse, den ‚Jayamangala Gatha', die gewöhnlich von einer Gruppe junger Mädchen gesungen werden, wird das Paar auf das Podium gehoben. Es gibt eine Reihe von Ritualen, die bei der ‚Poruwa-Zeremonie' durchgeführt werden. Die Hände des Brautpaares werden ineinander gefügt und mit Wasser begossen und die Daumen werden mit einem Faden zusammengebunden, um die eheliche Vereinigung zu symbolisieren. Vom Bräutigam wird erwartet, dass er den Eltern der Braut traditionelle Gaben, zum Beispiel weiße Kleidungsstücke überreicht. Die Zeremonie endet damit, dass das frisch vermählte Paar an alle älteren Personen Betelnussblätter verteilt. Zum Schluss wird eine Kokosnuss zerbrochen als ein Zeichen von gutem Willen und Segen. Wenn das junge Paar von der ‚Poruwa' heruntersteigt, beginnt das Hochzeitsfest.

Normalerweise nimmt der Bräutigam die Braut nach Hause, doch in jüngster Zeit ist es Praxis geworden, auf Flitterwochen zu gehen. Nach diesen Flitterwochen wird erwartet, dass das Paar mit dem Beweis der Jungfräulichkeit der Braut nach Hause zurückkehrt. Falls dieser nicht in Form eines blutbefleckten Lakens oder Tuches präsentiert wird, pflegt das unangenehme Folgen, natürlich vor allem für die junge Frau, zu haben.

Wir sind Gäste bei diesem ersten Teil der Hochzeitsfeierlichkeiten, die von den Eltern des Bräutigams ausgerichtet werden. Das sogenannte ‚Homecoming', die Rückkehr des jungen Paares nach den Flitterwochen, das meist ein paar Tage später stattfindet, obliegt dann der Organisation der Brauteltern und dieses weniger wichtige Fest findet meist im kleineren Kreis statt.

Pünktlich am Morgen des Hochzeitstages kommen wir in dem Häuschen der Brauteltern an. Wir haben schon im Hotel gefrühstückt, müssen aber trotzdem noch die süßen Reiskuchen und Hoppers versuchen. Einige Gäste kommen noch dazu, Samanthas Eltern, seine Frau und die kleine Tochter Vihendi, und auch eine junge Frau namens Kumari mit Ehemann und Kind. Kumari spricht Englisch und sie ist unser erstes Beispiel einer einigermaßen emanzipierten Frau in diesem Land. Sie kennt unser Hotel und das Personal, hat dort einige Jahre als Kassiererin gearbeitet und ist nun seit Schwangerschaft und Geburt des Kindes zu Hause. Sie würde gerne wieder arbeiten, weiß aber nicht, ob ihr das möglich sein wird. An ihrem Mann, der in einem Hotel in Induruwa arbeitet, liegt es nicht. Die Verhältnisse, die sind nun mal eben nicht so. Im Januar 2008 treffen wir Kumari wieder: Sie arbeitet als Bedienung in einem neuen Restaurant an der Hotel Road in Bentota, fast gegenüber vom Lihiniya. Sie ist ein wenig runder geworden, aber noch genauso sympathisch. Nur Karriere hat sie trotz aller Emanzipiertheit nicht gemacht.

Ein Astrologe hat den exakten und bestmöglichen Zeitpunkt für die ,Poruwa-Zeremonie' errechnet. Um 11.48 Uhr wird sie stattfinden und so machen wir uns in zwei Minibussen um 10.00 Uhr auf den Weg nach Aluthgama. Alle großen und kleinen Hotels haben Räumlichkeiten für Wedding-Parties, und die Ausrichtung von Eheschließungen und den entsprechenden Parties gehört zu ihren sicheren Verdienstmöglichkeiten. Auch im Lihiniya haben wir des öfteren Wedding-Parties miterlebt.

Jantes Eheschließung findet im Hotel Sun and Moon an der Galle Road in Aluthgama statt. In einem großen Saal sind die Tische bereits gedeckt, das Podium ist vorbereitet und alles wartet auf den spannenden Augenblick. Dann läuft alles genauso ab, wie ich es beschrieben habe. Ein weiß gewandeter Priester nimmt die Zeremonie vor, fünf hübsche junge Mädchen in weißen Kleidern singen mit schönen Stimmen die Verse, Blüten werden gestreut, eine Kokosnuss zerbrochen und dann ist das junge Paar Mann und Frau. Die fünf jungen Sängerinnen haben sich schon vor der Zeremonie auf Ildiko und mich gestürzt und wollen alles Mögliche über uns, unsere Reisen, Deutschland, unsere Berufe und unser Leben im Allgemeinen und Besonderen wissen. Sie sind aufgeschlossen, neugierig und nett. Besonders eines der Mädchen beeindruckt mich sehr: etwa 12 Jahre alt, wirkt es sehr selbstbewusst und vielleicht ein bisschen altklug. Allerdings glänzt es durch ein erstaunliches Wissen und sein Englisch ist nahezu perfekt. Wir erfahren, dass die junge Dame in eine deutsche Schule nahe Bentota geht, wo sie vorwiegend von deutschen Lehrern in den meisten Fächern in der englischen Sprache unterrichtet wird. Der Schultag ist, von morgens acht Uhr bis nachmittags um fünf, extrem lang. Doch sie betont immer wieder, wie sehr ihr das Lernen Spaß bereite. Die anderen vier Mädchen sind weitaus zurückhaltender und weniger sprachgewandt, dennoch habe ich den Eindruck, dass auch im von Männern dominierten Sri Lanka eine neue, selbstbewußte Frauengeneration heranwächst.

Der Rest der Hochzeitsfeierlichkeiten findet im weitläufigen Garten des Hotels direkt am Bentotafluss statt und unterscheidet sich nur wenig von einer Hochzeitsfeierlichkeit in Deutschland. Es wird gegessen, getrunken, geredet. Zwei Unterschiede allerdings gibt es doch: Männer und Frauen sitzen jeweils getrennt voneinander und die Feier endet bereits am frühen Nachmittag. Besonders über letzteres bin ich nicht traurig, denn nach einem halben Tag anstrengender Konversation, guten und reichlichen Essens und unterschiedlichster Eindrücke freue ich mich wieder auf ein Bad im Meer und ein anschließendes Eintauchen im lauwarmen Pool.

Hochzeitspaar

259

Das Bändchen
(Eine fast wahre Geschichte)

Gestern war der 57. Tag, an dem das unscheinbare Fädchen mein rechtes Handgelenk schmückte. Es lag locker, ein wenig ausgefranst und grau zwischen Knöchel und Handrücken. Es hatte Wind und Kälte, Regen und Schnee, Verkehrsstaus und schlechte Laune überstanden, war schmutzig geworden und wieder weiß gewaschen, war geduscht, in der Sauna verschwitzt und mit Creme und Seife traktiert worden. Hatte 57 Tage standgehalten und nicht die Fassung verloren. Es war mir Schutz und Trutz, hatte mich bewahrt vor Grippe und Heuschnupfen, vor Mäusen im Keller und Flöhen im Bett, vor Hagel, Erdbeben, Vulkanausbrüchen und Tsunamis.

Manchmal hatte ich es als Fremdkörper empfunden, obgleich ihm kaum Körperliches anhaftete. Doch niemals hätte ich es mutwillig entfernt. Ich ahnte, dass irgendwann ein Fädchen nach dem anderen sich auflösen und eines Tages mein geflochtenes Bändchen einfach nicht mehr da sein würde. So ist das nun mal im Leben: nichts ist von Dauer.

Ich habe mir oft vorgestellt, was mir in den vergangenen 57 Tagen alles hätte passieren können ohne das Bändchen. Das Flugzeug hätte beim Rückflug aus Colombo abstürzen, Autos hätten mich rammen und man hätte mich mit Rippenbrüchen oder Schlimmerem in Krankenhäuser einliefern können. Ich wäre das Opfer Messer schwingender Chirurgen geworden. Von Windhosen losgerissene Dachziegel hätten mir auf den Kopf fallen und Sprechstörungen oder Gedächtnisverlust verursachen können. Vielleicht hätte ich mir auch beim Socken-Anziehen einen Bandscheibenvorfall zugezogen. All das und auch weniger gravierende Dinge wären möglich gewesen: Zerbrochenes Geschirr, Ehekräche, saurer Wein oder warmes Bier. Dank meines

Bändchens ist solch Ungemach verhütet worden.

Ich erwarb das Bändchen im buddhistischen, tropischen Inselstaat Sri Lanka. Dort haben meine Frau Adelheid und ich einheimische Freunde, die nicht davor zurückschrecken, uns zu landestypischen Festivitäten einzuladen. Diesmal war es das Vorfest zu einer Hochzeit, das sogenannte ,Almosen-Geben'. Damit dem zukünftigen Paar Glück und Segen beschieden sei, lädt man Mönche ein, wäscht ihnen die Füße, bedenkt sie mit Geschenken und beköstigt sie herzhaft. Die Mönche essen sich satt und geben danach als Dank eine Stunde lang fremdartige Gesänge von sich, die man ergeben in unbequem hockender Haltung über sich ergehen lässt. Wenngleich mir das fromme Knien auf hartem Boden Schwierigkeiten bereitete, war ich doch wie immer allem Fremden gegenüber aufgeschlossen, und als der dunkelhäutige Obermönch sich anschickte, das Ritual des Bändchenbindens zu beginnen, war ich sofort Auge und Ohr. Von einer Rolle weißen Garns wurden nach ihrer Segnung ausreichend lange Stücke abgeschnitten. Die Anwesenden traten der Reihe nach vor das orangefarben gewandete Mönchsoberhaupt, knieten nieder und ließen sich ein Bändchen ums Handgelenk knüpfen. Ich gebe zu, dass ich etwas aufgeregt war, als die Reihe an mir war. Das Niederknien deutete ich nur an. Schließlich war ich kein Buddhist und ich fürchtete auch ein wenig um meinen Meniskus. Der dunkle Mann nahm mir das auch gar nicht übel, schaute mich mit gütigen Augen an, strich mit seinen zusammengelegten Handflächen über meine Stirn bis zur Nasenwurzel, schlang einen weißen Faden um mein Handgelenk und verknotete die beiden Enden. Wohlweislich fügte er noch einen zweiten Knoten hinzu. Die überschüssigen Enden des Fadens wurden mit einer Schere abgeschnippt. Zwar glaube ich nur halbherzig an Magie, und die Verheißungen von Gurus, Hohen Priestern und Schamanen sind mir eher verdächtig. Das weiße

Bändchen am rechten Handgelenk aber ist mir sehr schnell lieb, wert und teuer geworden. Man weiß ja nie!

Auch Adelheid hatte natürlich ihr Bändchen bekommen.

Das war vor 57 Tagen gewesen.

Und nun auf einmal ist das Bändchen fort. Mein Blick fällt auf mein Handgelenk und das Blut stockt mir in den Adern. Wo sich das Bändchen befunden hatte, ist Leere.

Das ist doch nicht wahr! Das darf nicht sein! Wo ist mein Bändchen? Zwischen den Laken? Unter dem Bett? Auf dem Fußboden vielleicht? Ich rutsche auf den Knien durchs Zimmer, krieche unter den Schrank, stoße mir den Kopf, verrenke mir den Arm. Nur Staub, ein verdorrter Apfelkrutzen, vergilbtes Papier, eine Briefklammer. Sonst nichts. Kein Bändchen. Als ich mich erheben will, knackst es in meinem Rücken. Ein plötzlicher Schmerz packt mich. Hexenschuss. Ich hab's geahnt: Ist das Bändchen weg, geht das Elend los. Wir haben Voltaren im Haus. Die Hausapotheke befindet sich im Medizinschränkchen im Bad. Schmerzgebeugt schleife ich mich ich dorthin, reiße die Schranktür auf und prompt fallen alle Medikamente zu Boden. Fläschchen zerbrechen und brauner Sud breitet sich auf den Fliesen aus. Mir wird schlecht. Ich schleppe mich zum Telefon, um meinen Hausarzt um eine unverzügliche krampflösende Spritze zu bitten. Das Telefon ist tot. Ich greife zum Handy. Die Batterie ist leer. Ich verbinde Handy mit Adapter und stecke ihn in die Steckdose. Nichts. Der Strom ist ausgefallen. Erst jetzt bemerke ich, dass es fast stockdunkel ist. Am helllichten Tag. Ich schaue aus dem Fenster: Wolken rasen über den Himmel, es stürmt, Blitze leuchten auf und Donner grollen entsetzlich nahe. Die Bäume ächzen im Wind. Voller Entsetzen sehe ich die große Birke im Vorgarten wanken. Wie von Äxten gefällt stürzt sie auf unseren Balkon. Krachen, Knirschen, Bersten, Klirren. Das Haus stürzt zusammen.

Ich schrecke auf. Schweißgebadet. Wo bin ich? Das vertraute Schlafzimmer, das gewohnte Ehebett. Ich bekomme wieder Luft, atme durch. Unser Haus steht noch.

Neben mir liegt Adelheid. Auf dem Rücken. Sie schläft den Schlaf der Gerechten.

Ich hebe meinen Arm: An meinem Handgelenk baumelt das buddhistische Bändchen.

Tag 58 kann beginnen.

Perahera in Bentota (2007)

Die Stadt Kandy, im zentralen Hochland gelegen, gilt vielen als die schönste Stadt Sri Lankas, mit Sicherheit aber ist sie eine der historisch bedeutsamsten. Hier befindet sich der Dalada Maligawa, der ‚Tempel des Zahns', in dem eine heilige Reliquie aufbewahrt wird, ein Zahn Buddhas. Im August findet hier die größte Tempelprozession der Insel statt, die Esala-Perahera, an der prächtig geschmückte Elefanten und Hunderte von Tänzern teilnehmen.

Der buddhistische Kalender richtet sich nach den Vollmondtagen, den als offizielle Feiertage anerkannten Poya-Tagen, an denen jeden Monat einmal die Tempel von Menschenmassen überquellen. Die Gläubigen sind festtäglich in Weiß gekleidet, die Frauen verzichten auf Schmuck, Blüten werden geopfert und Öllämpchen angezündet, und man übt sich in Gebet und Meditation. Für die Touristen in den Hotels bedeutet Poya den Verzicht auf Alkohol, denn der ist an diesem Tag im ganzen Land verboten.

Die Peraheras, prächtige Prozessionen, die in ihrer Farbenpracht und der Kostümvielfalt der Teilnehmer vielleicht entfernt mit unseren Fastnachtsumzügen vergleichbar sind, werden meist auch an Vollmondtagen durchgeführt. So findet zum Beispiel das Duruthu Perahera im Kelani-Tempel bei Colombo am Vollmondtag im Januar statt.

Im November/Dezember gibt es eine Perahera in Bentota. Dabei wird Sanghamittas, der Tochter des Kaisers Ashoka, gedacht, die vor zwei Jahrtausenden den Ableger des Bo-Baumes, unter dem Buddha erleuchtet wurde, nach Anuradhapura brachte.

Wir sind wieder einmal im Dezember in Sri Lanka. Dezember in Bentota bedeutet auch, den feuchtkalten deutschen Winter gegen Sonne und Wärme einzutauschen und dem vorweihnachtlichen Rummel zu entfliehen. Weihnachten in Sri Lanka, das bedeutet sternenklarer Himmel in tropisch-warmer Nacht, festliches Buffet im Hotel, Santa Claus um Mitternacht und Tanz bis in die frühen Morgenstunden.

Schon kurz vor dem Fest fallen mir die Plakate auf, die eine Perahera in Bentota für den 29. Dezember ankündigen. Schon bald gibt es an der Hotelrezeption Karten für die Tribünenplätze an der Galle Road zu kaufen. Mit 2000 Rupien sind die nicht ganz billig. Natürlich wird das buddhistische Ereignis auch für touristische Zwecke benutzt und teuer verkauft. Kein Einheimischer würde so viel Geld für etwas bezahlen, das er auch kostenlos am Straßenrand miterleben kann. Im Jahr zuvor hatten wir die Perahera auf einem Tribünenplatz verfolgt. In diesem Jahr haben wir das Glück, dass Janith, der das Leder- und Schmucklädchen gegenüber unserem Hotel betreibt und ein Haus an der Galle Road, direkt am Prozessionsweg besitzt, uns einlädt, dort vom Balkon aus das Ereignis zu verfolgen. Janith hat nicht ganz uneigennützig auch noch andere Hotelgäste zur Perahera auf seinem Balkon eingeladen, denn natürlich erhofft er sich davon neue Kundschaft für seinen Laden. Wir nahmen gerne die Einladung an und versuchten uns dafür zu revanchieren, indem wir ein paar Flaschen Bier und eine Flasche Arrak mitbrachten. Die tranken wir europäischen Gäste dann letztlich alleine und nachträglich schäme ich mich auch unserer Ignoranz, zu einem buddhistischen Fest, bei dem Alkohol verpönt ist, zur Flasche gegriffen zu haben. Janith war so höflich, lediglich darum zu bitten, unauffällig zu trinken, sodass man es von der Straße her nicht sehen könne.

Janith ist, verglichen mit den meisten Menschen in Bentota, reich. Doch da er aus eigener Erfahrung sehr gut die Existenznöte seiner Mitmenschen kennt, hilft er als gläubiger Buddhist so oft und so viel er kann. Nach dem

Tsunami hat er Spenden gesammelt, in Not geratene und verzweifelte Landsleute unterstützt, großzügig Hilfe organisiert, und unter seiner Leitung sind etliche Häuser für Tsunami-Opfer entstanden.

Am Abend des 29. Dezember soll die Perahera um 22.30 Uhr beginnen. An einem Tempel, einige Kilometer von der Hauptstraße entfernt, haben sich die teilnehmenden Gruppen versammelt und warten darauf, dass die Mönche und Priester ihres Amtes walten und sich von dort dann langsam die Prozession über kleine Straßen aufmacht, bis sie endlich die Tribünen mit den wartenden Zuschauern an der Galle Road erreicht. Das kann ziemlich lange dauern. Im Vorjahr hatten wir auf einer Tribüne mehr als drei Stunden gewartet, ehe der Festumzug ankam. Viele Touristen hatten damals die Geduld verloren und waren müde, frustriert und empört abgezogen. Wir hatten ausgehalten und waren für das lange Warten belohnt worden. Es hieß, dass es in diesem Jahr anders werden und es solche Verzögerungen nicht geben würde. Doch selbst wenn, in diesem Jahr sitzen wir ja gewissermaßen in der ersten Reihe auf Janiths Balkon, bequem wie in einer Loge in netter Gesellschaft und haben sehr viel Geduld. Zu beiden Seiten der Straße ist ein Kommen und Gehen. Viele Menschen haben sich auf Klappstühlen auf ein längeres Warten eingerichtet, andere flanieren auf und ab, man sieht sich, trifft sich, redet miteinander. Verkäufer tragen ihr Bündel knallbunter Luftballons spazieren, verkaufen einem Vater für seinen ungeduldigen Nachwuchs einen solchen aufgeblasenen, glänzenden Vogel oder Fisch. Ordner sorgen dafür, dass keiner ohne Karte auf eine Tribüne gelangt und fliegende Händler bieten Getränke und Süßigkeiten an. Indessen rollen unablässig die LKWs, Busse, Autos, Tuktuks und Motorräder über die Verkehrsader. Die Luft ist von den Abgasen der Fahrzeuge geschwängert. Undenkbar, dass in Deutschland bei einem solchen

266

Ereignis nicht schon Stunden zuvor die Straßen und Zufahrtswege gesperrt worden wären. Hier brummt der Verkehr bis zum allerletzten Moment und wäre nicht diese nimmer endende Autokarawane, könnte man die Atmosphäre als locker und gelöst bezeichnen. Es ist ein Dezemberabend mit angenehm milder Temperatur und auch die Schwüle hält sich in Maßen, sodass wir uns selbst auf den glatten Plastiksesseln an der Balkonbalustrade wohlfühlen und gelassen auf das Auftauchen der Perahera warten. Janith hat außer uns noch eine Gruppe von Schweden, einige Engländer, zwei deutsche Mädchen und eine ganze Anzahl Einheimischer eingeladen, sodass es auf dem Balkon einigermaßen eng ist. Ich freue mich, auch den Ayurvedadoktor wiederzusehen, der mir schon zweimal bei kleinen Wehwehchen geholfen hat. Es ist eine internationale Gesellschaft, die da erwartungsvoll der Perahera entgegensieht.

Janith hat einen Bruder namens Sinbad, von dem er sich gerne distanziert, den er aber an diesem Abend nicht ausschließen kann. Sinbad ist gewissermaßen die Schande der Familie, weil er häufig betrunken ist und oft bekifft mit seinem Motorrad über den Strand rattert, vornehmlich neu angekommene Touristen belästigt und ihnen eine Tour anzudrehen versucht oder sie in diverse Restaurants schleppt und anschließend seine Provision kassiert. Wie das Motorrad beweist, geht dieses Beachboy-Geschäft gar nicht so schlecht. Wenn man Janith auf seinen Bruder anspricht, macht er ein unglückliches Gesicht, zuckt die Achseln und schweigt. Hier auf dem Balkon ist Sinbad zunächst noch nüchtern und zeigt sich von seiner netten Seite. Er spricht recht gut Englisch und ebenso gut Deutsch und übernimmt unaufgefordert die Rolle des Conferenciers. Er beschreibt den Weg der Prozession, bereitet auf den Anblick der illuminierten Elefanten vor, vergisst dabei nicht, hin und wieder eine halbe Flasche Bier zu leeren und rückt dabei immer näher an die beiden jungen Mädchen heran. „In einer Stunde werden sie kommen", verkündet er und nach einer weiteren Flasche Bier sagt er, dass es nun nur noch eine halbe Stunde dauern wird und endlich brüllt er triumphierend: „Da! Da kommen sie!" Tatsächlich. Direkt Janiths Haus gegenüber mündet der Weg des Zuges in einem spitzen Winkel aus einer Seitenstraße in die Galle Road, sodass wir auf dem Balkon genau genommen alles zwei Mal zu sehen bekommen. Zuerst hören wir das dumpfe, gleichmäßige Gewummer der Trommler und wenig später taucht auch schon der erste geschmückte Elefant aus dem Dunkel auf. Da ist Sinbad schon halbwegs betrunken und sehr laut. Trotzdem ist er immer noch der beste Interpret der Perahera. „Guck mal, da kommt der große Elefant!", verkündet er und wenig später klatscht er rhythmisch mit den Trommlern um die Wette. Es ist nicht zu leugnen: Sinbad heizt ordentlich die Stimmung auf dem Balkon an. Und er erklärt auch, was die eine oder andere Gruppe bedeutet, wo die Tänzer herkommen, welcher Elefant zu welchem Tempel gehört. Dass er dabei entgegen buddhistischer Gepflogenheiten immer wieder zur Flasche greift, stört nicht nur uns. Doch ihn abzustellen, erweist sich als unmöglich und so übertönt im Verlaufe der Prozession seine ungehemmte lautstarke Begeisterung bisweilen sogar das unablässige Trommeln der vorbeimarschierenden Akteure.

Schon von den ersten Gruppen an schwappt jenes Gefühl der Begeisterung auf alle Anwesenden über, das solche Großereignisse mit Musik, Tanz und farbenprächtigen Kostümen auszulösen imstande sind. Hinzu kommt für uns Europäer noch das gänzlich Fremde und Exotische. Lichtdurchflutete Dunkelheit, Trommelwirbel, rauschhafte Bewegung, Tanz, Ekstase und Akrobatik schaffen eine Atmosphäre von einzigartigem Reiz.

Die Höhepunkte der Perahera sind eindeutig die Elefanten, die gleichmütig und als ob sie das Getöse nichts anginge ihren Gang trotten. Ich zähle mit und komme bis zum Ende der Prozession auf neunundzwanzig Dickhäuter. Da nach jedem Elefanten zwei bis drei Tanz-, Musik- oder Akrobatengruppen folgen, kann man die Länge des Zuges erahnen. Es dauert weit mehr als eine Stunde, ehe alle Gruppen unter unserem Balkon vorbeigezogen sind. Die grauen Riesen, manche mit silbernen oder goldenen Batiktüchern behängt oder in strahlendes Rot eingehüllt, andere völlig mit lila Umhängen bedeckt, die nur zwei Öffnungen für die Augen freilassen, trotten geduldig, von ihren Mahuts begleitet, über die Straße. Einige Elefanten sind mit flackernden Lämpchen bestückt, bei denen nur störend ist, dass ihnen ein Lastwagen mit dem Strom erzeugenden, brummenden Generator folgt. „Früher", sagt Janith, „gab es so etwas nicht. Da sorgten nur Fackeln und Kerzen oder Feuerräder schwingende Akrobaten für die Beleuchtung." Ich kann Janiths nostalgische Sehnsucht durchaus verstehen. Auch in Sri Lanka haben sich die Zeiten geändert. Ein Dickhäuter in der Mitte der Prozession trägt auf seinem Rücken einen von Hunderten bunten Lichtern illuminierten Schrein in Form einer Dagoba. Darin ruht das Abbild einer Reliquie.

Sind die Dickhäuter gewissermaßen die Glanz- und Schwerpunkte der Prozession, so sind die Tanz-, Gauklerund Akrobatengruppen für das Leichte, Beschwingte zuständig und sie sorgen dafür, dass die Zuschauer immer wieder begeistert applaudieren. Auf unserem Logenplatz haben wir den Vorteil, dass hier kurz nach der Einmündung die Straße besonders breit ist, sodass alle Gruppen für einige Minuten anhalten und ihr Können wie auf einer Bühne zeigen. Gleich am Anfang des Zuges kommt eine Gruppe von Stelzenläufern, die zwei Meter hoch auf ihren Stelzen balancieren und darüber hinaus auch noch Feuerräder kreisen lassen. Ihnen folgen Trommler in weißen Sarongs, roten Trikots, dunklen

269

Westen und turbanähnlichen Kopfbedeckungen. Zu ihnen gehören auch die genauso gekleideten Tänzer, die, dem Rhythmus folgend, herumwirbeln, stampfen und hüpfen. Unter den vielen folgenden Gruppen gefallen mir einige besonders gut. Die jungen Männer zum Beispiel, die lange Peitschen schwingen und mit rhythmischem Knallen die bösen Geister vertreiben. Dann sind da die Tänzer in leuchtenden roten Röcken, die Regenschirme in den Händen halten, über ihre jungenhaften Gesichter Kunstbärte gestülpt haben und wie Clowns aussehen. Blutjunge Akrobaten laufen, zwischendurch Salti machend und Rad schlagend, hundert und mehr Meter auf ihren Händen. Da gibt es Mädchengruppen in blauen Gewändern mit langen Pfauenfedern und vogelförmigen Mützen, herumwirbelnde bärtige Narrengesichter, Gertenschwinger, deren tiefbraune nackte Oberkörper im Fackellicht glänzen und immer wieder Masken, die Ähnlichkeit mit den Fratzen der Basler Fasnacht haben. Zu jeder Gruppe gehören die Trommler, die ihre Instrumente quer vor dem Bauch haben und deren rechte Hand mit dem Stock den Rhythmus schlägt, während die linke das Trommelfell ohne Hilfsmittel bearbeitet. Ein ohrenbetäubendes, den immergleichen Rhythmus wiederholendes Getrommel begleitet so die gesamte Prozession und man kann sich nur wundern, wie die Elefanten diesen akustischen Stress aushalten. Doch als Tempelelefanten sind sie ständigen Lärm und Unruhe gewöhnt und reichlich abgestumpft. Es ist nicht ihre erste Perahera. Immerhin lassen sie gewaltige Urin- und Kotmengen auf der Straße zurück.

Irgendwann ist die Prozession zu Ende. Ganz unvermittelt sind der letzte Elefant und die letzte Gruppe vorbei und die Menschenmassen strömen dahinter zusammen. Die Perahera ist vorüber. Es ist weit nach Mitternacht. Die Trommelwirbel verklingen und nach vier Stunden löst sich der Zug am Tempel im Zentrum Bentotas auf.

Wir verabschieden uns von Janith und finden in der mondbeschienenen Nacht unseren Weg zurück ins Hotel am Meer.

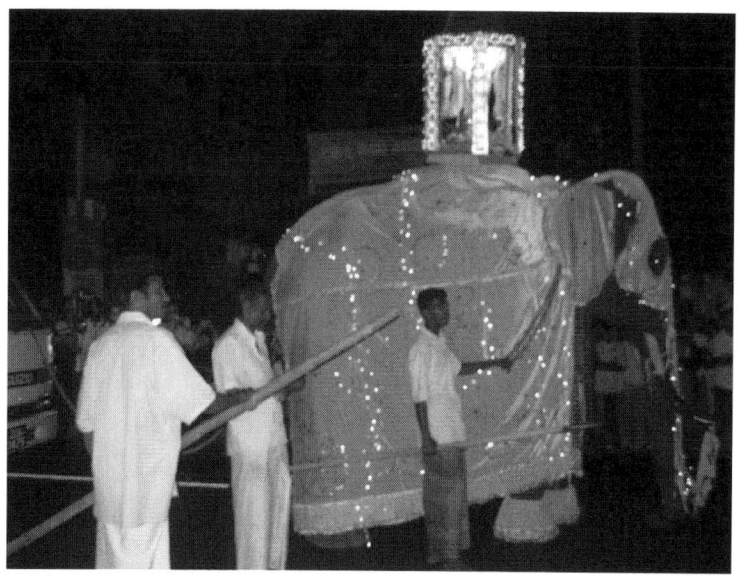

Einer von neunundzwanzig Elefanten

29. Dezember 2007: Die Launen des Ozeans

Ich liebe die Strände von Bentota. Vor unserem Hotel dehnt sich der hellgelbe Sandstrand Kilometer weit bis zu der kleinen Meditations-Tempelanlage auf dem Hügel am Ende der Bentota-Landzunge. Im immer gleichen Rhythmus branden die Wellen ans Ufer und jede siebte ist so gewaltig, dass sie weit auf den Strand flutet. Am Morgen joggen die Frühaufsteher über den noch kühlen Sand, im Laufe des Tages spazieren dann die weißhäutigen Urlauber am Meer entlang und am späten Nachmittag, etwa eine Stunde, bevor die Sonne hinter dem ,Löwenfelsen' im Ozean untergeht, kommen die Einheimischen. Dann herrscht am Strand lautes und buntes Treiben: Fußball spielende junge Männer, Knaben, die sich von Gefährten bis zum Hals in den Sand einbuddeln lassen, Familienväter mit Frau und Kindern, Gruppen junger Mädchen, die gesehen werden wollen. Die Menschen Sri Lankas sind dunkelhäutig und so fällt in dem Strand-Durcheinander um diese Zeit jedes weiße Gesicht besonders auf. Im Gegensatz zu den dunklen Gestalten gehen aber die weißen in leichter Badebekleidung ins Meer und sie trauen sich weiter als nur bis zum Bauch in die Brandung. Die Einheimischen jedoch, besonders die Frauen, hüpfen fast ausnahmslos in langen Gewändern in die Wellen.

Ich liebe die Strände und das bewegte Spiel des Ozeans. Der Sprung in die Welle, das Eintauchen in das warme Wasser, das Dahingleiten über den feinen Sand können süchtig machen. Meist ist das Meer freundlich, weich und ungefährlich. Doch es gibt auch Tage, an denen es ein anderes, böses Gesicht zeigt. Dann sind seine Atemzüge heftig, unregelmäßig und bedrohlich. Die Wellen greifen wie gierige Klauen ins Land, schwemmen Gegenstände an, zerren sie wieder zurück, überschlagen sich in wirren Wirbeln und reißen zu Boden, was ihnen in die Quere kommt. Über ihren Kämmen zaust ein harter Wind, setzt ihnen Schaumkronen auf und die Strömungen sind so unberechenbar, dass sie selbst die geübtesten Schwimmer in gefährliche Tiefen ziehen können. An solchen Tagen fürchte ich mich vor dem Ozean und nähere mich ihm vorsichtig wie einer wilden Bestie.

In den Reiseführern steht, dass die Monate November bis März die besten und schönsten für Urlaube an der Westküste Sri Lankas sind. Das Wetter sei zu dieser Jahreszeit beständig und der Indische Ozean ruhig. Zwar könne es auch in diesen Monaten regnen, doch meist am Abend, und am nächsten Morgen scheine wieder die Sonne.

In diesem Jahr ist alles anders. Wir kamen am 11. Dezember an und hatten danach zwei Wochen lang wechselhaftes Wetter. Der Himmel war meist bewölkt und die Nachrichten meldeten aus dem Landesinneren so heftige Regenfälle, dass die Menschen vor den Wassermassen fliehen mussten. Wir erlebten die Folgen dieser außergewöhnlichen Niederschläge im Meer, denn auch der Bentota-Fluss schwemmte Erde, Schmutz und Abwässer aus dem Hochland ins Meer und dort kräuselten sie als senffarbene Schmutzstreifen die Wellen. Täglich kam der Regen, spätestens am Nachmittag und zweimal schüttete es ununterbrochen wolkenbruchartig von Mittag bis in die Nacht. Wir saßen unter einer Überdachung und schauten zu, wie der Wind die Regenfahnen vor sich her trieb und das Meer ans Ufer schäumte. Es ist ja nie kalt in den Tropen und selbst bei starken Regenfällen ist es immer noch mehr als zwanzig Grad warm. Wann sich das Wetter denn endlich ändern werde, fragten wir, und die Einheimischen erwiderten meist achselzuckend, dass es noch ein paar Tage regnen werde, bis nach Vollmond, doch dann werde es schlagartig besser werden. So geschah es tatsächlich. Schon einen Tag nach Vollmond, am 27. Dezember, strahlte die Sonne und kein Wölkchen trübte das tiefe Blau. Allerdings schob ein starker auflandiger Wind ungewöhnlich hohe Wellen vor sich her.

In Sri Lanka werden die Feiertage aller Religionen gefeiert: Vollmondtage sind gesetzliche buddhistische Feiertage, ebenso wie hinduistische Feste oder moslemische und christliche Festtage wie Ramadan, Weihnachten, Neujahr. Die religiöse Toleranz des Inselstaates verschafft den Menschen so viele freie Tage wie wohl sonst nirgends. So kommt es, dass zu den Festtagen Singhalesen aus allen Teilen des Landes ein paar Urlaubstage am Meer verbringen. Die Hotels sind dann belegt mit Einheimischen. Auch an diesem 29. Dezember, dem ersten Tag eines langen Wochenendes, war schon am Vormittag der Strand voll von Menschen, die mit Kind und Kegel Strandspiele veranstalteten und im seichten Wasser badeten.

Uns war die hohe Brandung ein Anreiz, uns in die Fluten zu stürzen. Wenn man sich im richtigen Augenblick auf einen Wellenkamm schwingt, gelingt es einem manchmal, bis zu zwanzig Meter weit von dem gewaltigen Schub ans Ufer getragen zu werden. Dieses ‚Body Surfen' ist unser liebster Wassersport. Ich erwischte einige Wellen so gut, dass ich das Gefühl hatte, auf einer Achterbahn zu fahren. Allerdings war unverkennbar, dass die Strömung an diesem Tag stark und unberechenbar war und einen, ohne das man es wahrnahm, tiefer und tiefer ins Meer hineinzog. Es gibt so eine imaginäre Linie, über die hinaus ich mich allenfalls bei ruhiger See wage. An diesem Tag befand ich mich unversehens jenseits dieser Linie und als ich versuchte zurück zu schwimmen, merkte ich, welch eine Mühe es kostete, wieder Boden unter die Füße zu bekommen.

Nicht weit vom Ufer entfernt ragt eine kleine Felsengruppe aus dem Wasser. Bei Flut schwappen die Wellen darüber und bei Ebbe schaut sie über die Oberfläche hinaus.

Um diese Felsengruppe herum gab es plötzlich eine auffällige Unruhe: Etliche Beachboys waren auf ihren Surf-

oder Boogieboards zum Felsen gepaddelt, andere waren dorthin geschwommen und am Ufer standen aufgeregt gestikulierende Gruppen Einheimischer. Der Bademeister des Hotels kam und bat uns inständig, das Wasser zu verlassen, es sei heute zu gefährlich. Von ihm erfuhren wir auch die Ursache der Aufregung: Von zwei einheimischen Badenden hatte es einer nicht mehr ans Ufer zurück geschafft und nun suchte man verzweifelt nach ihm.

Es war ein Wettlauf mit der Zeit. Schon einmal hatten wir auf einer Flussfahrt auf dem Bentota-River miterlebt, wie ein Mensch ertrunken war. Die Suche war unprofessionell und ohne Erfolg geblieben. Damals hatten wir erfahren, dass die wenigsten Einheimischen schwimmen können. Zwar wohnen viele an Flüssen, sind auch häufig am Strand, doch hat ihnen und ihren Kindern niemals jemand das Schwimmen beigebracht. Sie fürchten das Meer und wenn sie sich in die Brandung wagen, achten sie darauf, dass ihnen die Wellen niemals bis über Brusthöhe gehen. Wenn dann allerdings, wie an diesem Tag, Wellen und Strömungen so unberechenbar sind und ein Nichtschwimmer, von einer Welle überspült und zu Boden gedrückt, in Panik gerät und vor Verzweiflung strampelnd vom Sog weiter in den Ozean gezogen wird, dann ist bald das Ende nahe. Vielleicht hatte der Vermisste, von der Brandung überrascht, auch einfach seine Kräfte überschätzt.

Das Meer war aufgewühlt, und die Suche nach dem Vermissten glich der nach der berühmten Nadel im Heuhaufen. Motorboote pflügten kreuz und quer durch die See, Jet Ski-Fahrzeuge fahndeten und beherzte Schwimmer suchten das Wasser um die Felsgruppe herum ab. Nach zwei Stunden wurde die Suche ergebnislos abgebrochen. Der Stand hatte sich geleert, kaum einer verspürte noch Lust, ins Wasser zu gehen. Der Gedanke, dass irgendwo eine Leiche unter der Oberfläche trieb, hielt alle trotz des traumhaft schönen Tages davon ab, sich dem Wellenspiel hinzugeben. Aus den vielen Gerüchten, die sich, wie stets bei solchen Ereignissen, schnell verbreiteten, kristallisierte sich allmählich heraus, dass es sich bei dem Vermissten um einen 28-jährigen Mann handelte, der zusammen mit seiner verwitweten Mutter und seinen beiden jüngeren Schwestern in der Nähe von Kandy lebte und ein langes Wochenende am Meer verbringen wollte. Nun hatte die unglückliche Familie auch noch den einzigen männlichen Ernährer verloren. Am nächsten Tag würde wohl die Leiche angeschwemmt werden, meinten die, die sich auskannten, entweder hier oder an einem der benachbarten Strände.

Der Tag verging und man gab sich ihm hin, tat so, als ob nichts geschehen wäre. Die Gedanken jedoch kreisten um den Toten im Ozean. Das Leben ging seinen Gang und die Wellen rollten ans Ufer wie immer.

Früh am nächsten Tag setzte man erneut zur Suche an: Taucher forschten um den Felsen herum, Boot umkreisten die Landzunge, doch die Suche blieb wieder ohne Ergebnis. Gegen Mittag verbreitete sich die Nachricht, die Leiche sei am Nachbarstrand gefunden worden. Die Familie des Vermissten wurde verständigt, ein Boot fuhr los, um den Toten zu bergen. Weiß gekleidet, mit Blumengebinden in den Händen und verloren trotz all der tröstenden Menschen standen die drei Frauen am Ufer. Das Boot kam zurück und man hatte nichts und niemanden gefunden. Ich sah, wie die alte Frau sich abwandte, und hinter einer Mauer verschwanden die drei weißen Gestalten unter einer sengenden Sonne in eine ungewisse Zukunft. An diesem Tag verfluchte ich das Meer und nichts konnte mich dazu bewegen, mich seinen Wellen anzuvertrauen.

Am Abend des 30. Dezember saßen wir bei Kamal im Garten, blickten in der Abenddämmerung den Fliegenden Hunden nach und genossen die Stimmung am Fluss. Kamal berichtete, der vermeintlich Ertrunkene habe sich in der Nacht auf einen Felsen nahe der Meditationsinsel retten können und dort die Stunden bis zum Morgen, an die Steine geklammert, verbracht. In der Frühe sei man auf sein Winken aufmerksam geworden und habe ihn vom Ufer aus gerettet. Die Geschichte klang wundervoll und wir waren nur zu gerne bereit, sie für bare Münze zu halten. Doch zugleich war uns klar, dass sie zu schön war, um wahr zu sein. Immerhin lebten wir für einen Abend in der Illusion, es habe keinen Ertrunkenen gegeben.

Zwei Tage später fand man die Leiche. Es war ein windstiller Tag. Der Indische Ozean zeigte sich von seiner liebenswürdigen Seite und hatte genug davon, mit einem Toten sein Spiel zu treiben.

Das Leben geht weiter. Wir badeten und genossen das sanfte Auf und Ab der Brandung, als sei nichts geschehen. Wir lieben die Strände von Bentota und von den warmen Wellen sich treiben zu lassen, gehört mit zu dem Schönsten, was ich mir vorstellen kann.

Das letzte Kapitel: Tsunami (26.12.2004)

Im Dezember 2008 werden vier Jahre vergangen sein, seit jenem schrecklichen Ereignis, das in Sri Lanka eine neue Zeitrechnung beginnen ließ. Nach dem Tsunami ist nichts mehr so wie davor.

„Was denn, Sie haben die Welle selbst erlebt ...?" „Ihr wart da, als ... ?"

„Ja, wir haben erlebt, überlebt, wir waren da, als ...!"

Wie oft haben wir die Geschichte schon erzählt? Hundert Mal? Öfter?

Ich werde sie noch einmal, sehr verkürzt, erzählen. Vielleicht zum letzten Mal.

Bentota, Sri Lanka, 26.12.2004

Wir haben um 9.30 Uhr einen Massage-Termin im La Luna-Ayurveda-Center. Das liegt an der Lagune gegenüber der Bentota-Halbinsel. Wir sind pünktlich an der Anlegestelle des Bentota Beach Hotels, wo uns ein Motorboot abholen und schräg gegenüber ans andere Ufer bringen wird. Wir freuen uns auf die Behandlung. Der Bentota-River strömt träge meerwärts. Einige wenige Schönwetterwolken zieren den strahlend blauen Himmel. Neben dem Wassersportzentrum des Hotels liegt das hellblaue Restaurantschiff, „Keels Mairmaid". Am späten Nachmittag wird es hundert Meter hügelan als zerborstenes Wrack an der Mauer des Hotels gestrandet sein.

Um 9.35 Uhr, etwas verspätet, kommt unser Boot. Wir steigen ein und legen ab. Es ist heiß. Der kühle Fahrtwind tut gut und ich habe gegen die blendende Sonne meine Mütze tief in die Stirn gezogen. Auf halbem Weg kommt uns ein Boot mit einem zweiten im Schlepp entgegen. Der Bootsführer gestikuliert. Wir sind noch etwa zweihundert Meter vom La Luna-Anleger entfernt, als ein führerloses

Boot vorübertreibt. Seltsamerweise bewegt es sich gegen die Stromrichtung. Ein zweites Boot nähert sich. Der Bootsführer ruft laut und erregt unserem Boy etwas zu. Eine blaue Liege treibt stromaufwärts vorüber. Irgendetwas stimmt nicht. „Was ist los?", frage ich, „What's going on?" „I don't know", bekomme ich zur Antwort.

Nur noch wenige Meter vom Ufer entfernt, bremst unser Steuermann ab. Der gewohnte Steg ist nicht mehr vorhanden. Das Wasser steht mindestens einen Meter höher als sonst und steigt in einem unglaublichen Tempo weiter. Wassermassen quellen vom Ozean her in die Flussmündung, schieben Treibgut vor sich her, reißen Boote, Stege, Planken los und nehmen alles, was nicht ganz fest verankert ist, mit. Es gelingt, unser Boot an einem Baum zu vertäuen, doch es wird sofort in die Strömung gezerrt. „You better get out at once!" schreit man uns zu. Ich begreife nur, dass wir irgendwie an Land müssen. Ildiko schafft es, über den Motor hinweg zu steigen und auf einem Betonsockel Halt zu finden. Ich stolpere beim Versuch, das Boot zu verlassen, in ein Loch und falle ins Wasser. Klatschnass erfühle ich eine Treppe und bin auch an Land.

Normalerweise liegt das La Luna-Gelände etwa drei Meter über dem Wasserspiegel. Jetzt ist es nur noch ein knapper Meter und das Wasser steigt weiter. Man versucht verzweifelt, die Boote aufs Land zu ziehen, die Surfbretter zu retten, größere Boote fest an Bäumen zu vertäuen. Aus der Pension eilen Gäste herbei, Frauen schreien, vielen ist das Entsetzen ins Gesicht geschrieben. Mohan, der Besitzer ist überall: er ruft, organisiert, versucht zu retten, was zu retten ist. Angst, Ratlosigkeit, Fragen, auf die keiner eine Antwort weiß. Niemand kann sagen, was hier geschieht. Ein Dammbruch? Es gibt keinen Damm am Fluss. Eine Flutwelle? Seebeben? Der Fluss hat seine Richtung geändert, eine reißende Strömung wirbelt Tausende Dinge stromaufwärts: Äste, Liegen, ganze Bäume, Boote, Sonnenschirme, Tische, Gepäckstücke. Wir stehen da, verständnislos und unschlüssig, was wir tun sollen.

Nach zehn Minuten beginnt der Wasserspiegel des Flusses zu sinken, genauso schnell, wie er gestiegen ist. Eine große Welle, die genau so aussieht, wie Kinder sie malen, wälzt sich dem Meer entgegen und alles Treibgut fließt ein zweites Mal vorüber. Mauern tauchen wieder auf und das, was von den Anlegestegen heil geblieben ist.

Es ist etwa 10.15 Uhr. Zu diesem Zeitpunkt ist der Eisenbahnzug zwischen Ambalangoda und Hikkaduwa, von der Wucht der Welle vom Gleis geschmettert, bereits für 1500 Menschen zum Grab geworden, in Galle hat die Tsunamiwelle wie eine Bombe eingeschlagen, und die ersten Katastrophenmeldungen tickern um die Welt.

Ich will zurück zum Hotel. Was ist dort geschehen? Was ist mit unseren Sachen? Ich möchte Gewissheit haben. Vom La Luna bis zum Hotel ist es eine halbe Stunde Fußweg durch Aluthgama und über die Brücke. Die sonst so laute Stadt wirkt ausgestorben. Rufe und Schreien aus einigen Nebenstraßen: „The Water is coming!" „Get away, waves, water!" Menschen kommen vom Fluss her gerannt. Ein Krankenwagen rast vorüber. Sirengeheul in der Ferne. Alle Geschäfte sind geschlossen. Jemand stellt sich uns in den Weg: „You can't go this way! Water! It's danger of your life". Doch, wir können. Wir weichen aus, nehmen den Weg über die Bahngleise. Er ruft uns nach: „You go on your own risk. Be careful." Natürlich werden wir vorsichtig sein. Doch wovor? Da ist kein Donnergrollen, zucken keine Blitze, drohen keine dunklen Wolkenwände. Über uns wölbt sich ein strahlendblauer Himmel.

Die Brücke über den Bentota ist so solide, dass sie der Welle standgehalten hat. Sie trägt auch die Menschenmassen, die jetzt auf ihr und auf den Bahngleisen stehen und ungläubig, ratlos, aber auch fasziniert das nie zuvor Gesehene betrachten. Keiner weiß zu diesem Zeitpunkt, was sich an den Küsten der Insel abspielt. Zum ersten Mal wird mir voll bewusst, dass wir nicht nur Zeugen einer gewaltigen Katastrophe sind, sondern mitten in ihr stecken. Die Lagune ist zu einem uferlosen Gewässer geworden, auf dem umgekehrte Boote und Strandliegen schwimmen und in dessen trübbraunen Fluten offene Gepäckstücke, Kleider, Möbel, Tücher, Baumstämme, grünes Geäst treiben. Alles scheint in Aufruhr, und über allem liegt eine seltsame Stille. Vielleicht sind aber auch nur meine Sinnesorgane abgeschaltet, denn in mir schreit es, dass das alles nicht wahr sein kann. Es drängt mich dahin, wo ich meine Sachen weiß, zum Hotel. Nachträglich denke ich mir, dass sich dahinter der Wunsch verbarg, das Schlimme auszublenden und im vertrauten Zimmer Geborgenheit zu finden. Die vage Hoffnung, irgendwie dürfe es mit der Urlaubsidylle nicht zu Ende sein.

Auf der Bentotaseite des Flusses verläuft die Eisenbahntrasse über einen erhöhten Damm. Dieser Damm hat den Ort vor den Fluten bewahrt. Nur eine einzige Welle ist bis zum Bahnhof hoch geschwappt und an den Mauern gebrochen.

Die letzten zweihundert Meter laufen wir über diesen Bahndamm. Viele Menschen stehen dort, aufgeregt gestikulierend. Keiner weiß, warum die üblichen Züge ausbleiben. Auf der Meeresseite des Dammes herrscht Chaos, auf der anderen heilen Welt, wenn man das so bezeichnen mag. Kinder spielen, Menschen reden. Auf der Straße zwischen den Hotels Lihiniya und Serendib steht das Wasser einen Meter hoch. Wir warten und hoffen, dass es abfließt. Bis ich keine Ruhe mehr habe: Auf der anderen Seite ist unser Hotel Lihiniya, dazwischen die Straße, die sich in einen Fluss verwandelt hat. Kniehoch steht die schmutzigbraune Brühe. Trotz der Scheu, hindurchzuwaten, ist der Wunsch, in unserem Zimmer Zuflucht zu finden, stärker. Vorsichtig, Schritt

281

für Schritt, nach Scherben oder spitzen Steinen tastend, stelzen wir ans andere Ufer. Aus dem Innenhof des Lihiniya ist das Wasser schon abgelaufen. Der Boden ist übersät mit Schmutz und Gerümpel. Die Rezeption ist verlassen und vor dem Aufgang zu den Zimmern im ersten Stockwerk hält uns ein Polizist auf und erklärt, dass das Hotel längst evakuiert sei. Wir zeigen ihm unseren Zimmerschlüssel und er lässt uns passieren. Kein Mensch ist auf dem langen Korridor zu sehen. Wir sind allein. Unser Zimmer ist so, wie wir es verlassen haben. Irgendwie kommt uns alles sehr unwirklich vor.

Wir treten auf den Balkon und erblicken den von den ungezügelten Wassermassen gezeichneten Garten unter uns. Die fest verankerten Sonnenschutzhüte sind herausgerissen und liegen wie zerfledderte Pilze zwischen Strandliegen, Restaurantmöbeln, Gepäckstücken. Überall steht noch das Wasser in Pfützen und Lachen. Von der Gartenbar ist nur das rote Ziegeldach heil geblieben. Die weißen Stühle, auf denen wir am Abend zuvor noch so gemütlich saßen, sind im Gelände verstreut. Mitten auf der aufgeweichten Rasenfläche liegt der große, rote Bar-Kühlschrank mit der Coca Cola-Aufschrift. Die Tür steht weit offen. Volle Cola-, Gin- und Whiskyflaschen liegen daneben. Eine halbe Stunde später wird keine einzige mehr zu sehen sein. Vor zwei Tagen sind in allen Zimmern neue Kühlschränke aufgestellt worden. Einige liegen nun in der prallen Sonne. Auch von ihnen wird bald keiner mehr zu finden sein. Junge Männer streunen über das Gelände. Es ist niemand da, der sie daran hindert, mitzunehmen, was sie für brauchbar halten. Plündern ist ein hässliches Wort.

Das Meer ist ruhig. Der Strand schaut nicht ganz so goldgelb aus wie sonst. Dass etwas anders ist, fällt mir zuerst gar nicht auf: Die Felsengruppe, etwa fünfhundert Meter weit im Meer, die auch bei Ebbe nur wenig aus dem Wasser ragt, liegt nun frei auf dem Sand, so als ob sie zu einem Spaziergang einladen würde.

Die Dusche in unserem Zimmer funktioniert, doch die Klimaanlage ist ausgefallen. Es gibt keine Elektrizität mehr. Seltsamerweise verspüre ich keine Angst. Auch Ildiko ist ganz ruhig. Wir versichern uns, dass uns hier im ersten Stock in unserem Zimmer nichts geschehen kann. Ich versuche unsere Reiseleitung zu erreichen, doch die Telefonnetze sind zusammengebrochen.

Wir packen unsere Sachen. Nicht so ordentlich wie üblich, aber auch nicht überhastet. Wir haben das Gefühl, uns Zeit lassen zu können. Die Koffer sind schwer. Man nimmt immer zu viel mit auf die Reise, nie rechnet man mit dem Unvorhersehbaren. Katastrophen treffen immer die anderen und finden im Fernsehen statt.

Das Wasser auf der Straße steht wieder kniehoch. Eine neue Welle ist hereingeflutet. Ich wate hindurch, überquere die Gleise, frage einen der Einheimischen nach einer Sammelstelle für Touristen. Er weist in eine Richtung.

Ich beginne zu begreifen, was für ein Glück wir hatten. Es ist müßig zu fragen, ob ein Gott die Hand über uns hielt, ob uns ein Schutzengel vor dem Schlimmsten bewahrte, ob es Zufall war, dass wir nicht später ins Boot stiegen, nicht später im Restaurant frühstückten, nicht schon am Strand lagen. Dennoch, man spielt in Gedanken mit all den ‚Wenns'. Wenn wir zehn Minuten später auf der Lagune gewesen wären, wir wären Spielball der Flut geworden. Wenn wir das gewünschte Zimmer im Erdgeschoss bekommen hätten ... . Wenn, wenn, wenn! Wir sind davongekommen.

Wir haben unsere Koffer zu einer Sammelstelle gebracht, sind dort versorgt und informiert worden. Im Lihiniya gab es einige Verletzte, keine Toten. Am späten Nachmittag, als alles ruhig scheint, gehen wir am Strand entlang und sind entsetzt über das Ausmaß der Zerstörungen.

Um 18.30 Uhr bricht die kurze Dämmerung an. Es ist ein wunderschöner Sonnenuntergang. Zehn Minuten später ist es dunkel.

Um 22.35 Uhr überbringt eine junge Frau die Nachricht, ein Bus stehe bereit, wir sollen uns beeilen, alle FTI-Touristen würden nach Colombo gebracht. Wir schleppen unsere Gepäckstücke zum Bus. Fünf Minuten später verlassen wir Bentota. Der Bus fährt weite Umwege, da die Küstenstraße ab Kalutera nicht passierbar ist.

Um 4.30 Uhr am **27. Dezember** erreichen wir Colombo. In einer großen Halle des ‚Bandaranaike-Congress-Centers ist mit Matratzen und Decken ein Notlager für ‚gestrandete' Touristen eingerichtet. Die lokale FTI-Chefin empfängt unsere Gruppe und informiert in aller Kürze: Der Krisenstab habe beschlossen, dass so schnell wie möglich alle Touristen aus Sri Lanka ausgeflogen werden.

Nach wenigen Stunden Schlaf sehe ich die ersten Fernsehbilder. Vor dem kleinen Fernseher in der Vorhalle stehen übernächtigte Touristen. Ein amerikanischer Nachrichtensender berichtet ununterbrochen aus den von der Welle am schlimmsten betroffenen Gebieten. Sri Lanka ist darunter. Zum ersten Mal höre ich das Wort ‚Tsunami'.

In der Mitte der Halle ist ein Schreibtisch aufgestellt worden. Um dieses ‚Büro' scharen sich viele Menschen. Viele Fragen und kaum konkrete Antworten. Ein freundlicher Singhalese bittet darum, Namen, Adresse, Hotel, Kontaktpersonen in Deutschland in eine Liste einzutragen. Damit gehören wir nicht mehr zu den Vermissten.

Ich frage die FTI-Vertreterin nach dem weiteren Vorgehen. Sie weist auf einen auf dem Vorplatz stehenden Bus, der gleich zum Flughafen fahren werde. Wenn wir wollten, könnten wir mitfahren. „Welche Chancen haben wir, Plätze in einer der abfliegenden Maschinen zu bekommen?" frage ich. „Ich weiß es nicht! Versuchen Sie es. Ich drücke Ihnen die Daumen!" Wir nehmen unser Gepäck und steigen in den Bus. Nur vierzehn Plätze sind besetzt. Warum nutzen so wenige die Gelegenheit? Jemand sagt mir: „Hier bin ich gut versorgt, bekomme zu essen und zu trinken. Ich warte lieber. Wer weiß, was für ein Chaos am Airport herrscht?"

Das Chaos am Flughafen beginnt erst am folgenden Tag. Wir bekommen zwei Plätze in der planmäßigen LTU-Maschine und landen um 18.45 Uhr in Düsseldorf. Dort kaufen wir zwei Tageszeitungen: In großen Lettern knallt es uns entgegen: ‚Todes-Welle', ‚Killerwelle'! Wir beginnen zu begreifen, welcher Katastrophe wir entronnen sind. Glück, Fügung, Schicksal, Gott, was auch immer, hat uns vor dem Schlimmsten bewahrt.

Der Anrufbeantworter zu Hause ist voll von Anfragen. Noch am späten Abend rufen wir Verwandte, Freunde und Bekannte an: „Wir leben!"

Nach drei Tagen kommt uns die Idee, eine eigene Spendenaktion für unsere Freunde in Sri Lanka ins Leben zu rufen. Ich schreibe Briefe und E-Mails, informiere die Presse, telefoniere. Wir eröffnen ein Spendenkonto und schicken die ersten 200 Euro als Probeüberweisung nach Sri Lanka. Eine Woche später folgen weitere 2600 Euro für Tenni, Kamal und Samantha, die alle drei zu den Notleidenden des Tsunami gehören.

Am 27. April 2005 sind wir wieder in Bentota und verteilen 3500 Euro an Menschen, Schulen und Familien in Notunterkünften. Tenni und Kamal können ihre größte Not lindern, Samantha ist selbstlos mit uns in seinem Tuktuk unterwegs und Janith versorgt uns mit Adressen von Menschen, die dringend Hilfe benötigen.

Februar 2007. Wir sitzen in Toni da Silvas Haus und planen unsere Tour zu den Horton Plains. Irgendwie kommen wir

285

im Gespräch auf den Tsunami vom 26. Dezember. Wir reden über die fürchterlichen Ereignisse, die Folgen und auch die Spenden, die so großzügig aus aller Welt ins schwer getroffene Sri Lanka geflossen sind.

Ich: „Überall in Deutschland fragen sich die Leute, was mit dem vielen Geld geschehen ist, das gespendet wurde."

Toni: (lacht) „Das hat bei uns eine gute Verwendung gefunden."

Ich: „Was heißt das konkret?"

Toni: (lacht breit über das ganze Gesicht, zuckt die Schultern)

Ich: „Was soll ich nach der Rückkehr in Deutschland Leuten sagen, die mich danach fragen?"

Toni: „Sagen Sie Ihnen einfach die Wahrheit!"

Ich: „Und was ist die Wahrheit?"

Toni: "Erzählen Sie daheim Ihren Leuten, dass das meiste Geld die Politiker geklaut haben!"

286

Allgegenwärtig: Der Erleuchtete

287

Weitere Bücher des Autors im Wiesenburg Verlag

Leben und Leben lassen

ISBN 3-937101-33-0
€ 19,80

Unterwegs in Südostasien und Indien

ISBN 978-3-939518-26-6
€ 19,80

Unterwegs in Indonesien

ISBN 978-3-939518-35-8
€ 19,80

Verkehrsteilnehmer in Bentota

Frische Mangos vom LKW

Müllverwertung

Allesfresser Waran

Auf dem Markt in Aluthgama

Große Fotopause: Schulkinder bei Aluthgama

Beschirmt:
Liebespaar im Fort
von Galle

Zwei Freunde im gleichen Boot: Kamal und Samantha

Kamals neues Haus im Rohbau. Der Autor, Samantha und die Familie Rodrigo

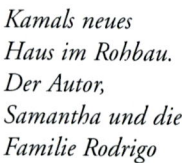

Strahlender Toni de Silva im Sonnenblumenfeld

Ochsenkarren bei Galle

Eindrücke vom Bentota- und Madu-River

Abendstimmung am Strand von Bentota

Im Hochland: Unverkennbar Adam's Peak

Shopping in Bentota

Die besten Durstlöscher: King Coconuts

Charles

Die Mönche kommen (Alms giving)

Tempel in Dikwella

*Baustelle:
Der große Buddha am
Kande Vihara in
Aluthgama*

Unterwegs:
Kamals Oma
in Hali Ela

Kamals Freunde
oder 'Die
glorreichen Sieben'

Kataragama:
Eingang zum
Tempelbezirk

Dagoba in Anuradhapura

Gebetsfahnen im Tempel von Anuradhapura

Dunhinda Wasserfälle

Tempelszene in Anuradhapura

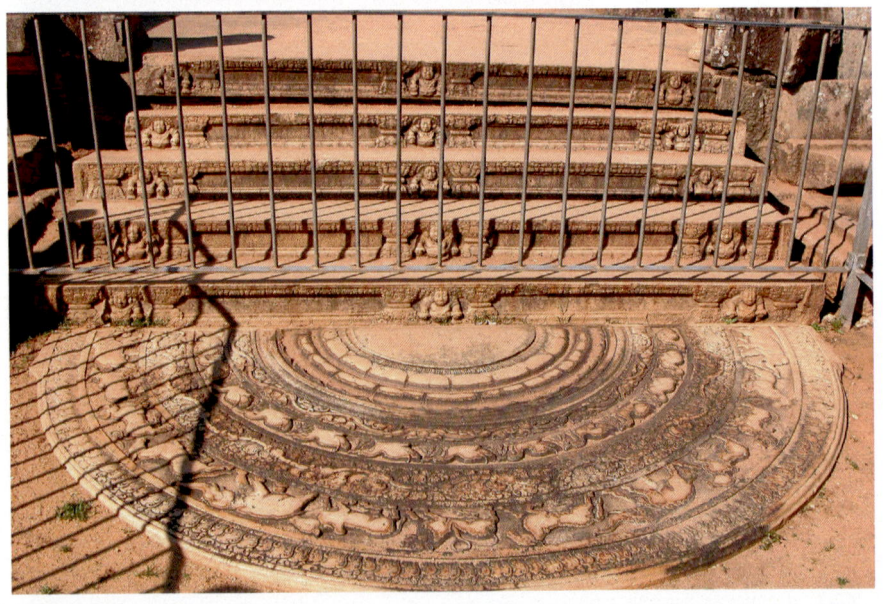

Mondstein von Anuradhapura

Mihintale

Blick von World's End
(Horton Plains)
in die Weite

Die Wolken kommen,
die Nebel steigen

Teeplantagen im Hochland

Tamilische Teepflückerinnen

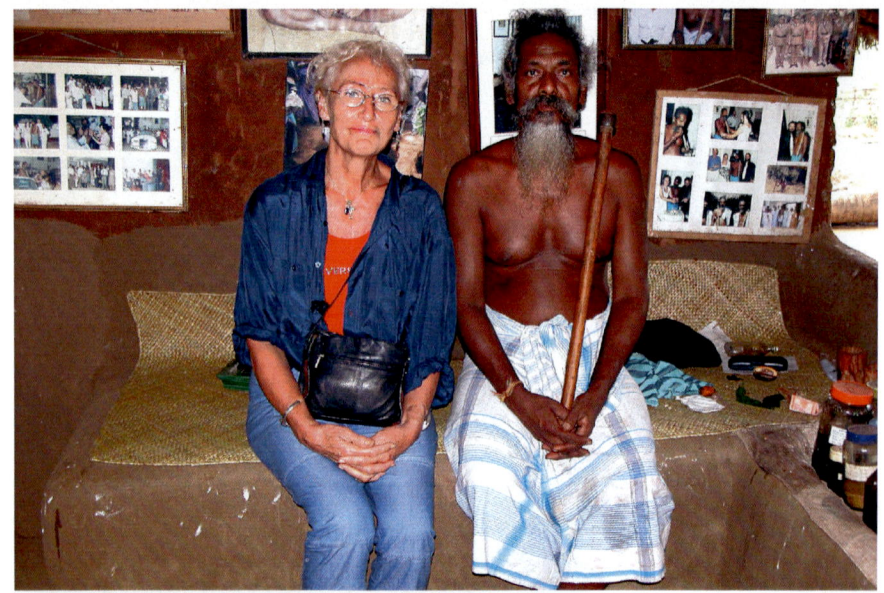

Audienz beim Häuptling der Wedda

Elefant bei der Dalada Perahera in Bentota

Flusslandschaft am Abend (bei Kamal)

Verkehrte Welt auf dem Bentota Ganga

Fischer am Fluss

Brunnenschale
Im Briefgarden

Fährmann